受浙江省一流学科嘉兴学院应用经济学学科资助

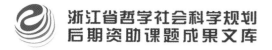
浙江省哲学社会科学规划
后期资助课题成果文库

# 产业技术创新战略联盟风险管理研究

Chanye Jishu Chuangxin Zhanlüe Lianmeng
Fengxian Guanli Yanjiu

唐雯 著

中国社会科学出版社

**图书在版编目(CIP)数据**

产业技术创新战略联盟风险管理研究／唐雯著．—北京：中国社会科学出版社，
2017.4（2018.4 重印）

（浙江省哲学社会科学规划后期资助课题成果文库）

ISBN 978 – 7 – 5203 – 0346 – 0

Ⅰ.①产…　Ⅱ.①唐…　Ⅲ.①技术革新 – 产业联盟 – 经济联盟 – 研究 – 中国
Ⅳ.①F124.3

中国版本图书馆 CIP 数据核字（2017）第 099905 号

| | | |
|---|---|---|
| 出 版 人 | 赵剑英 | |
| 责任编辑 | 宫京蕾 | |
| 责任校对 | 曹占江 | |
| 责任印制 | 李寡寡 | |

| | | |
|---|---|---|
| 出　　版 | 中国社会科学出版社 | |
| 社　　址 | 北京鼓楼西大街甲 158 号 | |
| 邮　　编 | 100720 | |
| 网　　址 | http：//www. csspw. cn | |
| 发 行 部 | 010 – 84083685 | |
| 门 市 部 | 010 – 84029450 | |
| 经　　销 | 新华书店及其他书店 | |

| | |
|---|---|
| 印刷装订 | 北京君升印刷有限公司 |
| 版　　次 | 2017 年 4 月第 1 版 |
| 印　　次 | 2018 年 4 月第 2 次印刷 |

| | |
|---|---|
| 开　　本 | 710×1000　1/16 |
| 印　　张 | 14.5 |
| 插　　页 | 2 |
| 字　　数 | 242 千字 |
| 定　　价 | 65.00 元 |

凡购买中国社会科学出版社图书，如有质量问题请与本社营销中心联系调换
电话：010 – 84083683

# 前　言

随着全球科技的迅猛发展和竞争的加剧，技术创新面临的复杂性和不确定性越来越大，单个组织已经很难完全依靠自身力量有效地把握技术创新的不确定性，这导致一些机构开始积极寻求建立多种协作创新的模式，通过合作提高创新的效率与有效性。当代创新模式已突破传统的线性和链式模式，呈现出非线性、多角色、网络化、开放性的特征，并逐步演变为以多元主体协同互动为基础的协同创新模式。作为一种新型合作技术创新组织模式，"产业技术创新战略联盟"无疑是协同创新的一种重要载体。

近年来，我国产业技术创新战略联盟的发展取得了令人瞩目的成绩，自2007年6月成立首批四家产业技术创新战略联盟以来，此类联盟在国内得到迅速发展，截至2013年10月，国家级产业技术创新试点联盟已达到150个。此外，各省、市也纷纷成立了许多以各地区主导优势产业为依托的联盟。产业技术创新战略联盟的发展历程表明，这一合作技术创新组织形式在整合创新资源、提高产业技术创新水平方面具有较为显著的成效，是协同创新模式的一种有益探索。然而，不可否认的是，由于联盟由多个不同类型的创新主体组成，使其在目标、资源配置、协调等方面存在较大的复杂性和不确定性，再加上外部环境的影响，导致有的联盟出现运行不畅或计划外解体等不稳定现象。这些现象表明联盟在运行过程中存在较大风险。因此，产业技术创新战略联盟的风险管理问题应该引起足够重视。

联盟的风险管理是一个系统工程，需要建立以风险识别、风险评估和风险应对为基本框架的管理体系。三个核心环节彼此紧密联系、交互影响、循环往复，以持续降低已有风险给联盟带来的损失，并及时防控新的风险因素给联盟运行带来的影响。本书的研究即以此为基本框架展开。

为了准确识别联盟风险，本书首先分析了联盟形成的动因，应用共生理论探讨了影响联盟运行稳定性关键因素，接着从技术创新风险、产学研合作风险、战略联盟风险三个维度深入分析了联盟风险的来源，逐步提炼出了联盟风险来源的概念模型，构建了以联盟风险为目标层、以内生风险和外生风险为准则层、以管理风险、合作风险、政治与社会风险、资金风险、技术风险和市场风险为类别层、以 33 个风险因素为因素层的产业技术创新战略联盟风险因素层次体系框架。

在对联盟风险的评估环节，本书构建了以风险发生概率、后果严重程度、可控程度以及防控成本四个方面为评估内容的产业技术创新战略联盟风险评估模型，并提出了绝对风险评估与相对风险评估相结合的联盟风险评估思路。在评估方法上，采用了熵权模糊综合评估法作为联盟风险量化评估模型，操作简便，可以得到多层次的风险评估结果，为风险应对提供更多参考。在理论分析和模型构建的基础上，本书利用调查数据给出了实例分析。

在联盟风险应对策略方面，本书首先列出了联盟风险应对策略总表，对联盟的每一个潜在风险因素，给出了指导性应对策略，并阐述了联盟风险应对策略的选择流程。由于风险因素的防控成本对防控措施的制定有很大影响，本书设计了用于联盟风险应对策略制定的"风险值—防控成本"四分图分析法，为联盟风险应对策略的制定提供了一种分析思路。本书还特别针对影响联盟运行的重要风险因素——利益分配问题进行了探讨，以合作博弈理论为依据，提出了基于修正的 Shapley 值的联盟利益分配模型。风险监控是完整的风险管理过程不可或缺的环节，因此本书对联盟风险监控的内容、流程和主要工具也进行了阐述。在本书的最后，构建了以提高风险意识、建立专门的风险管理机构、健全风险管理机制以及营造良好外部环境为主要内容的联盟风险管理支撑体系。

本书的写作建立在深入的理论研究、广泛的实地调研和大量的数据收集与分析的基础之上，期望能够对产业技术创新战略联盟这种新型合作技术创新组织模式的风险管理提供一种可借鉴的的思路与方法。

由于本人水平所限，书中内容偏差和不当之处在所难免，敬请读者批评指正。

# 目　　录

# 第一章

# 绪　　论

## 第一节　研究背景

### 一　产业技术创新战略联盟的兴起及其概念界定

当前，全球范围内的科技竞争不断加剧，技术创新的复杂性和不确定性越来越高。原创性的技术创新活动，以非连续性为典型特征，在技术、市场和时间安排上具有很大的不确定性，对基础研究和应用技术开发都提出了更高的要求。大多数企业很难完全依靠自身力量有效地把握这种不确定性，也很难完全拥有实现技术创新所需的全部知识资本。很多企业开始积极向外寻求与大学、研究机构等开展多种形式的合作技术创新，由产业领域向教育、科研等基础研究领域延伸，在内部研发能力基础上，有效吸收和利用外部技术源，通过合作提高技术创新活动的效率。

产业技术创新战略联盟就是合作技术创新组织中的一种重要形式。按照中国科学技术部在相关文件中的界定（国科发政〔2009〕648号），产业技术创新战略联盟是指由企业、大学、科研机构或其他组织机构，以企业的发展需求和各方的共同利益为基础，以提升产业技术创新能力为目标，以具有法律约束力的契约为保障，形成的联合开发、优势互补、利益共享、风险共担的技术创新合作组织。①

产业技术创新战略联盟具有以下主要特征：

---

① 中华人民共和国科学技术部：《关于推动产业技术创新战略联盟构建与发展的实施办法（试行）》，2009年12月。

**1. 以合作技术创新活动为主要任务**

联盟的参与主体主要致力于合作技术创新活动。现代的技术创新活动，已经不是纯粹的技术行为或经济行为，它包含了从产生新产品或新工艺的设想，到研究、开发、商业化生产以及扩散的完整过程，本质上是技术与经济的一体化，是技术进步与应用创新的"双螺旋结构"共同演进的产物。[①] 因此，企业与大学、研究机构的合作，可以充分发挥各自优势，共同推动这一过程的实现。

**2. 面向产业关键共性技术**

联盟由于聚集了行业内若干企业以及相关研究机构，其合作技术创新活动的目标就不仅仅是解决单个企业局部、零散的技术问题，而是以解决产业的关键共性技术问题、提升整个产业的技术创新能力为目标。

**3. 是企业、大学、研究机构、政府等多主体参与的协同创新活动**

企业、大学和研究机构各有优势。企业的优势在于成果转化能力、生产能力和市场开发能力；大学和研究机构的优势在于技术人才集中、实验仪器设备精良、对技术发展最新动向的把握以及新产品、新技术的研发能力；政府则为联盟的组建和运行提供外部环境支撑。联盟的组建正是一个将各合作主体的互补性优势资源进行整合并充分利用的过程，联盟成员以此为基础合作开展研发活动，由此产生协同效应，创造出比单独研发更大的价值和效益。

**4. 是以法律为保障的合作主体之间的一种长期稳定的合作关系**

不同于其他以项目或产品为纽带、项目结束则合作终止的动态联盟或者产学研合作形式，产业技术创新战略联盟是合作主体间着眼于未来长远、全局发展的一种长期合作关系，联盟成员的构成相对稳定，合作具有持续性，并通过具有法律效力的契约，保障合作关系的稳固。从这个意义上来看，一个规范的、有较强约束力、并能保障合作主体各方利益的盟约的签订对于联盟发展的稳定性与持续性有着至关重要的影响。

产业技术创新战略联盟与其他形式的战略联盟、动态联盟以及产学研联盟相比，既有相同点，也有不同之处，如表1-1所示。

---

① 傅家骥、姜彦福、雷家骕：《技术创新——中国企业发展之路》，企业管理出版社1992年版，第15—16页。

**表 1 - 1**　　　　产业技术创新战略联盟与其他形式的战略联盟、
动态联盟以及产学研联盟的异同

| 比照对象 | 相同点 | 不同点 |
|---|---|---|
| 产业技术创新战略联盟与其他形式的战略联盟 | 都是参与主体之间的一种长期合作关系 | 前者定位于合作技术创新活动，而后者主要指合资企业、供应链企业间的纵向伙伴关系、供应共享型联盟以及追求规模效应的准集中化联盟等 |
| 产业技术创新战略联盟与动态联盟 | 都是合作主体之间通过缔结盟约形成的一种合作形式，有的动态联盟也是产学研合作关系 | 前者各成员的合作关系具有长期性和相对稳定性；后者则是为某一个特定的目标任务而组成的，一旦任务完成随即解散，组织结构是具有柔性和动态性特征。动态联盟组建目标多样性，并非仅仅定位于技术创新活动 |
| 产业技术创新战略联盟与产学研联盟 | 都是产学研合作的一种高级形式，而且一般都有较为正式的联盟组织机构和章程，产学研联盟是产业技术创新战略联盟的前身 | 前者更强调研发与创新活动的开展，更针对产业关键共性技术而不是零星的技术合作项目，更突出一种长期的战略合作关系 |

## 二　国外产业技术创新战略联盟发展概况

产业技术创新战略联盟20世纪60年代初首先在日本兴起，随后在美国和欧洲等国家和地区的各个产业领域开始蓬勃发展，涌现出一大批国际著名的技术联盟。20世纪90年代以后，产业技术创新战略联盟在全球范围内进入快速发展期，越来越多的企业为提高创新效率，取得市场优势，纷纷组建联盟。这些联盟加强了企业之间、企业与研究机构之间及企业和政府之间的相互协调，减少了重复性研究开发，降低了研究开发成本，起到了扩大规模经济效益、提升产业国际竞争力和扩大企业国际市场的作用。统计资料显示，自1985年以来，联盟组织数量的年平均增长率高达25%。

20世纪70年代，美国在汽车、机械和电子等制造业领域，遭遇到了日本公司的强大挑战，其在危机中开始意识到企业间合作的重要性。1982年2月，美国微电子工业16家企业与机构决定以产业技术创新联盟的方式合作建立微电子与计算机技术公司（MCC），这是美国第一个计算机行业产业技术创新联盟，改变了美国大企业之间互不合作的历史传统，开创了美国第一个产学研全面结合联合开发的历史先例。从MCC成立的1982年到其2004年正式解散的22年里，MCC帮助美国微电子产业转化了600

多项新技术，发布和授权了 500 多项新专利，为美国微电子产业在国际市场上的竞争提供了巨大的技术支持，① 大大地促进了微电子工业技术的突破和进一步发展。

1987 年，在美国政府年预算补贴 10 亿美元的资助下，14 家在美国半导体制造业中居领先地位的企业组成半导体 R&D 战略技术联盟，即 Sematech。Sematech 集中于一般的过程研发，而不是产品研发。这种合作方式使其成员企业受益，且不会威胁它们的核心能力。

1985 年至 1996 年是美国产业技术创新联盟成立的高峰时期。根据美国司法部统计，该期间共成立了 609 个创新联盟，平均每年 50 个，大都集中在生物技术、信息技术、新材料技术、化学领域。②

在美国为数众多的产业技术创新联盟中，比较有典型意义的除了前面所提到的微电子和计算机技术公司（MCC）、半导体制造技术公司（Sematech）外，还有美国汽车研究理事会、新一代汽车合作计划、产业研究所等。

据统计，美国最大的 1000 家企业的收入中，16% 来自各种联盟。③ 美国的产业技术联盟具有以下特征：（1）以企业为主体。联盟主要由企业自行发起，尽管联盟中也有大学、研究机构和政府部门参与，但企业在其中发挥着主导作用。（2）研究项目偏重于竞争前开发。联盟的目的在于促进产业技术进步，提高成员的基础研究能力，因此主要进行的是产品形成之前的技术研究，并不涉及具体产品的开发。这种安排避开了合作企业之间的直接竞争，有利于维护联盟的稳定性，增加盟员企业之间的信任感。（3）政府支持的多样化。政府对于联盟的发展主要从以下几个方面进行支持：一是通过调整法律营造宽松的发展环境（如国家合作研究和生产法案的制定）；二是原则上向联盟提供经费资助，以弥补其研究开发活动投入的不足，但一般主要在涉及公共利益、国家安全以及知识产生等领域进行资助；三是引导创新联盟成员企业协商制定具体研究开发计划和时间表，并协助联盟成员企业之间逐步建立互信关系。（4）呈现网络化发

---

① 望俊成、温钊健：《美国产业创新联盟的经验与启示——基于美国微电子与计算机技术公司的案例研究》，《科技管理研究》2012 年第 22 期。

② 卫之奇：《美国产业技术创新联盟的实践》，《全球科技经济瞭望》2009 年第 2 期。

③ 北京数控装备创新联盟：《国内外联盟发展及典型案例分析》，《首都科技》2009 年第 7 期。

展趋势。目前联盟的发展趋势是，逐步由小范围联盟向网络化联盟发展，建立企业间以及企业与其他机构间的多层次合作网络，并同时围绕多个技术项目进行合作，联盟内合作的广度和深度都在不断加强。

日本的产业技术创新联盟自 20 世纪 60 年代开始兴起，最著名的是其"技术研究组合"。技术研究组合主要以技术课题为中心组建，其目标是解决周期长、风险大的大规模技术课题或产业关键共性技术问题。技术研究组合为提高日本的产业技术水平发挥了重要作用，截至 2007 年 10 月，先后累计建立了 176 个技术研究组合，其中 144 个已完成使命解散，现仍在活动中的有 32 个。[①]

日本产业技术创新联盟的一个显著特点是政府发挥着不可替代的作用。在企业、大学和研究机构的合作创新活动中，政府以其周密的产业规划和政策制定引导着产业技术创新联盟的创立和发展，不仅是产学研合作的组织者和推进者，还是实际上的指挥者和参与者。同时，日本的产业技术创新联盟还注重创造一种和谐的合作关系、一种相互融合的联盟文化。日本企业通常并不过于依赖法律合约来调节相互之间的关系，而是通过彼此间建立相互信任的机制来克服可能出现的机会主义行为，注重创造一种以"合作"为指导思想的联盟文化。

欧盟企业参与技术联盟的外在推动力来自于国际市场竞争环境的变化。欧洲在美日的夹击下，要保持已有的经济体地位，唯一的办法就是联合起来，以整体实力来对抗美日的经济和贸易进攻。而产业联盟无疑是欧盟整合各国资源、联合发展的最佳产业组织形式。同时，组成产业联盟也是欧盟企业自身发展的需要。因为欧洲各国企业单独发展普遍缺乏资金，而通过内部联合或与外国企业进行联盟，就可以以自己的技术优势来获得其他企业的资金支持。同时，政府的支持对欧盟企业技术联盟也起到很大促进作用，"尤里卡"计划和"欧洲科技合作计划"的开展，都大力支持了欧盟企业在高科技方面的跨国合作。

欧盟各国家的企业技术联盟具有以下特点：（1）技术领域主要侧重于航空技术、工业自动化、微电子、生物技术及政府支持的高新技术等领

---

① 吴松：《日本支持与引导产业技术创新联盟的做法、经验与启示》，《全球科技经济瞭望》2009 年第 2 期。

域；①（2）以共同研究和开发高新技术、分担技术创新的风险以及以整体实力与美日企业对抗为主要目的；（3）在欧盟内部实施地缘性合作战略，以增强欧盟作为一个整体的对外吸引力。

### 三　国内产业技术创新战略联盟发展现状分析

20 世纪八九十年代，国内沿海地区的一些企业出于自身发展所需，并顺应科技发展趋势，开始与国外企业以及一些研究机构结成技术联盟，最初的主要动机是引进技术和资金。②1992 年 4 月，原国务院经贸委、原国家教育委员会、中国科学院开始在国内组织实施"产学研联合开发工程"，为其后产业技术创新战略联盟的发展奠定了基础。2005 年 12 月，科技部、财政部、教育部、国资委、全国总工会和国家开发银行等六部门成立了推进产学研结合工作协调指导小组，组织实施了推动产学研结合的"技术创新引导工程"，共同推进产学研紧密结合，并确定把推动产业技术创新战略联盟作为一项重点任务。

2007 年 6 月 10 日，来自数十家企业、高校和科研院所的主要负责人在北京签约成立了钢铁可循环流程技术创新战略联盟、新一代煤（能源）化工产业技术创新战略联盟、煤炭开发利用技术创新战略联盟和农业装备产业技术创新战略联盟。这标志着我国产业技术创新战略联盟构建工作取得了重要的进展。

2009 年，前文所提到的六部门组织实施的"技术创新引导工程"发展成为"国家技术创新工程"，中科院、中国工程院等共同加入实施。随后，实施技术创新工程作为推进自主创新、提升产业核心竞争力、加快转变经济发展方式的重要举措，被明确写入《中共中央关于制定国民经济和社会发展第十二个五年计划的建议》。作为产学研结合的形式之一，产业技术创新战略联盟成为实施国家技术创新工程的三大载体之一（其他两个载体分别为创新型企业和技术创新服务平台）。

2010 年 1 月，"钢铁可循环流程技术创新战略联盟"等 36 家联盟成为科技部首批确定的国家试点联盟。同年 6 月，科技部又认定了"长三角

---

① 田丽韫、钟书华：《欧盟的企业技术联盟》，《软科学》2001 年第 1 期。
② 李红玲、钟书华：《我国企业技术联盟的现状及发展趋势》，《中国科技论坛》2001 年第 2 期。

科学仪器产业技术创新战略联盟"等 20 个符合条件的联盟为国家试点联盟（2010 年度认定的 56 家试点联盟基本情况详见附录 A）。据统计，前两批共 56 家试点联盟累计集聚企业 1190 家，大学 352 家，科研院所 339 家。2009—2011 年，56 家试点联盟组织开展合作创新项目 1156 项，项目经费达 291.93 亿元，获得专利 4232 件，合作共建研发机构 346 家。①

2012 年 4 月和 2013 年 10 月，科技部再次发布了两批试点联盟名单，包括"抗体药物产业技术创新战略联盟"等 39 个联盟和"节能减排标准化产业技术创新战略联盟"等 55 个联盟（名单详见附录 B 和附录 C）。这些联盟在自愿申请的基础上，经科技部审核成为试点，试点期为两年。至此，我国国家级产业技术创新试点联盟已达到 150 个。

与此同时，科技部开始对已纳入试点范围的联盟分批开展评估工作。评估目的是了解国家试点联盟建设和运行绩效，加强分类指导和动态调整；深入研究联盟发展规律，总结典型经验，完善政策措施，促进联盟进一步健康发展。评估内容包括以下方面情况：（1）创新活动，包括履行联盟协议、承担重大项目、开展合作创新、共享科技资源等情况；（2）创新绩效，包括掌握核心技术、形成技术标准、提高创新效率、促进产业提升等情况；（3）服务产业，包括制定产业规划、提供行业服务、交流培养人才、扩散创新成果等情况；（4）运行管理，包括组织机构运行、管理制度执行等情况；（5）利益保障，包括反映成员需求、知识产权分配、实现共同利益等情况。

2012 年和 2013 年，科技部先后两次对试点联盟实施了评估。第一次评估主要针对首批和第二批共 56 家试点联盟，评估结果显示，"半导体照明产业技术创新战略联盟"等 26 家联盟运行成效显著，评估结果为 A；"大豆加工产业技术创新战略联盟"等 26 家联盟运行取得一定成效，但仍存在一些不足，评估结果为 B；高效节能铝电解、流感疫苗、有色金属工业环境保护、航空遥感数据获取与服务等 4 家联盟存在较多突出问题，评估结果为 C，根据规定不再纳入试点范围。第二次评估的联盟共计 65 家，包括第一批评估结果为 B 的 26 家国家试点联盟和 2012 年开始参加试点的第三批共 39 家国家试点联盟。

---

① 陈宝明、邓婉君、汤富强、于良：《我国产业技术创新战略联盟发展成效、问题与政策建议——基于两批试点联盟的评估分析》，《中国科技产业》2013 年第 12 期。

与国外相似，我国产业技术创新战略联盟在发展过程中，也逐渐形成了自己的特点：

1. 政府成为联盟构建与发展的重要推手

由于当前我国市场经济还不够发达，金融与中介市场功能还不够完善，同时产业技术研发风险大、周期长、投入高、成果分享复杂，加上我国当前企业、大学和研究机构创新资源和能力分布不均，决定了现阶段我国产业技术创新战略联盟主要是在政府引导下建立。政府在其中所承担的角色主要表现在以下几个方面：

（1）通过政策引导推动联盟的组建

政府通过搭建技术交流平台，吸引企业、大学和研究机构开展合作技术创新活动，并从政策上鼓励和推动合作主体构建产业技术创新战略联盟。如先后颁布《关于推动产业技术创新战略联盟构建的指导意见》《国家技术创新工程总体实施方案》《国家科技计划支持产业技术创新战略联盟暂行规定》以及《关于推动产业技术创新战略联盟构建与发展的实施办法（试行）》等政策文件，对联盟的含义、组建意义、组建原则、需要具备的基本条件、责任主体等进行界定，并明确规定了国家科技计划（重大专项、国家科技支撑计划、"863"计划等）对联盟建立和发展的支持。同时，科技部还组织实施了联盟的试点工作，加大科技计划、创新基地和科技政策对试点联盟的支持力度，并对联盟的运行进行跟踪指导，对联盟的组织模式和运行机制进行探索，以此来推动联盟的发展。

（2）通过项目发包资助联盟的研发活动

政府以财政支出的方式对联盟的重大研究课题进行直接资助，试点联盟可作为项目承担单位直接申报国家各类科技计划项目，以获得研究所需的经费。政府财政资金的介入直接扶持了联盟的运行和发展，同时还可以有效带动联盟成员研发经费的投入。

（3）对联盟的运行进行监督和管理

政府通过组建试点联盟联络小组，定期开展联盟评估工作，建立联盟交流平台（中国产业技术创新战略联盟网站，http://www.citisa.org/），对联盟活跃度进行评价，以及组织联盟交流汇报活动等，对试点联盟的运行状态进行跟踪研究，总结和提炼实现联盟可持续发展的组织模式、关键要素和必要条件，并及时反映联盟诉求，提供决策咨询服务。政府还利用其行政权力，通过法律、法规和相关政策监督和调节联盟成员的行为，以保障联盟的公共利益和合法权益。

（4）采用多种形式保障联盟成果价值的实现

联盟的成果主要是知识产权，政府通过对联盟实施国家科技计划所形成的知识产权归属、许可实施、利益分配以及联盟解散或成员退出的知识产权处理方案，包括违反成果和知识产权权益分配约定的处理办法等均做出规定，以保障联盟成果价值的实现。同时，对于部分有利于经济社会发展，投入极高的科技成果，政府还可以通过制定行业标准、政府采购、免费宣传等方式，为联盟成果市场化提供便利条件。

2. 跨多个技术领域与行业

与国外联盟主要集中在高技术领域不同，国内联盟所属领域分布十分广泛。以科技部批准的 150 个国家级试点联盟为例，分别分布在制造业、农林牧渔、信息技术、热力供应、采矿、环保、建筑、交通运输、技术服务等九大领域。其中制造业领域的联盟数量最多，有 80 个，占试点联盟总数的 53.3%；其次是农林牧渔领域，为 24 个，占试点联盟总数的 16.0%。具体分布数据如表 1 - 2 和图 1 - 1 所示。

表 1 - 2　　　　　　　国家级试点联盟行业领域分布

| 行业 | 数量 | 比例（%） |
| --- | --- | --- |
| 制造业 | 80 | 53.3 |
| 农、林、牧、渔业 | 24 | 16.0 |
| 信息传输、软件和信息技术服务业 | 21 | 14.0 |
| 电力、热力、燃气及水生产和供应业 | 7 | 4.7 |
| 采矿业 | 6 | 4.0 |
| 水利、环境和公共设施管理业 | 5 | 3.3 |
| 建筑业 | 4 | 2.7 |
| 交通运输、仓储和邮政业 | 2 | 1.3 |
| 科学研究和技术服务业 | 1 | 0.7 |

而其中制造业领域的 80 个联盟，又分别分布在专用设备制造业、医药制造业、通用设备制造业、农副食品加工业等 15 个行业中。其中专业设备制造业的联盟数量相对较多，为 17 个，占制造业联盟数量的 21.3%；医药制造业的联盟数量排在第二位，为 14 个，占制造业联盟数量的 17.5%；通用设备制造业的联盟数量排在第三位，为 8 个，占制造

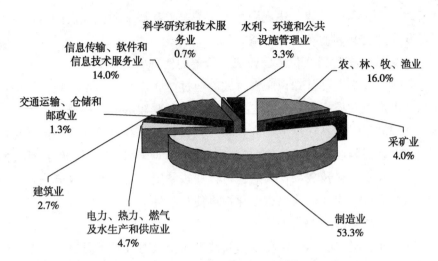

图1-1　国家级试点联盟行业领域分布比例示意图

业联盟数量的10.0%。国家级试点联盟在制造业内部各行业中的分布情况如表1-3和图1-2所示。

表1-3　　　　　国家级试点联盟在制造业各行业中的分布

| 制造业行业名称 | 数量 | 比例（%） |
| --- | --- | --- |
| 专用设备制造业 | 17 | 21.3 |
| 医药制造业 | 14 | 17.5 |
| 通用设备制造业 | 8 | 10.0 |
| 农副食品加工业 | 7 | 8.8 |
| 交通运输设备制造业 | 7 | 8.8 |
| 化学原料及化学制品制造业 | 6 | 7.5 |
| 非金属矿物制品业 | 5 | 6.3 |
| 有色金属冶炼及压延加工业 | 3 | 3.8 |
| 电气机械及器材制造 | 3 | 3.8 |
| 通信设备、计算机及其他电子设备制造业 | 3 | 3.8 |
| 黑色金属冶炼及压延加工业 | 2 | 2.5 |
| 仪器仪表及文化、办公用机械制造业 | 2 | 2.5 |
| 石油加工、炼焦及核燃料加工业 | 1 | 1.3 |
| 化学纤维制造业 | 1 | 1.3 |
| 金属制品业 | 1 | 1.3 |

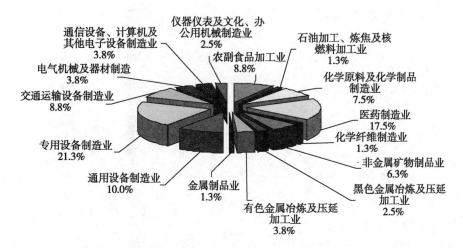

通信设备、计算机及其他电子设备制造业
3.8%

仪器仪表及文化、办公用机械制造业
2.5%

石油加工、炼焦及核燃料加工业
1.3%

电气机械及器材制造
3.8%

农副食品加工业
8.8%

化学原料及化学制品制造业
7.5%

交通运输设备制造业
8.8%

医药制造业
17.5%

专用设备制造业
21.3%

化学纤维制造业
1.3%

通用设备制造业
10.0%

金属制品业
1.3%

非金属矿物制品业
6.3%

有色金属冶炼及压延加工业
3.8%

黑色金属冶炼及压延加工业
2.5%

图 1-2　国家级试点联盟在制造业各行业中的分布比例示意图

3. 赶超趋势明显

与欧美日国家 20 世纪 60、70 年代就开始有联盟出现相比,国内产业技术创新战略联盟尽管起步晚了近 20 年,但近年来发展迅速,联盟数量呈快速增长趋势。不少联盟组织运行机制日益完善,建立了以理事会为核心的决策机构、以专家委员会为载体的决策咨询机制以及依托联盟秘书处的执行机构的组织体系,且运行良好,绩效显著。除了科技部分别于 2010 年、2012 年、2013 年先后发布 150 个国家级试点联盟名单外,国内各省市也结合当地区域优势支柱产业和特色产业,纷纷进行联盟的构建探索工作。

以北京地区为例,1999 年到 2002 年为起步阶段,产业技术创新战略联盟总数由 4 家增加到 10 家;2003 年开始为快速发展阶段;到 2009 年,迅速增加至 98 家。仅 2009 年,北京市就新增了新能源、北京新药创制、首都新农村建设科技创新服务联盟等 28 个联盟。到 2010 年,北京地区联盟数量增至 120 个。北京地区联盟数量发展趋势如图 1-3 所示,从 1999 年起每年联盟增加数量如图 1-4 所示。①

浙江省于 2010 年在省内首批申报的 54 个产业技术创新战略联盟中,确定了 15 家联盟作为省级试点联盟,2012 年又确定了 7 家省级试点联

---

①　伍建民、张京成、李梅:《产业技术联盟与政策导向》,科学出版社 2011 年版,第 64—65 页。

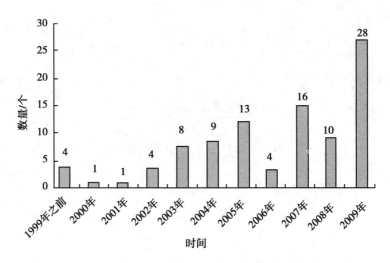

图 1-3  北京地区产业技术创新战略联盟发展趋势图

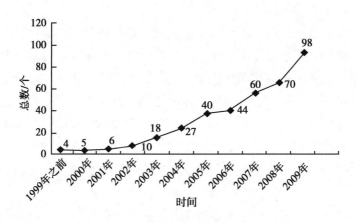

图 1-4  北京地区联盟每年增加数量

盟, 目前省级试点联盟总数达到 22 家。2010 年 6 月, 浙江省科技厅和财政厅联合印发了《浙江省产业技术创新战略联盟建设和管理办法》, 对联盟建设的意义、任务、条件以及支持与管理等方面的工作进行了明确规定。2011 年 5 月, 浙江省科技厅发布了《关于进一步做好产业技术创新战略联盟建设工作的通知》, 再次就联盟的建设、申报、管理等工作进行了指导。浙江省在科学技术发展 "十二五" 规划中明确提出, 到 2015 年, 要在电子信息、新能源、生物医药、电动汽车、先进装备制造、节能环保等战略新兴产业和纺织、化工、特色农业等重点产业建设 50 个左右的省级联盟。

另据不完全统计，上海市目前拥有产业技术创新战略联盟 52 家，分别分布在电子信息、高效节能、生物医药、先进材料、资源与环境等领域。

此外，辽宁、江苏、湖北、广东、河北、甘肃、青海等许多省市也在纷纷推进本地区产业技术创新战略联盟的构建工作。

4. 牵头单位以企业为主体

国内的产业技术创新战略联盟，牵头单位类型众多，包括企业、大学、研究院所、专业协会（学会）以及政府部门等，但总体来看以企业为牵头单位的联盟占主体。以科技部确认的 150 个国家级试点联盟为例，由企业担任牵头单位的联盟数量最多，共有 87 家，占试点联盟总数的58.0%；研究院所担任牵头单位的联盟数量排在第二位，有 41 家，占试点联盟总数的 27.3%；专业协会（学会）任牵头单位的联盟数量排在第三位，有 11 家，占试点联盟总数的 7.3%；此外大学任牵头单位的联盟有 8 家，占 5.3%；另外还有 3 家由政府机构任牵头单位的联盟（主要是各地区科技促进中心、工业园等），占试点联盟总数的 2.0%（如图 1 - 5所示）。越来越多的企业担任联盟发起和牵头单位，表明企业在技术创新活动中的主体地位得到进一步提高。同时，对联盟实地调研情况显示，由行业龙头企业担任联盟牵头单位或理事长，可以充分发挥龙头企业在行业中较强的协调和控制能力，利用其在行业中的绝对优势，调动研发活动所需各种资源，使联盟的运行达到预期绩效。

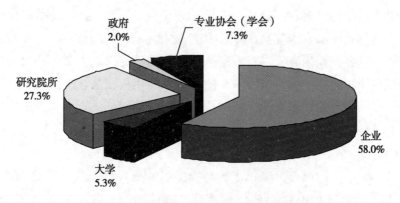

图 1 - 5　国家级试点联盟牵头单位类型分布

5. 合作形式多样化

（1）项目合作

以项目为纽带进行合作，是国内产业技术创新战略联盟合作的主要方式之一。根据科技部相关支持政策，联盟可以以其整体的名义申请政府财政资金支持的各类重大科技计划项目，拿到课题之后再将其分解为若干子课题，分配给多家联盟成员单位分别完成。在项目实施过程中既有分工，也有相互协作与资源共享。调查资料显示，许多联盟正是以这种合作方式，完成了大量涉及产业发展关键技术的重大课题，攻克了许多技术难关。而这些成果，仅仅依靠单个成员单位的力量是很难完成的。

（2）组建研发实体

由联盟成员共同出资组建研发实体，承担项目开发与管理工作。如维生素联盟就采用这种合作方式，联盟成员按一定比例共同出资组建股份制的"维生素工程技术研究中心"，其中华北制药集团、石药集团、江山制药、东北制药集团和淄博华龙五家企业的出资比例分别为34%、15%、15%、15%和15%，另外6%由学研单位出资。该中心具有独立法人资格，是战略联盟所有项目实施与管理的委托单位。中心地点设在北京，注册资金为50万元。工程技术中心本着自愿的原则开展工作，包括研发、生产、市场等，资金来源包括：政府资助、股东单位出资、引入投资者、成果转让收益。

（3）共建研究基地

依托联盟建设重点实验室、工程中心等研究基地，使研究基地成为联盟的技术创新中心、人才培养中心和产业化辐射中心。2012年1月，半导体照明联合创新国家重点实验室获得科技部批复，这个实验室就是依托半导体照明联盟建立的。实验室以所有权和使用权相结合的投入方式，集中与分布相结合的建设方式，共同投入、利益共享、风险共担，聚焦产业共性关键技术和引领性前沿技术研究，并集聚创新队伍。

（4）推进标准化工作

技术标准的形成与推进工作，是很多联盟重要任务之一。如闪联1.0全部7项标准成为中国3C协同领域首个完整的ISO国际标准体系，标志着中国标准占领3C协同互联领域制高点。同时，闪联还组织会员单位专家完成了闪联7项国家标准的制定工作。开源及基础软件通用技术创新战略联盟目前已建立了U－系列标准簇原型，并组建了标准联合实验室，完成了 U – 系列标准需求调研，提出 3 项标准的征求意见稿，包括《新型网络终端操作系统总体技术要求》、《新型网络终端操作系统能耗管理规范》和《面向移动终端的 UOF 规范应用指南》等。目前，各家联盟推进形成的技术标准包括国际标准、国家标准、行业标准、企业标准、联盟标准等。

（5）搭建交流平台

许多联盟还纷纷搭建联盟内外的产业交流平台，如举办研讨会、论坛，参与国际学术交流活动等，既推动了联盟内外各机构之间的技术合作与交流，也大大扩大了联盟的影响力。2012 年 4 月，TD 产业联盟（TDIA）、XGP FORUM 以及 Global TD – LTE Initiative（GTI）在日本东京联合主办了 "2012 中日 TDD 新一代移动通信技术合作研讨会"，来自中国、日本、美国、俄罗斯、澳大利亚、泰国、沙特阿拉伯、塔吉克斯坦等数十个国家和地区的政府、相关组织、运营商、TDD 产业重点企业近两百位代表参会。会议就中日两国政府对 TDD 产业的政策支持、TDD 产业发展最新形势以及 TD – LTE 的市场需求和发展计划等重点问题进行研讨。2011 年 7 月，国家干细胞与再生医学产业技术创新战略联盟首次峰会在浙江省湖州市召开，来自联盟各成员单位以及国内主要科研院所、高校、医疗机构、生物医药企业的著名专家学者和业内人士共 150 余人与会，与会代表就干细胞基础研究、干细胞转化医学研究、干细胞临床应用以及干细胞发展方向等热点问题进行了深入探讨。

（6）向产业链的技术创新推进

一是在某个产业领域内构造完整的产业技术创新链。如钢铁可循环流程技术创新战略联盟，将创新从单元技术和产品延伸到整个冶金技术流程，着眼于节能降耗和资源循环利用，在产业领域内建立全新的产业技术创新链，促进产业结构全面升级。

二是跨越上下游产业领域的产业链集成创新。如汽车轻量化技术创新战略联盟，以获取汽车轻量化核心技术自主知识产权和形成轻量化自主技术标准为目标，跨越汽车设计与制造、机械加工、基础材料等上下游产业领域，共同开展产业关键共性技术的集成创新。

三是同时形成生产制造、运营服务、系统开发等多个产业创新链。如开发 3G 无线通信技术标准的 TD – SCDMA 联盟，从研发到产品，从中试到应用，从制造到服务，覆盖了多个产业环节和技术领域，形成了手机设备制造、网络服务运营、系统开发与集成等多个产业创新链。

归纳起来，国内产业技术创新战略联盟发展的主要特点如图1-6所示。

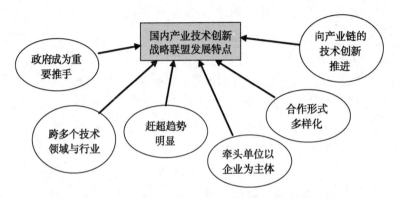

图1-6    国内产业技术创新战略联盟发展特点

## 第二节    问题的提出及研究的意义

### 一    问题的提出

尽管我国产业技术创新战略联盟的发展已取得一定成绩，但从运行实践来看，仍存在一些问题，主要体现在以下几个方面：

1. 合作主体目标利益不一致，各方未能找到很好的利益结合点

在联盟组建过程中，不同性质的成员单位加入联盟的目的是不同的。企业开展技术创新活动以开拓市场获取利润为终极目标，追求的主要是近期利益；而大学和研究机构则更看重研究的原创性与前沿性，并未过多考虑成果的市场推广价值，双方价值取向不一致。这种目标的差异使得双方有时难以找到共同的利益结合点，有效的合作也就难以形成。即使是企业成员单位之间，由于是潜在的竞争对手，信任与合作机制如何建立仍然是一个值得探索的问题。调查显示，纵向供应链企业成员之间的合作往往会更深入而且毫无保留，而横向有潜在竞争关系的企业之间的合作则会存在种种顾虑。在美国的联盟中，成员单位之间的合作主要面向产品形成之前的技术开发活动，就较好地回避了这一问题。

2. 以项目为依托进行合作的居多，有长期战略性合作规划的少，自

主发展机制有待进一步形成

目前的联盟围绕国家科技计划项目进行的短期合作较多，制定了5年以上长期战略性合作规划的较少。除了项目合作之外，有些联盟本身缺乏自主投入、自主发展的长效机制，最终只能沦为松散的交流平台。这种现象与企业由于市场压力大多重视近期目标，对周期长、投入大的共性技术创新研究的信心不足不无关系。而这种现状与联盟建立关键共性技术长期战略性合作的定位是相矛盾的。

3. 共建研发实体较少，缺乏资源的深度整合

尽管部分联盟自筹资金建立了自己的研发实体，但数量较少。更多的联盟仍是以项目为依托进行合作，拿到项目之后以独自研究为主，相互之间资源共享、技术交流还不够充分。调查发现，多家联盟都认为当前急需建立联盟平台之上的技术研发实体，强化联盟成员之间的知识学习与技术交流，深度整合各自的优势资源。不过，联盟建立研发实体的资金来源、人员构成、运行模式以及政府的政策支持等仍需要进一步探索。

4. 缺乏稳定的金融支持体系

在财政资金的支持方面，尽管政策允许以联盟的名义申报国家各类科技计划项目，但由于审批通过的项目数量和经费的额度都具有不确定性，使得联盟无法获得稳定的经费支持。此外，目前国家还未设立专门支持产业联盟发展的专项资金，联盟日常运行经费投入缺乏政策保障，主要由依托单位和牵头单位提供。由联盟举办的行业交流及研讨活动等，活动经费也均由成员单位自己承担。由于工作经费缺乏稳定的资金支持，筹集渠道又有限，对联盟工作的深入开展产生了一定的资源制约。

在风险投资方面，目前虽然已有风险投资机构与一些联盟进行接触，但由于联盟担心自身对风险投资的吸收和驾驭能力，以及缺乏政府层面的引导与规范，合作始终未能有效展开。

5. 利益保障机制不够完善

健全的利益分配和保障机制是联盟得以稳定运行的重要基础，但也是运行机制设计中的难点。例如联盟成员间已有知识产权的事先评估问题，新产生的知识产权分配问题，由国家资助的项目形成的知识产权归属与共享问题，合作成果的利益分配问题等等，都需要进行完善的制度设计。既要充分实现资源的共享，又要使成员单位的自身利益得到切实保障。目前联盟的章程以及合作协议中对成员单位的利益保障问题虽有所涉及，但对

责、权、利的界定不够清晰，缺乏具体的定量操作方法，对可能存在的技术、市场和管理方面的风险没有做出预先估计，并建立相应风险防范机制。没有机制的保障，联盟成员之间相互信任、合作的关系也就无法真正建立起来。

6. 日常运行机制设计还有待完善

运行机制是联盟绩效目标实现的保障。秘书处是联盟的常设执行机构，负责联盟日常业务、处理日常事务。目前各联盟的日常运行主要依靠联盟秘书处的调动与协调，由于秘书处一般依托于联盟牵头单位或理事长单位，由该单位选派人员兼职担任，专职化程度不够高，也缺乏专项资金支持，使得秘书处的协调能力偏弱，在调动联盟成员和增强联盟凝聚力方面缺乏有效手段和方法。应继续探索秘书处的独立运行机制，保持联盟执行机构与联盟成员间的相对独立性。此外，联盟理事会、专家技术委员会和秘书处之间的运作关系也需要进一步完善，以确保联盟日常运转的高效和有序。

7. 政府监管还有待进一步加强

政府在联盟构建和发展中有其特殊的定位和功能，发挥着重要作用。从目前的情况来看，政府的监管工作还存在以下问题：

一是联盟组建时对盟员单位加入动机，以及联盟成立后实际运作情况还缺少更有效的识别和监督机制。由于政府推动以及有财政资金支持，不排除有部分联盟成员只是为了获取国家资金、争取政策支持而加入联盟，存在一定投机心理。因此在盟员单位选择以及入盟程序机制上，政府应引导和协助联盟进行更深入探索。

二是财政经费的支持还停留在传统的计划项目方式上，对联盟的日常运转工作还缺乏专项资金支持，无法充分调动联盟开展日常学术交流、培训活动以及组织行业内交流活动的积极性。

三是在推动联盟组建过程中有行政命令因素的影响，使得一些本身合作基础并不具备、合作意愿并不强烈的成员单位硬捏合到一起。例如有的联盟由于行业特征的限制，产业关键共性技术不显著，产品层面的合作又涉及市场竞争问题，成员单位之间很难形成实质上的合作。内生需求是联盟构建和发展的基础，在很多领域有一些企业和研究机构本身就由于各自所需已经缔结了自发性的合作关系，成立联盟只是使得这种合作更为稳固而有保障，这样的联盟往往能够形成自我发展的良性运行机制，也最容易达到其绩效目标。而本身没有合作意愿和合作基础的企业与研究机构，即使在行政命令的驱使下勉强组合到一起，也只是一个空壳联盟而已。

四是对联盟合作研究所产生的自主知识产权成果，政府缺乏如优先采购等有力的市场支持政策，在一定程度上也影响了联盟研发活动的动力。

8. 联盟的法律和经济地位有待进一步加强

由于联盟机构目前不是一个实体建制，法律地位和经济地位不明确，财务和人事管理不具备独立运作的条件，无法解决非实体组织产生的一些问题，如成员单位的会费收取问题、在合作研发过程中形成的知识产权归属问题、各成员承担课题的国拨经费统一管理问题等。另外，联盟统一对外交流与宣传力度不够，联盟的行业认可度及影响力相对薄弱。目前，已有联盟实现了秘书处的独立注册，如何继续探索这一机制，明确界定联盟的法律和经济地位，加强联盟在行业内的影响力和凝聚力，是值得关注的重要课题。

以上分析表明，由于产业技术创新战略联盟是由多个创新主体组建而成的合作技术创新组织，成员结构多样化，包括企业、大学、研究院所等多种不同类型机构，在组织目标、行为方式和文化等方面存在着诸多差异，因此在合作过程中必然存在着许多不确定性；同时，与单个企业相比，在联盟的运行管理方面也具有复杂性和多变性；再加上非连续性技术创新活动本身也具有很大的不确定性，导致联盟在运行过程中蕴藏着较大风险。这种风险，既包括由于内外部因素的影响使联盟运行未达到预期绩效目标的可能性，也包括联盟失败解体的可能性。[①]

欧、美、日的发展经验显示，伴随着联盟快速发展的是联盟的高失败率。哈里根（Harrigan）考察了 880 个战略联盟的命运，结果显示，只有40% 的联盟存续时间超过了 4 年，只有 15% 的战略联盟存续时间超过了10 年。[②] 另外一项研究显示，超过三分之二的战略联盟在最初两年间遇到

---

① 唐雯、李志祥：《产业技术创新战略联盟的模糊综合评估研究》，《科技管理研究》2014年第 6 期。

② Harrigan, K. R. Strategic Alliance and Partner Asymmetries, in Contractor, F. J. and Lorange, P. (eds), Cooperative Strategies in International Business, 1988, pp. 205 – 226, Lexington, MA: Lexington Books.

了严重的问题。① 麦肯锡公司对欧、美、日所谓"三强"地区战略联盟的长期跟踪调查显示，只有51%的合作对于联盟各方而言都是成功的，而33%的战略联盟对双方来说都是失败的。② Das 和 Teng（2000）详细地总结了联盟失败和成功的相关资料，结果显示了联盟的不稳定率为30%—50%。③

## 二　研究的意义

对于正在蓬勃兴起的中国产业技术创新战略联盟而言，只有清醒地意识到联盟存在的问题以及失败的可能性，正视风险的存在，厘清风险的可能来源，准确评估风险发生的概率、后果的严重程度和可控程度，才可能对潜在的风险进行预警并制定应对措施，从而提高联盟运行的稳定性，并有效降低风险事件对联盟及其相关成员造成的损失。

然而令人遗憾的是，我国目前的产业技术创新战略联盟在组建和发展过程中，风险管理问题远未引起有关方面的足够重视。在实践中，极少有联盟建立了专门的风险管理机构或设立专门人员，对联盟的风险问题实施有效管理，对已经出现和可能出现的风险加以应对和防范。一些企业和机构因急于求大、急于争取优惠政策而匆忙组建联盟，成立了联盟之后因疏于对联盟内部存在的风险及时发现并进行管理，使得联盟的运行遭遇种种困难与障碍，无法达到预期效果，甚至面临解体。在理论上，国内学者的研究多集中于联盟组建的意义及运行机制构建等方面的正面研究，对联盟风险等问题的研究涉及较少，对联盟风险识别、评估与应对等风险管理全过程进行系统性探讨的文献更是不足。因此，本书对于产业技术创新战略联盟风险管理的研究具有十分重要的理论和实践意义，不仅可以进一步拓展风险管理理论在这一新领域的具体应用，还可以为我国产业技术创新战略联盟的风险管理操作实践提供可借鉴的方法体系，以推动联盟的良性运行、协调发展。

---

① Bleeke, J. and Ernst, D. (1993). The Way to Win in Cross – Border Alliances, in Bleeke, J. and Ernst, D. (eds), Collaborating to compete, 1993, pp. 17 – 34, Chichester: John Wiley.

② Bleeke, J. and Ernst, D. collaborating to compete: using strategic alliances and acquisitions in the global marketplace. New York: John Wiley and sons ltd. , 1998.

③ T. K. Das, Bing – Sheng Teng. Instability of strategic alliances: an internal tension perspective. Organization Science, 2000, 11 (1): 77 – 101.

## 第三节　相关研究综述

### 一　关于产业技术创新战略联盟概念、性质等相关研究

严格来说，国外并没有产业技术创新战略联盟这一特定名称，学者们通常将其视为技术联盟、战略联盟中的一种类型。国内自从2007年科技部明确提出这一概念之后，随着各地产业技术创新联盟的陆续建立和迅速发展，该领域逐渐成为专家学者研究和关注的热点。

1. 关于产业技术创新战略联盟的概念与性质

李新男（2007）是国内最早对产业技术创新战略联盟的概念进行较为完整界定并对其内涵进行全面分析的学者。他认为，作为一种全新的产学研合作模式，产业技术创新战略联盟是以企业生存发展的内在需求为基础，充分运用市场机制，通过各种科技创新要素的优化组合，所建立的一种长期、稳定、制度化的产学研利益共同体，并通过契约关系建立共同投入、利益共享、风险共担的机制。[①]

李学勇（2009）认为，相对于传统的产学研合作模式，产业技术创新战略联盟的主体更能形成长期、稳定和紧密的合作关系。[②]赵志泉（2009）则进一步界定了联盟主体的功能，他认为，政府的作用是遴选产业与技术、政策支持以及通过重大科技专项，提供专项资金；企业的作用是提供创新所需资源包括资金、技术人员和科研设施，参与研究开发和进行技术推广；而高校和科研机构则是通过提供智力资源参与研究开发。[③]

胡争光、南剑飞（2010）认为，产业技术创新战略联盟是技术开发联盟在产业层面的拓展，具有主体企业化、目标产业化、合作自由化等三大特征。[④]

---

① 李新男：《创新"产学研结合"组织模式，构建产业技术创新战略联盟》，《中国软科学》2007年第5期。

② 李学勇：《在新形势下深入推进产学研合作，着力提升企业技术创新能力》，《中国科技产业》2009年第11期

③ 赵志泉：《产业技术创新联盟的运行机制研究》，《创新科技》2009年第4期。

④ 胡争光、南剑飞：《产业技术创新战略联盟：研发战略联盟的产业拓展》，《改革与战略》2011年第10期。

邸晓燕、张赤东（2011）则对战略联盟、技术创新战略联盟和产业技术创新战略联盟的区别进行了说明，认为战略联盟是具有明确战略意图和目标的联盟，技术创新战略联盟是以技术创新为目标的战略联盟，而产业技术创新战略联盟则属于更高层次，指为了实现产业层次的共性技术研发和扩散而组成的战略联盟。①

苏靖（2011）从机制层面对产业技术创造战略联盟的性质进行了阐述，认为联盟本身是一种产学研合作的机制创新，而实现联盟的有效、持续、健康发展，充分发挥联盟的作用，其关键也在于机制创新。②

徐刚、高静、梁淑静（2012）从主体差异性视角研究了产业技术创新战略联盟与一般联盟的区别，认为其区别主要体现在市场化与公益化相结合、性质差异性的主体合作以及持续性与战略性合作三个方面。③

2011 年，随着协同创新概念的提出，一些学者对协同创新与产业技术创新战略联盟的关系进行了探讨，其中牛振喜、肖鼎新、魏海燕、郭宁生（2012）认为，在协同创新的作用下，产业技术创新联盟由政、产、学、研、用、金等多个系统组成，并围绕一个有效的创新平台，构建纵向的产业技术创新链，在共同价值目标的驱动下联合进行技术开发，均衡承担风险。④

2. 关于产业技术创新战略联盟分类与组织模式的研究

约翰·莱斯（John Rice）、彼得·高尔文（Peter Galvin，2006）在对 Ericsson 和 Nokia 联盟的实例进行研究后指出，联盟在产业生命周期的早期阶段，主要是以合约（契约）的形式出现，而到了后期，则向标准化和以知识为基础的形式发展。⑤

张敬（Jing Zhang）、巴登·富勒（Baden-Fuller）和曼奇·马丁（Mange Matin，2007）则探讨了公司内部知识结构和组织结构如何影响其战略联

---

① 邸晓燕、张赤东：《产业技术创新战略联盟的性质、分类与政府支持》，《科技进步与对策》2011 年第 5 期。

② 苏靖：《产业技术创新战略联盟构建和发展的机制分析》，《中国软科学》2011 年第 11 期。

③ 徐刚、高静、梁淑静：《基于主体差异性的产业技术创新战略联盟本质探析》，《中国经贸导刊》2012 年第 2 期。

④ 牛振喜、肖鼎新、魏海燕、郭宁生：《基于协同理论的产业技术创新战略联盟体系构建研究》，《科技进步与对策》2012 年第 11 期。

⑤ John Rice, Peter Galvin. Alliance Patterns During Industry Life Cycle Emergence: the Case of Ericsson and Nokia. Technovation, 2006（26）: 384 – 395.

盟的形成，认为公司的知识广度和研发组织的中心地位将会对其吸收能力产生积极影响，从而会更倾向于形成战略联盟。[1]

张晓、盛建新、林洪（2009）认为，产业技术创新战略联盟的组织运行模式可以有以下三种：（1）股份合作制企业模式；（2）模拟公司模式，由联盟各方共同管理；（3）聘请专业化的经营管理有限责任公司实施管理。[2]

蒋芬（2009）从产业共性技术创新的决策者和协调者的角度，将产业技术创新战略联盟的合作模型分为龙头企业主导型、行业协会主导型、科研院所主导型和政府推动型四种模式。[3]

邸晓燕、张赤东（2011）按照市场集中度、核心成员企业在产品市场上的关系、核心成员的实力对比三个维度，将进行产业技术创新战略联盟分为Ⅰ—Ⅷ类八种类型。[4]

李玉娜、林莉、葛继平（2011）从主体法角度探讨了产业技术创新战略联盟可以选择的法律形态，包括具备民事主体资格的法律实体、不具有法人资格的合伙企业和企业法人型实体等类型。[5]

付苗、张雷勇、冯锋（2013）提出了产学研共生网络的概念，从共生单元构成、共生关系形成、共生界面分布以及共生网络结构等方面对TD产业技术创新战略联盟的组织模式进行了实证研究。[6]

3. 关于产业技术创新战略联盟动力机制、运行机制与绩效评价的研究

在动力机制方面，盖斯勒（Geisler）等（1991）归纳了学术界与产业

---

[1]  Jing Zhang, Charles Baden - Fuller, Vincent Mangematin. Technological Knowledge Base, R&D Organization Structure and Alliance Formation: Evidence from the Biopharmaceutical Industry. Research Policy, 2007 (36): 515 - 528.

[2]  张晓、盛建新、林洪：《我国产业技术创新战略联盟的组建机制》，《科技进步与对策》2009 年第 10 期。

[3]  蒋芬：《"联合开发、优势互补、利益共享、风险共担"：产业技术创新战略联盟是产学研结合的趋势》，《华东科技》2009 年第 12 期。

[4]  邸晓燕、张赤东：《产业技术创新战略联盟的性质、分类与政府支持》，《科技进步与对策》2011 年第 5 期。

[5]  李玉娜、林莉、葛继平：《产业技术创新战略联盟组织形态的法学探讨》，《科技进步与对策》2011 年第 12 期。

[6]  付苗、张雷勇、冯锋：《产业技术创新战略联盟组织模式研究——以 TD 产业技术创新战略联盟为例》，《科学学与科学技术管理》2013 年第 1 期。

界合作的四大理由：① 由于政府经费的紧缩，产业界是大学研发经费的重要来源；产业界经费运用的限制比政府经费少；与产业界的合作提供了师生接触实物、实际问题的机会；政府对配套经费的要求等。

谢薇、罗利（1997）分析了产学研合作的动力来源，包括利益驱动、对合作优势和合作目标的认同、科学技术的发展、环境的诱导、追求自我发展以及和谐的关系等。②

丁堃（2000）提出了产学研合作的 $ERP_1 - P_2CS$ 动力模型，认为产学研合作是内外因素共同作用的结果，其中外部动力因素是政策驱动和市场需求，内部因素是企业的科技意识、对间接利益最大化的追求以及内部科技资源的欠缺。③

吕海萍等（2004）认为产学研相结合的主要动力因素包括发展需要、生存压力、提高知名度、成果转化以及已有合作关系等。④ 游文明、周胜、冷得彤等（2004）则分析了产学研合作动力机制缺乏的原因，包括科技评价目标不一致、合作各方对科技成果的价值取向不一致、中介机构力量薄弱、合作资金缺乏等因素。⑤

在联盟运行机制方面，邬备民、李政（2010）认为，如何完善和优化创新联盟的机制是联盟健康发展必须解决的问题，需要完善绩效考核机制，利益共享分配机制，信息开放共享交流机制，利益共创共享机制以及可持续发展的动力机制。⑥

康继红（2010）从联盟成员的构成机制、资源投入机制、利益协调机制、知识产权保护机制、联盟成员退出机制等不同角度对产业技术创新战略联盟运行机制进行了较为系统的研究。在对利益协调机制的研究中，

---

① Geisler E. Industry – University Technology Cooperation：A theory of inter – organizational relationships. Technology Analysis & Strategic Management，1995，7（2）：217 – 229；姚威：《产学研合作创新的知识创造过程研究》，博士学位论文，浙江大学，2009 年。

② 谢薇、罗利：《产学研合作的动力机制》，《研究与发展管理》1997 年第 3 期。

③ 丁堃：《产学研合作的动力机制分析》，《科学管理研究》2000 年第 6 期。

④ 吕海萍、龚建立、王飞绒、卫非：《产学研相结合的动力——障碍机制实证分析》，《研究与发展管理》2004 年第 2 期。

⑤ 游文明、周胜、冷得彤：《产学研合作动力机制优化研究》，《科学学与科学技术管理》2004 年第 10 期。

⑥ 邬备民、李政：《产业技术创新战略联盟运行机制及策略研究》，《中国高校科技与产业化》2010 年第 7 期。

首先界定了联盟收益的构成，在此基础上提出了联盟利益分配模型和利益协调模型。[1]

胡争光、南剑飞（2011）的研究指出，构建产业技术创新战略联盟应注意几个战略问题：（1）突出联盟的产业特征；（2）构建由产业内龙头企业、政府、高校和科研院所组成的联盟战略金三角；（3）选择恰当联盟的运行模式；（4）构建联盟成果分享机制和联盟风险分担机制。[2]

陈佳（2011）提出，产业技术创新战略联盟治理模式主要受到组织要素和制度要素两个层面因素的影响，其中组织要素包括组织能力、组织信任和关系类型，制度要素包括共享机制、利益分配机制、沟通协调机制和开放性机制。[3]

苏靖（2011）认为，实现风险共担与利益共享，是联盟成立的最大动因。建立良好的风险共担与利益共享机制，则是联盟能否成功运行的关键因素。[4]

邢乐斌、王旭、徐洪斌（2010）将联盟利益分配视为一个多人协商问题，根据 Nash 谈判定理得到多人利益分配模型，通过引入风险调节系数，对分配模型进行修正，得到基于风险补偿的联盟利益分配模型。[5]

曹小华（2010）引入博弈论的纳什均衡理论来分析我国汽车技术战略联盟的利益分配方案，建立了 n（n>2）个成员的汽车技术战略联盟利益分配模型，得出基于满意度的不对称纳什均衡优化分配方案，并利用该模型对"中气"项目利益分配方案进行优化分析和边界问题讨论。[6]

在联盟运行绩效评价方面，罗瑟米尔（Rothaermel，2001）在对 889

---

[1] 康继红：《石家庄市医药产业技术创新战略联盟运行机制研究》，硕士学位论文，河北科技大学，2010年。

[2] 胡争光、南剑飞：《产业技术创新战略联盟战略问题研究》，《科技进步与对策》2011年第1期。

[3] 陈佳：《产业技术创新战略联盟治理模式影响因素探析》，《科技管理研究》2011年第11期。

[4] 苏靖：《产业技术创新战略联盟构建和发展的机制分析》，《中国软科学》2011年第11期。

[5] 邢乐斌、王旭、徐洪斌：《产业技术创新战略联盟利益分配风险补偿研究》，《统计与决策》2010年第14期。

[6] 曹小华：《基于博弈论的汽车技术战略联盟利益分配研究》，硕士学位论文，湖南大学，2009年。

个生物医药企业战略联盟进行研究后发现，现有企业与新技术的提供者所建立的联盟在企业新产品开发中会产生积极影响，而跟随而来的是绩效的提高。在产业层面，现有企业表现出了对通过建立联盟获得互补型资源以提高技术能力的偏好，现有企业与新进入者的合作有利于提高现有产业的绩效。[1]

安东亚信（Antoncica）和普罗丹（Prodan）（2008）采用绩效影响模型对斯洛文尼亚 226 家样本企业进行了测试。结果显示，战略联盟在推动企业技术创新活动和绩效提高方面体现了其价值。[2]

宋东林、孙继跃（2012）则对产业技术创新战略联盟运行绩效进行了较为深入的探讨，构建了由成果水平、经济效益、社会效益、产业竞争力、集成效应以及协作水平等 6 个一级指标和 30 个二级指标的联盟运行绩效评价指标体系。[3]

潘东华、孙晨（2013）从联盟的创新绩效角度建立了一个评价体系，认为联盟的创新绩效，可以从科技水平的提升、产业竞争力的提升以及联盟建设三个方面来进行评估。

## 二　关于产业技术创新战略联盟稳定性及风险等的相关研究

### 1. 关于联盟稳定性的研究

帕克（Parkhe，1993）认为，"联盟双方的合作可以看作是一个博弈的过程，而且一般来说都具有与囚徒困境相似的支付函数，联盟成员可以通过欺骗对方选择不合作行为取得超过双方合作所带来的收益，在这种情况下个人理性与集体理性会发生背离，这意味着联盟中存在的欺诈行为或道德风险会造成联盟难以维持"。[4] 另外，联盟成员为防止对方选择欺骗或者背叛而

---

① Frank T. Rothaermel. Complementary Assets, Strategic Alliances, and the Incumbent's Advantage: an Empirical Study of Industry and Firm Effects in the Biopharmaceutical Industry. Research Policy, 2001 (30): 1235 –1251.

② Bostjan Antoncica, Igor Prodan. Alliances, Corporate Technological Entrepreneurship and Firm Performance: Testing a Model on Manufacturing Firms. Technovation, 2008 (28): 257 –265.

③ 宋东林、孙继跃：《产业技术创新战略联盟运行绩效评价体系研究》，《科技与经济》2012 年第 2 期。

④ Arvind Parkhe. Building Trustin International Alliances. Journal of World Business, 1998 (4): 417 –437.

给自身带来损失，它会采取较为消极的合作态度，降低投入水平，联盟伙伴也会随着降低合作的积极性，从而使得联盟变得不稳定。①

英克彭（Inkpen）和比米什（Beamish，1997）对联盟不稳定性做出了精确的界定，认为联盟的不稳定性是联盟一方或多方非计划性或未经深思熟虑的意外中止或重新组织，强调了联盟不稳定性是合作关系的内生结果。②

不过，不稳定性并不是联盟的缺点，迪索热（Dussauge）和加雷特（Garrette，1995）认为，战略联盟的一个优点就是具有很强的可退出性。首先，当战略联盟被企业作为剥离业务或者收购的过渡形式时，战略联盟的不稳定性是隐含在伙伴企业合作的意图之内的；其次，战略联盟的重组或者中止，可能是因为伙伴企业的合作目标提前得到了实现；最后，当战略联盟存在着巨大的风险时，战略联盟的重组或者中止，有利于伙伴企业将损失减少到最低限度。③

杜尚哲、加雷特和李东红（2006）认为，不同类型的战略联盟，其演进方式和结局也是不同的。在非竞争对手联盟中，国际合资企业最初几年失败率很高，但后续年份稳定性较强；纵向伙伴关系则有可能在伙伴企业之间建立了长期关系，带来上游产业的集中化和供应商与客户相对讨价还价能力变化；跨产业合作协定类联盟一般与初始期望目标比较，结果常常令人失望。在竞争者联盟中，供应共享型联盟通常会自然终结或提前夭折，准集中化型联盟则很少出现这种情况，常常会出现伙伴企业在结束了一个合作项目之后共同推出新的合作项目的情形，合作内容会不断扩展，在一定条件下将会导致产业中出现垄断格局；互补型联盟只要伙伴企业彼此仍然依赖于对方所提供的互补型资源，联盟就可以得到延续，由于帮助了新的竞争者进入本地市场，会提高产业的竞争强度。④

李耶和（Jeho Lee）、朴胜虎（Seung Ho Park）、杨柳（Young Ryu）

①　张坤：《基于博弈论的企业战略联盟不稳定性研究》，硕士学位论文，山西大学，2010年。

②　C. Andrew. Inkpen, C. Steven, Curtall. The Coevolution of Trust, Control and Learning in Joint Ventures. Organization Science, 2004, 15（5）：586 – 599.

③　Dussauge, P. and Garrette, B. Determinants of success in international strategic alliance: Evidence from the global aerospace industry, Journal of international business studies, 1995, Vol. 26, No. 3, pp. 505 – 530.

④　［法］皮埃尔·杜尚哲、［法］贝尔纳·加雷特、李东红：《战略联盟》，中国人民大学出版社2006年版，第3—4、199—208页。

和尹淑行（Yoon-Suk Baik，2010）开发了一个熊彼特竞争动态模型，以检查企业间的研发合作从长远来看是否的确是有益的。研究结果显示，当形成联盟的动因主要是合作伙伴为了降低研发成本时，企业间的研发合作更可能是一个失败的战略；而当伙伴间合作是为了寻求通过获得彼此的互补性资产/能力而达到一种协同效应时，则更可能是成功的。①

鲍里斯·洛克申（Boris Lokshin）、约翰·哈格多纳（John Hagedoorna）和威尔科·莱泰里（Wilko Letterie）（2011）指出。② 由于技术合作伙伴难以驾驭，造成了合作关系不稳定的比率一直处于较高态势。企业可以寻求一些不同策略来减少与合作伙伴之间"崎岖不平的道路"，包括坚持以产品为中心的创新战略依赖、建立多样化的伙伴关系以获得所需经验等。

邢乐斌、王旭、代应、陈嘉佳（2010）在对技术创新战略联盟维持稳定性的条件和实现途径研究的基础上认为，联盟中任何一方的吸收能力大于因向联盟中投入资源而给自身资源总量增长带来的负面影响时，联盟是稳定的；同时，吸收能力较大的一方可以通过加大资源投入量使另一方吸收能力增加，从而维持联盟稳定。③

刘林舟、武博、孙文霞（2012）认为，联盟的运作效率很大程度上取决于其本身的稳定性，为此，可以将联盟作为一个共生的生态系统进行研究。在分析影响联盟稳定性因素的基础上，构建了联盟的 Lorka – Volterra 方程，并运用分析轨线走向的方法来分析联盟的稳定性。④

张忠德、陈婷（2014）通过联盟稳定性的一次性静态博弈、动态博弈、重复博弈、演化博弈、合作博弈分析，得出了只有长期合作、建立信任关系、有合作成功的示范且比例较高、合作得益分配合理才能维持联盟稳定的相应结论，并从建立长远合作关系、选择合理的利益分配机制、完

① Jeho Lee，Seung Ho Park，Young Ryu，Yoon – Suk Baik. A Hidden Cost of Strategic Alliances under Schumpeterian Dynamics. Research Policy，2010（39）：229 – 238.

② Boris Lokshin，John Hagedoorna，Wilko Letterie. The Bumpy Road of Technology Partnerships：Understanding Causes and Consequences of Partnership Mal – functioning. Research Policy，2011（40）：297 – 308.

③ 邢乐斌、王旭、代应、陈嘉佳：《基于资源投入的技术创新战略联盟稳定性研究》，《科技进步与决策》2010 年第 7 期。

④ 刘林舟、武博、孙文霞：《产业技术创新战略联盟稳定性发展模型研究》，《科技进步与对策》2012 年第 5 期。

善相关机制等方面给出了促进技术创新战略联盟稳定运行的建议。[①]

2. 关于联盟风险的研究

许多学者将产学研合作的主要障碍和风险归结为企业和大学两类组织的不同目标及文化。

阿扎罗夫（Azaroff，1982）认为，[②] 对大学、科研院所而言，产学研联盟可能会限制学术的开放性，同时由于大学接受企业研究经费的资助，可能会导致关于知识产权所有权和使用权的争议。

迪泽尔（Ditzel）和法桑（Fassin，2000）认为，[③] 作为研究机构的大学追求学术上的成就，大学教员有很强的动机去发表他们的最新研究成果；而企业却希望通过尽可能长期地维持对新技术的专有权以攫取超额利润。大学对新发明和知识进步的关注与企业对增加价值及赢得财务上的回报的关注自然引发知识产权方面的纠纷。

乔安娜（Joanna）、约翰（John）和唐纳德（Donald，2002）通过实证研究分析了产学研联盟可能会给大学、科研院所带来的各种风险，包括对科研的开放性、大学教学以及对师生关系的负面影响，如降低基础研究的数量和质量，缩小科研关注范围，减少学校教学和服务社会的时间，等等。[④]

切斯布洛（Chesbrough，2003）的研究认为，[⑤] 对企业来说，尽管现在大学与过去相比拥有更高质量和更多数量的研究成果，但是知识从大学转移到企业，实现知识商业化过程中仍然存在许多的困难和障碍，这就使得企业面临着参与联盟的预期目标不能实现的风险。

陈方圆（2011）提出，[⑥] 产学研战略联盟中大致存在两类风险，即物质方面的风险因素和精神方面的风险因素。物质方面包括管理风险、资金

---

① 张忠德、陈婷：《产业技术创新战略联盟稳定性的博弈分析》，《企业经济》2014 年第 11 期。

② Azaroff L. V.. Industry – University Collaboration: How to make it Work. Research Management, 1982, 25（3）: 31 – 34.

③ Ditzel, Fassin G. Patent Rights at the University/Industry Interface. Journal of the Society of Research Administrators, 2000（Summer）: 375 – 394.

④ Joanna Poyago – Theotoky, John Beath, Donald S. Siegel. Universities and Fundamental Research: Reflections on the Growth of University – Industry Partnerships, 2002, 18（1）: 10 – 21.

⑤ Chesbrough H.. The Era of Open Innovation. MIT Sloan Management Review. 2003, 44（3）: 35 – 41.

⑥ 陈方圆：《产学研战略联盟风险抵御机制研究》，硕士学位论文，内蒙古大学，2011 年。

风险、技术风险、市场风险和利益风险等因素，精神方面则包括道德风险和心理风险等因素。

兰荣娟（2009）通过对动态联盟风险因素问卷调查获得的相关数据，运行多元统计分析方法对联盟的风险因素进行识别并归类，认为联盟风险可以划分为环境政策风险、融资风险、市场风险、战略风险、组织风险、能力风险以及协作风险等几个方面，并构建了动态联盟风险的模糊综合评价模型。[①]

戴彬、屈锡华、李宏伟（2010）将综合集成方法引入到联盟风险识别问题的研究中，提出了联盟风险的综合集成识别框架，并运用此框架，构建了由绩效风险、关系风险和知识产权风险等3个一级指标和24个二级指标构成的联盟风险指标体系。[②]

谢科范等（2013）认为联盟的风险主要包括战略伙伴选择失误带来的风险、联盟内成员冲突风险、联盟成员贡献不均导致的风险、联盟成员个体差异带来的风险以及外来风险，提出了联盟风险防范的五个措施：寻找到合适的联盟伙伴和合作模式；强化联盟的信任机制及责任约束机制；加强联盟运行期的风险防范；加强联盟组织机构的风险防范；协调战略联盟的利益分配。[③]

周青等学者（2014）用理论和实证分析了产业技术创新战略联盟不同冲突类型及其影响因素间的相关关系。研究结果表明，联盟成员目标的不一致会强化联盟的任务和过程冲突，联盟资源投入的不均衡性、联盟绩效考核和利益共享机制的不健全会加剧联盟的过程和关系冲突，信息沟通共享机制不健全则会加剧联盟的过程、任务和关系冲突，而文化同质性则可以缓和联盟任务、过程和关系冲突。[④]

刁志友、张展、江毅（2014）在对产业技术创新战略联盟探索实践

① 兰荣娟：《动态联盟风险识别、评估及防控研究》，博士学位论文，北京交通大学，2009年。

② 戴彬、屈锡华、李宏伟：《基于综合集成方法的产业技术创新战略联盟风险识别研究》，《科技进步与对策》2011年第11期。

③ 谢科范、赵湜、黄娟娟、郑彤彤：《产业技术创新战略联盟理论与实践》，知识产权出版社2013年版，第6—8、80—82页。

④ 周青、王乃有、马香媛：《产业技术创新战略联盟冲突类型与影响因素的关联分析》，《科学学研究》2014年第3期。

进行总结的基础上，建立了基于阶段性反馈的联盟风险模型，认为联盟的风险因素可分为事前风险、事中风险和事后风险。其中事前风险包括文化不一致、代理问题、组织结构、互补性以及对惩罚的预期等，事中风险包括外部环境变化、贡献平等度、学习节奏、不均衡性等，事后风险则包含信任、公平和利益分配，并提出了基于阶段性反馈的联盟运行机制构建策略。①

### 三 对现有研究的评述

由于产业技术创新战略联盟在国内是一个近几年新提出的概念，直接的研究成果数量还较少，不过鉴于它与战略联盟、产学研联盟的关联性，这些领域的相关研究也可以成为产业技术创新战略联盟研究的借鉴。从国内外目前的研究现状来看，现有的研究主要是针对产业技术创新战略联盟的概念、构建、类型、模式等问题进行一般性探讨，联盟风险作为联盟研究的重要组成部分，关注度还远远不够。虽然也有学者涉足，但研究成果还较少，且多为定性研究，研究内容不够系统和完整，主要体现在以下几个方面：（1）对风险因素的识别缺乏从联盟特征本身及运行机理去深入挖掘风险来源的方法体系；（2）在联盟风险评估指标体系构建过程中，如何对指标进行筛选和优化，方法还显得比较单一；（3）在对联盟风险评估方面，已有的定量研究很少，一般仅仅从风险程度角度进行评估，并未涉及风险后果、可控程度、防控成本等重要方面，对风险的评估不够全面；（4）联盟风险量化评估模型的选择与应用还有待进一步探讨；（5）如何以风险评估结果为依据建立完整有效的风险应对体系，仍有很多值得研究的地方。

可见，对产业技术创新战略联盟风险管理的系统研究仍然是目前现有研究的一个薄弱点，现有研究的不足也恰为本书的研究与写作提供了空间。

---

① 刁志友、张展、江毅：《我国产业技术创新战略联盟实践和风险管理研究》，《财经界》2012 年第 9 期。

## 第四节　研究内容与研究方法

### 一　研究内容及本书结构框架

本书在对国内外相关研究文献进行系统梳理，并对产业技术创新战略联盟发展现状进行调研分析的基础上，首先从产业技术创新战略联盟本质特征、形成动因、运行机理等方面深入挖掘联盟风险的来源，接着以风险识别、风险评估、风险应对作为分析的基本框架，对产业技术创新战略联盟的风险管理问题进行了系统研究。本书按照提出问题、分析问题和解决问题的思路推进，全书共分为六章，各章结构及内容安排如下。

第一章为绪论部分。在分析产业技术创新战略联盟国内外发展现状的基础上，介绍本书写作背景和选题的意义，对产业技术创新战略联盟的概念界定、性质、运行机制、稳定性及风险等方面国内外研究现状及成果进行了综述，并指出了现有研究的不足及本书研究的切入点，最后阐述本书研究的主要内容、结构框架和研究方法。

第二章为产业技术创新战略联盟风险理论框架。首先从经济、技术、市场和政策四个角度阐述产业技术创新战略联盟形成的动因及潜在风险，其次应用共生理论对联盟的运行稳定性机理进行了分析，接下来从技术创新风险、产学研合作风险以及战略联盟风险三个维度分析联盟风险的来源，以上述理论分析为基础，建立联盟风险来源概念模型。

第三章为产业技术创新战略联盟风险因素的识别。首先阐述风险管理的核心过程，作为下文研究的主线；接着在对风险识别的过程和各种风险分析方法的特征进行比较的基础上，确定了本书所采用的风险识别方法；以联盟风险来源概念为依据，应用文献分析法和 Delphi 法对产业技术创新战略联盟风险因素体系框架进行建构与优化，形成了联盟风险列表，并对各风险因素的具体含义进行了阐述。

第四章为产业技术创新战略联盟风险的模糊综合评估。首先是联盟风险评估调查问卷的设计，并对问卷的信度和效度进行检验；接着构建以风险发生概率、后果严重程度、可控程度以及防控成本评估为核心内容的联盟风险评估模型，并提出绝对风险与相对风险评估相结合的联盟风险评估思路，同时对基于熵权模糊综合评估法的联盟风险评估方法进行阐述；最后以调查数据为依据，对联盟风险评估进行实例分析。

第五章为产业技术创新战略联盟风险应对研究。针对联盟存在的每一个潜在风险因素，给出风险应对策略总表，并阐述联盟风险应对策略选择的基本思路与流程；设计了联盟"风险值—防控成本"四分图分析方法，为联盟风险应对措施的制定提供了一种分析思路；应用合作博弈理论，提出基于修正的 Shapley 值的联盟利益分配模型；最后阐述联盟风险监控的内容、流程、主要工具以及联盟风险管理支撑体系的构建。

第六章为结论与展望部分。总结全书研究所得出的结论与创新点，对后续进一步深入研究提出设想。

本书结构框架如图 1 - 7 所示。

## 二　研究方法

本书研究所采用的方法有：

1. 文献研究法

对国内外相关文献，包括有关战略联盟、产学研合作、合作技术创新、博弈论、风险管理、产业技术创新战略联盟现状及政策等领域的文献进行系统查阅和梳理，了解国内外研究现状和发展趋势，以及所采用的研究方法等，确定本书选题方向和依据，奠定本书研究理论基础，并启发后续研究思路。

2. 定性分析与定量分析相结合

在研究过程中，既有对产业技术创新战略联盟概念与特征界定、发展现状分析、与其他类型联盟的异同分析、形成动因分析、运行机理分析、风险识别方法比较以及风险因素体系框架构建等方面的定性研究，也运用了模糊综合评价、熵权法、风险矩阵、博弈论、Logistic 模型等相关分析方法和模型对所研究问题进行定量化分析。采用定性分析与定量分析相结合的形式，有助于全面反映所研究问题的本质。

3. 理论研究与实证研究相结合

通过理论研究，探讨所研究问题的本质、内涵、规律、影响因素等，构建理论模型，以期达到一定的理论深度；通过对实例的调查研究，验证理论模型的科学性和合理性及其应用价值。

4. 问卷调查法

在风险识别、风险因素体系框架构建以及风险评估过程中，采用了访

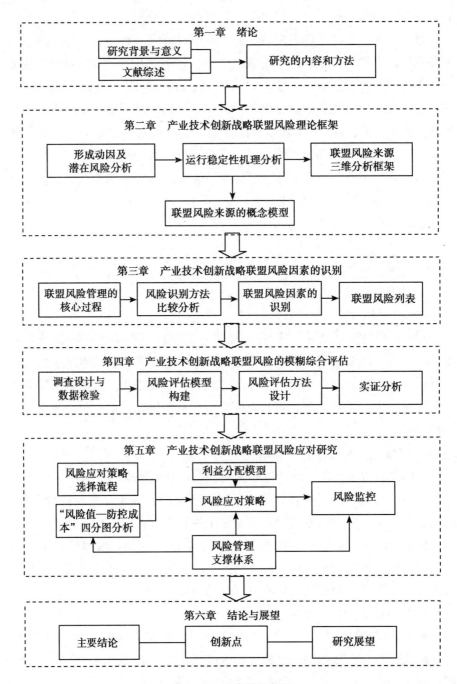

图 1-7　本书结构框架

谈和问卷调查的方式，既能获得宝贵的第一手调查数据，也可以了解有关专家和联盟主体的意见和建议，以验证评价指标、评价方法与模型的可行性。

## 第五节　本章小结

本章首先通过界定产业技术创新战略联盟的概念和特征以及分析联盟发展现状阐述了本书的研究背景和选题的意义，随后在对联盟的概念、性质、运行机制与绩效、稳定性及风险等国内外相关研究文献进行综述的基础上，进一步阐明了本书研究的切入点，并介绍了本书的主要内容、结构安排和研究方法。

# 第二章

# 产业技术创新战略联盟
# 风险理论框架

产业技术创新战略联盟就其本质和成立的初衷而言，对于促进产业内资源的整合和技术升级有着重要作用。但不可否认的是，这种新型合作技术创新组织形式在运行中存在着诸多不确定性与风险。从理论层面系统分析联盟风险的来源，是联盟实施有效的风险管理的基础。

## 第一节 产业技术创新战略联盟形成动因
## 及潜在风险的理论分析

产业技术创新战略联盟是在经济发展、技术进步、市场驱动和政策牵引共同推动作用下的产物。因此，本书从经济、技术、市场和政策四个方面分别就联盟形成的动因及其潜在风险进行分析。

### 一 经济动因

从经济学角度来分析，联盟作为一种介于市场和企业之间的中间组织，可以通过将市场交易内部化来降低联盟内机构之间的交易成本，也能够以此为平台更为便捷地获取合作伙伴的异质性资源。因此，联盟形成的经济动因可以分别从交易成本和资源两个视角来分析。

1. 交易成本视角

交易成本理论由英国经济学家科斯（Coase）1937年在其论文《论企业的性质》中首次提出的。科斯指出，企业和市场是两种不同而又可以相互取代的交易体制。其中，市场交易是由价格机制实现的，而交易成本就是利用市场价格机制的费用。企业的出现可以减少交易成本。例如，如果企业单独从事技术创新活动，则不需要支付对外的谈判、协商、签约等交易费用，不过需要支付协调开发活动的成本。企业规模越大，支付的交易费用就越少，同时企业内部协调开发活动的组织成本越大。

产业技术创新战略联盟是一种介于企业和市场之间的中间组织形式，联盟内各合作主体之间的关系既非完全的企业内部交易关系，也非完全的市场交易关系。一方面，它可以通过成员间的相互依赖和长期合作的契约关系，将某些市场交易内部化，从而降低交易成本。由于其特殊的制度安排，可以通过专用资产的"共同占有"，减少机会主义行为的发生和节约交易成本；可以利用联盟内部的相对稳定性来减少因外部市场的不确定性而产生的交易成本；还可以在联盟内部进行多次重复交易，从而减少反复谈判、缔约等交易成本。另一方面，由于联盟成员并不失其独立性，可以避免因企业规模过大所带来的"组织失灵"问题。作为一种中间组织形式，产业技术创新战略联盟拥有企业和市场的双重优势，这也成为其出现的动因所在。

2. 资源视角

从资源视角来分析产业技术创新战略联盟的经济动因，可以从资源依赖理论和资源基础理论两个方面来进行解释。

资源依赖理论（Resource Dependence Theory）是组织理论的重要流派，萌芽于20世纪40年代，70年代以后被广泛应用于组织关系的研究。该理论认为，相对于企业不断提升的发展目标来讲，任何企业都不可能完全拥有所需要的一切资源，在资源与目标之间总是存在着某种战略差距。而这些资源大多数也都无法自由流动并在市场上进行交易。因此，为了获得这些资源，企业就会同它所处的环境内控制着这些资源的其他实体之间进行联合，从而导致组织对资源的依赖性。现实组织行为中，大量的组织合并战略、组织网络行为、缔结联盟等均是组织控制环境资源的实例，以降低组织对外部资源的依赖性。

资源基础理论则强调企业所拥有的异质资源与其竞争优势之间的关系。企业是各种资源的集合体，由于各种不同的原因，企业拥有的资源各不相同，这种资源的异质性决定了企业之间竞争力的差异。因此，占有和积累那些稀缺的、难以模仿和替代的、能给企业带来竞争优势的资源是企业追逐的目标。然而，仅仅依靠自身去积累需要以漫长的时间为代价，许多稀缺资源也很难用合理的价格在市场上购买获得。相比而言，通过建立联盟来学习优势企业的知识和技能则要显得便捷得多，因而联盟可以视为组织为获得异质资源的一种战略选择。

因此，从资源角度可以这样来解释产业技术创新战略联盟形成的原因：企业、大学和研究机构尽管都拥有自己独特的优势资源，但在复杂多变的环境中为了满足各自生存和发展所需，对其他机构所拥有的异质性资源产生了较强的依赖性。企业需要大学和研究机构的知识资源和人才资源来提升自己的研发水平，而大学和研究机构需要企业所拥有的生产资源和市场资源来推动研究成果的产业化。当这些异质性资源无法完全通过内部培育或市场交易获得时，通过结盟就可以便捷地实现彼此之间优势资源的共享或交换。

3. 潜在风险分析

由以上分析可知，企业、大学和研究机构组建联盟的目的，是出于将市场交易内部化以节约交易成本，以及便捷地利用难以模仿和替代的异质性资源等方面因素的考虑。但反过来看，如果联盟内部由于管理制度或运行机制设计缺陷等原因，使专用资产的"共同占有"无法实现，机会主义行为时有发生，交易成本降低不显著，或者由于合作伙伴之间的资源互补性不强从而失去了对彼此资源的依赖性，就会导致各合作主体失去联合的兴趣，联盟将面临失败或解体的风险。

## 二　技术动因

技术创新活动是联盟合作的主要内容，从现代产业技术进步的客观规律来分析，知识的协同与溢出、关键共性技术的突破是产业技术跨越发展的重要推动力，也是联盟形成的重要动因。

1. 知识协同视角

帕维特、纳尔森、福斯和格兰特等人提出的企业知识理论认为，生产的关键投入和企业价值最重要的来源是知识，社会生产正是在知识的引导下进行的。显性知识和隐性知识是知识的两个主要类型。由于前者容易传递和共享，极易被竞争对手学习，因此一般不会形成竞争优势。企业所拥有的知识绝大多数是后者，核心竞争力也常常表现在难以模仿和不可替代的隐性知识上。由于隐性知识无法通过正式的系统化的语言来描述，只能以某种人际交往、精神分享的方式传递，因此隐性知识很难直接获得。通过联盟形式和对方建立合作关系是获取隐含知识的良好途径。

国内有学者指出，技术联盟形成的动因从知识的视角大致可以分为三种倾向：知识的整合倾向、知识的获取倾向、知识的创造倾向。[1] 知识整合倾向认为技术联盟的建立的主要动因在于提高不同知识的利用效率，知识获取倾向认为技术联盟的建立主要动因在于获取对方的知识和学习对方的技术，知识创造倾向则认为技术联盟形成的动因在于通过双方的合作创造出单方面无法或很难创造的新的技术知识。实质上，联盟形成的动因可以看作是以上三种倾向的统一。

随着技术复杂性的日益增强，技术创新活动的成功越来越多地依赖于不同领域、不同学科知识的交叉融合。由于任何一个组织都很难独自拥有研发活动所需的全部知识与技术，组织间的合作愈发显示出其必要性。通过合作可以促使知识在组织间转移和流动，使合作伙伴迅速掌握那些隐性的互补性知识与技术，形成协同效应和技术组合优势，提高技术创新的成功率。同时，由于一项技术创新成果中采用的技术可以被移植到其他企业的产品生产中去，从而使得各企业都可以从中引发一系列新技术和新产品的出现，从而产生技术创新的集群效应。

2. 产业技术跨越视角

技术跨越是指技术落后者以赶上或超越技术领先者的技术能力为目标、以突破性自主技术创新为核心的不同技术曲线之间的非连续技术进步行为。[2] 产业技术的跨越式创新实质上是技术后进产业追赶或超越产业技术先进者的过程，而非仅仅缩小与技术先进者的差距，这是它与一般产业技术创新的最大不同。同时，产业技术跨越式创新追求产业技术的整体跨越，在产业关键共性技术上寻求突破，而非单个企业的技术创新。在我国，由于产业内部缺乏统一的领导与支持，各个区域条块分割，共性技术合作创新活动难以开展，产业自主创新发展缓慢，产业技术对外依存度仍然超过50%。在这样的大环境下，产业技术跨越就需要有一种新的组织形式为依托，产业技术创新战略联盟以其自身的优势成为首选。

3. 潜在风险分析

知识协同的前提是合作伙伴能够通过人际交往、精神分享等方式获取

---

[1]　徐小三、赵顺龙：《知识视角的技术联盟的形成动因研究》，《中国科技论坛》2010 年第12 期。

[2]　谢科范、赵湜、黄娟娟、郑彤彤：《产业技术创新战略联盟理论与实践》，知识产权出版社 2013 年版，第 6—8、80—82 页。

对方的隐含知识，并合力创造出单方面无法完成的新技术、新知识。但如果合作各方由于在合作目标、动机、文化等方面的差异，无法完全相互信任，对自己所拥有的知识或技术持保护或戒备心理，担心被竞争对手模仿使自己陷于被动境地，或者是由于文化不同导致沟通障碍，都会使知识协同无法真正实现。

从产业技术跨越的角度来看，实现产业关键共性技术的突破是联盟组建的根本目的。但在实际运作中，可能会由于牵头单位实力有限或者协调能力不足，无法有效调动联盟内的相关企业形成合力共同攻克技术难题，导致技术创新活动的失败；或者，联盟与行业协会各行其是，条块分割，无法形成对产业技术发展的统一领导；甚至，有的联盟行业本身关键共性技术不显著，产品层面的合作又涉及市场竞争问题，成员单位之间只是因行政命令组合到一起。以上种种，都可能导致通过联盟来实现产业技术跨越的目标难以达成。

## 三  市场动因

企业作为典型的经济性组织，对市场利益的追逐是其天然的功能；而大学也需要通过市场来检验其研究成果的价值。这样，企业和大学就因这一利益共同点而产生了对彼此的需要。同时，对于联盟中的若干企业而言，通过联盟也可以实现市场范围的扩大，从而产生规模经济效应。

1. 市场利益视角

市场利益动因一方面来自于与市场接触最密切的企业一方。在供给大于需求的市场环境下，企业要想在激烈的竞争中突围，要么通过降低现有产品成本获得价格优势，要么通过开发新产品或新服务获得新的利润增长点。无论采取哪一种方式，都要依靠研发能力，依靠技术创新。企业在市场的压力下将被迫寻求自身研发能力和技术水平的提高，而此时往往又会发现仅凭借自身的力量，这种提高十分有限且收效甚微。当企业提高技术研发能力的需求日益强烈，而自身能力又受到较大限制时，市场压力就会转变为企业寻求合作的内在动力。大学和研究机构所拥有的强大的研发能力和知识资源在很大程度上恰好能帮助企业摆脱这种困境，联盟中的知识溢出效应可以成为提升企业知识水平的便捷通道。

另一方面，市场利益动因也来自于大学和研究机构。对于大学和研究机构而言，为避免大量研究成果束之高阁，研究成果必须与生产相结合，实现技术扩散，转化为现实生产力，真正推动产业技术进步和产业结构优化，使创新成果产生更深远的经济和社会影响。而企业所拥有的雄厚资金、生产能力和市场开拓经验，又恰恰能为大学和研究机构成果的产业化提供渠道。于是，在市场的驱动下，结盟便成为了一种双赢的选择。

2. 规模经济视角

联盟内还存在着若干不同规模大小的同行业企业，对于其而言，单个企业的市场范围毕竟有限，结盟为市场规模的扩大创造了条件。联盟的成立尽管以技术创新活动为合作的主要内容，但通过在联盟内建立的合作关系，更有利于联盟成员原有的市场边界的交叉与融合。联盟成员可以较为方便地进入对方的市场，降低生产要素的采购成本和产品生产、营销的边际成本，在更大的范围内实现规模经济效应。同时，通过联盟关系，联盟成员也可以利用联盟的营销网络，方便地进入新的市场，共同分担开发新市场的风险，降低开拓新市场的成本。

3. 潜在风险分析

市场天生具有趋利性特点，企业、大学和研究机构因对市场利益的追逐结合到一起，但如果由于内外部种种因素的影响，合作未能带来预期的市场收益，或者出现利益分配不均、甚至一方获益一方受损的情况，都会使合作陷于困境。此外，在企业间的合作中，也可能会出现由于分享技术和市场，使竞争对手实力增强，占领自己市场的风险。

## 四　政策动因

政策动因是指产业技术创新战略联盟在组建和运行过程中，政府在政策引导以及外部环境营造方面所起到的推动作用。这种推动作用一方面体现在一些激励性规制政策上，一方面也体现在政府所主导的区域创新体系建设的客观需要上。

1. 激励性规制视角

市场在资源配置方面有其天生的优势，但市场并非完美无缺，在运行过程中也会呈现较多的非效率性，市场失灵的部分则是需要政府规制发挥作用的领域。由于全球产业竞争的加剧，政府出于推动本国产业国际竞争力考虑，不仅放松了对企业间合作创新的垄断管制，还会采取一些激励性规制政策，支持企业、大学与研究机构组建并发展技术创新联盟。

在联盟组建阶段，政府通过开展各种技术交流活动或制定相关政策引导和吸引企业、大学和研究机构开展技术创新合作，并从政策上鼓励和引导合作主体构建产业技术创新战略联盟。在联盟运行过程中，政府在税收、土地租赁和厂房购置等方面提供各种优惠政策。例如为初建的联盟提供适当的资金支持和物质支持，辅助其购置必要的研发设备和实验室，为部分重要的、高投入的产业技术创新战略联盟的研发项目提供全过程的资金保障，降低其研发成本和资金链断裂风险等等。因而，争取政府各项优惠政策的支持，也成为了许多机构加入联盟的重要动因。

2. 创新体系建设视角

在我国，产业技术创新战略联盟的形成与发展，还得益于区域创新体系和以企业为主体的技术创新体系的推进。产业技术创新战略联盟是整合区域内创新资源，建立技术创新平台，并以此为基础吸纳区域外部创新资源的有效方式，也是区域创新体系建设的重要载体。以合作技术创新活动为主要运行内容的产业技术创新战略联盟，可以促使大学和研究机构创新要素向企业的集聚，从而确立企业在技术创新中的主导地位。因此，联盟的构建成为了政府推动区域创新体系建设的有力抓手。

3. 潜在风险分析

政府为推动联盟发展提供了优惠政策，但在实践中也会出现一些组织的寻租行为，只是为了获得政府的优惠政策而组建联盟，而本质上缺乏内生自我发展机制的联盟是很难维持长久的。此外政府的支持也会使一些联盟产生较大的依赖性，一旦政策出现波动，例如对联盟的财政支持减少，就会影响联盟的正常运行。从另一个角度来分析，政策的支持固然在很大程度上推动了联盟的构建和发展，但面对这一新型组织的不断发展变化，有时政策的制定也会显得相对滞后，难以跟上联盟发展的需求，甚至在某些方面阻碍了联盟的发展。

由以上分析可以看出，产业技术创新战略联盟是企业、大学和研究机构在成本、资源、技术、市场、政策等多方面因素的综合作用下，为满足各自需求和利益而形成的一种组织创新，如图 2-1 所示。这种新型合作技术创新组织在合作主体间搭建了一个信息交流和共享的平台，能够推动异质性资源的重新整合。如果组织中的各种资源要素能很好配合、协同，多种力量就能集聚成一个合力，形成大大超越原有各自功能综合的新功能，从而产生"1+1>2"的协同效应。

但是也应该看到，由于产业技术创新战略联盟是一种以契约为纽带缔

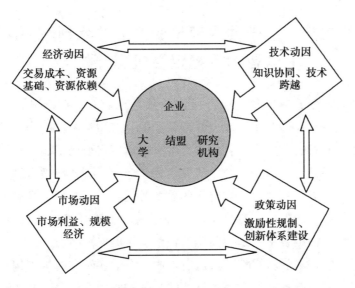

**图 2 - 1　产业技术创新战略联盟形成的动因分析**

结的中间组织，联盟成员之间以及与联盟母体之间既非市场交易关系，也非从属关系。联盟成员在追求共同的合作目标时，不会丧失各自的战略自主性，也不会放弃各自的特殊利益。这使得产业技术创新战略联盟这种合作形式天生具有某种不稳定性：当联盟成员认为这种合作不能带来期望中的收益，对自身战略目标的实现作用不大，甚至由于合作伙伴的机会主义行为使自身利益受到损害时，原有的加入动因就会产生动摇，失去合作意愿，消极对待联盟事务，乃至完成退出联盟。联盟的可退出性是这种合作模式的优点，因为它在一定程度上保护了联盟成员的利益，但同时也是导致联盟解体的不稳定因素之一。

通过对联盟形成动因的分析，可以归纳出产业技术创新战略联盟的潜在风险主要体现在以下几个方面：（1）管理方面的风险。如合作伙伴选择失误、运行机制设计缺陷、利益分配不合理、协调不力等；（2）合作方面的风险。如沟通障碍、成员的投机行为、信任缺乏等；（3）技术方面的风险。如知识共享不足、合作研发失败等；（4）市场方面的风险。如预期收益无法实现、壮大竞争对手等；（5）政策方面的风险。如财政支持减弱、政策波动、政府限制等。

## 第二节　基于共生理论的产业技术创新战略
联盟运行稳定性机理分析

产业技术创新战略联盟运行机制的核心内容是：联合开发、优势互补、利益共享和风险共担。联合开发，指的是多主体参与的合作技术创新活动；优势互补，表明合作各方彼此都有对方所需要的资源，可以实现互惠互利；利益共享，意味着合作研发活动所产生的利益应被合理、公平地分配给参与各方，这也是各方合作的重要基础；风险共担，则表明风险总是与利益共存，合作各方在分享利益的同时，也要分担可能产生的风险。实现这四个方面的要求，是联盟能够稳定运行的保障。

由于产业技术创新战略联盟是由企业、大学和研究机构等构成的一种合作技术创新组织形式，合作主体之间是一种既相互依存、又相互制约的协同关系，总体上具有复杂、动态和自适应的特点。联盟成员有着不同的价值取向，也有各自的比较优势和劣势；联盟成员相互之间以及与外部环境之间的交互作用都具有趋利避害的特点，上述特征与生物界的共生现象极其类似。如果将产业技术创新战略联盟看作是参与各方的一个共生体，我们可以用自然生态学中的共生理论来分析联盟的运行机理及影响其运行稳定性的因素。

### 一　合作伙伴选择分析

根据共生理论，合作伙伴即共生体中的共生单元。共生单元是构成共生体或共生关系的基本单位，是组成共生体的基本物质条件。反映共生单元特征的有两个参数：象参量和质参量。象参量反映共生单元的外部特征，质参量则反映共生单元的内在性质。在共生关系中，不同共生单元的相互作用正是通过象参量和质参量之间两两相互作用体现出来的。[①]

对于产业技术创新战略联盟来说，参与其中的企业、大学和研究机构等联盟成员就构成了共生单元。作为共生体的基础要素，共生单元彼此间的协调和相容是共生体保持稳定的基础。因此，选择合适的合作伙伴是使联盟实现多主体"联合开发，优势互补"的基础条件。

---

[①]　袁纯清：《金融共生理论与城市商业银行改革》，商务印书馆 2002 年版。

对联盟合作伙伴（共生单元）的分析与评价可以从象参量和质参量两个方面进行。

反映联盟成员象参量的指标主要有组织规模、员工数量、研发人员数量、市场份额、销售利润、总资产、厂房面积等，体现了联盟成员的表象实力。表象实力是合作伙伴选择时的重要参考因素，选择具有较强实力的合作伙伴是确保合作目标实现的基础。但在联盟运行实践中，往往会出现多种不同的联盟成员组合模式，如几个大企业并列的"大—大"型，多个中小企业联合的"小—小"型，以及一个龙头企业带领若干同行业中小企业的"大—小"型。其中哪一种组合模式最稳定，并不能一概而论。"大—大"型组合如果能实现强强联手，必然会成为行业中的研发主导力量，产生大量一流水平的成果。但如果各自为政，合作关系也就很难长久维系或形同虚设。"小—小"型组合如果合作各方都具有某一方面的研发优势，资源与实力能够很好地互补，也会形成稳定的合作关系，产生显著的协同效应。"大—小"型组合尽管从表面上看联盟成员资源实力不对等，但这种组合方式往往由于大企业在其中起到事实上的"盟主"作用，对其他成员有较强的调动能力和协调能力，往往能够实现联盟的和谐稳定发展。

反映联盟成员质参量的指标主要有战略目标、研发能力、研发投入水平、组织文化与价值观等。相比象参量而言，质参量是在选择联盟合作伙伴时更需要关注的因素。如战略目标是否具有一致性，这将关系到能否建立共同的合作方向；如技术的关联性与互补性，这将关系到是否具有合作研发的基础以及合作的必要性（资源的彼此互补）；如研发投入水平，这反映了组织是否致力于技术水平的提高与长远发展，而这正是以技术创新为使命的联盟的宗旨，是联盟成员合作的重要基础；再如组织文化与价值观的相容性，这是联盟成员间能彼此信任、顺畅沟通、共同发展的关键因素，很难想象一个文化冲突不断、机会主义行为盛行、沟通不畅的联盟会持续稳定地发展下去。

进一步分析，按照生态学理论，生态系统中每一个物种都有自己的生态位，生态位反映了某物种在群落或生态系统中所占有的资源和条件的总和，[①] 代表了该物种在群落或生态系统中的地位和角色。生态位重叠的物

---

① 秦玮、徐飞：《产学研联盟中企业动机与绩效——基于生态位理论》，上海交通大学出版社 2013 年版，第 40—41 页。

种会出现竞争排斥现象，不可能在同一个生态系中生存。为保持生物群落或生态系统的相对稳定，生态位重叠的物种会通过自然选择，导致生态位的分化，从而减少或排除相互之间的竞争，能够共存下来。因此，在产业技术创新战略联盟这一共生体中，只有当每一个联盟成员（共生单元）都找到属于自己的"生态位"，在联盟运行过程中拥有自己独有的地位和角色，发挥特定的功能，根据自身的属性能够与其他成员进行有效的分工与合作，在合作的领域中彼此不产生直接竞争关系，不互相排斥，才有可能保持联盟的稳定性。

## 二　运行模式分析

### 1. 共生行为方式与共生程度分析

联盟的运行模式即共生单元的共生模式，选择何种共生模式，是决定联盟内各合作主体能否有效实现"利益共享、风险共担"的关键。

共生模式也可以称为共生关系，是指共生单元相互作用的方式或相互结合的形式，可以从行为方式和共生程度两个方面去描述。从行为方式上说，根据共生体内共生单元对共生新能量的分配对称性的不同，存在寄生关系、偏利共生关系和互惠共生关系。从共生程度上，有点共生、间歇共生、连续共生和一体化共生等多种情形。任何完整的共生关系都是共生单元之间行为方式和共生程度的具体结合。同时，共生关系不是固定不变的，它随着共生单元的性质的变化及共生环境的变化而变化，寄生关系可以演变为偏利共生甚至互惠共生关系，而点共生也可以演变为间歇共生、连续共生直至一体化共生关系。

共生行为方式与共生程度的组合如表 2-1 所示。[1]

表 2-1　　　　　　　　　　共生模式（Mi）的可能组合

| | | 共生程度 | | | |
| --- | --- | --- | --- | --- | --- |
| | | 点共生 | 间歇共生 | 连续共生 | 一体化共生 |
| 共生行为方式 | 寄生（$p$） | $M_{p1}$ | $M_{p2}$ | $M_{p3}$ | $M_{p4}$ |
| | 偏利共生（$c$） | $M_{c1}$ | $M_{c2}$ | $M_{c3}$ | $M_{c4}$ |
| | 非对称性互惠共生（$a$） | $M_{a1}$ | $M_{a1}$ | $M_{a1}$ | $M_{a1}$ |
| | 对称性互惠共生（$s$） | $M_{s1}$ | $M_{s2}$ | $M_{s3}$ | $M_{s4}$ |

---

[1]　袁纯清：《共生理论——兼论小型经济》，经济科学出版社 1998 年版，第 9 页。

从共生程度来看，点共生是共生单元只在某一特定时刻偶然发生一次性相互作用，随机性和不稳定性较大；间歇共生是共生单元之间按照一定时间间隔，发生多次相互作用，虽然在随机性有所降低，但仍具有不稳定性；连续共生是共生单元之间在某一时间段内发生连续的相互作用，反映出共生单元之间长期、连续以及必然的共生关系，具有较强的稳定性；一体化共生是连续共生的一种极端形式，实质上是共生单元之间外部的共生关系逐步演变成内部共生关系的表现，即一体化共生把不同的共生单元组合成了一个具有独立性质与结构的共生体。这种关系无疑是稳定的，但同时也伴随着共生单元独立性的消失。

从共生行为方式上，寄生是指共生单元依附于其他共生单元，依靠"食取"寄主单元的资本、技术或收益而生存，一方获利而另一方利益受损（也可能影响不大）。寄生关系虽然在自然界中普遍存在，但在以追求利益为目标的理性的组织行为中，往往不可能稳定地存在下去。偏利共生关系中有新利益（能量）产生，但这种新利益（能量）却只为共生关系中的某一方所获得，亦即出现一方获利而另一方虽无损失但也无法获利的情况。从长远来看，理性的共生单元是不会长期保持这种"利人不利己"的共生关系的，因而偏利共生也具有不稳定的特征。互惠共生是较为理想的共生模式，共生单元可以从共生关系中得到各自所需的利益，有新能量的产生并且能够合理分配，有利于保持稳定的关系。从具体的利益分配方式上来看，互惠共生又可以分为非对称性互惠共生和对称性互惠共生两种模式。非对称性互惠共生是指由于共生单元之间共生界面（接触方式、机制等）的影响，一方获利多而另一方获利少的情形，从长期来看，这种共生模式将导致获利不同的共生单元在利益的积累方面产生累积性差异和非同步进化，从而影响共生关系的稳定性。[①] 对称性互惠共生具有对等的利益分配模式，共生单元能够得到相同的或者是与自己所作出的贡献相匹配的利益。互惠互利的共生关系有利于共生单元共同创造出更大的利益（能量），因而是效率最高、稳定性也最强的共生模式。

由以上分析可知，产业技术创新战略联盟的最佳、也是最稳定的运行模式为连续对称性互惠共生模式（即表 2 - 2 中阴影方格所代表的模式），

---

① 龙昀光：《基于共生理论的企业技术联盟发展研究》，硕士学位论文，兰州理工大学，2009 年。

联盟成员（共生单元）之间能够建立长期的合作关系，而且由于利益分配机制的合理性，使得联盟成员之间彼此信任，愿意投入更多的核心资源共同创造更大价值，同时在合作中自身也能得到更全面的成长。一体化互惠共生关系尽管稳定性较强，但由于联盟成员（共生单元）已经失去了各自的独立性，不再符合"战略联盟"的特征，可以视为联盟未来演进的一种可能结局。在产业技术创新战略联盟的实际运作中，联盟成员共同出资创办研究实体的合作方式，由于只是盟员单位在部分业务上的一体化，并非整个组织完全合为一体，应属于长期连续互惠共生模式的一种具体实施方式。

2. 共生模式稳定性条件的 Logistic 模型验证

Logistic 模型是描述自然界和社会领域大量存在的 S 型变化规律的数学模型。在种群生态学中，种群的生长除受到自身增长率的影响外，还受到环境容纳量的限制。1838 年数学家 Verhulst 将种群生态学经典模型 Malthus 模型（未考虑环境因素）进行了改进，导出了新的方程——即 Logistic 模型：

$$\begin{cases} \dfrac{dx}{dt} = rx\left(1 - \dfrac{x}{N}\right) \\ x(t_0) = x_0 \end{cases}$$

该方程的通解为：

$$x(t) = \frac{N}{1 + \left(\dfrac{N}{x_0} - 1\right)e^{-rt}}$$

在 Logistic 模型中，$\dfrac{dx}{dt}$ 为种群中个体的增长率，$x$ 为 $t$ 时刻种群中个体数量（$x \geq 0$），$r$ 为种群个体的平均增长率（常数），$N$ 为环境所能容纳种群个体的最大数量，$\dfrac{x}{N}$ 为种群个体实际数量与最大可能数量的比值，在生态学中又称为"自然增长饱和度"。

对于 Logistic 模型可以这样进行理解：由于环境资源最多只能容纳 $N$ 个个体，故每个个体所占用的资源为资源总量的 $1/N$，在 $t$ 时刻 $x$ 个个体所占用的资源为 $x/N$，此时所剩下的资源数量为 $1 - x/N$，而种群的增长率与剩余资源数量呈正比，当 $x$ 达到 $N$ 时将停止增长。这意味着，随着种群个体数量的越多（$x$ 的增大），种群增长饱和度随之增加，剩余的资源数量就越少，种群的增长率会减慢，即种群个体数量的增加会对自身的继续增长产生阻滞作用。

Logistic 模型所揭示的规律同样可以运用到经济社会领域。一个在特定环境中独立发展的经济组织，其能量（如效益、成果数量、产量、规模等指标）的增长与种群中个体数量的增长有着相似的 S 型变化规律，即：连续，单调递增，一开始增长速度较慢，中间段增长速度加快，到了后期，在资源的限制下增长速度变缓，并逐渐趋于稳定。

当组织之间建立了合作关系之后，由于受到相互之间作用的影响，组织能量的增长规律也随着共生模式的不同产生一定变化，需要将初始的 Logistic 模型进行扩展来进行分析。为简便起见，仅以两个组织之间的共生关系为代表进行分析，Logistic 扩展模型的基本表达式如下：

$$\frac{dx}{dt} = rx\left(1 - \frac{x}{N} \pm \lambda \frac{x'}{N'}\right)(\lambda > 0)$$

式中，$x'$ 与 $N'$ 为与原组织建立共生关系的组织能量及其极限值，$\lambda$ 为共生组织对原组织的贡献大小。

已有相关文献将 Logistic 扩展模型用于对产业关系问题的研究中。例如，王哲等采用该扩展模型研究了企业集群之间的竞争和协作情况下各自的内在机制；[1] 程胜采用该模型运用理论推导方法研究了企业集群的演化稳定性特征；[2] 沈运红运用该模型分析了中小企业与大型企业互惠共生机制；[3] 冯锋等用扩展模型分析了产学研合作网络的共生现象。[4] 不过，用该模型分析产业技术创新战略联盟共生关系的文献仍然鲜见。

本书尝试用 Logistic 扩展模型来构建产业技术创新战略联盟中，联盟成员在不同共生模式下的数学模型，并通过分析得出共生稳定性条件，以验证联盟稳定运行的最佳模式。

---

[1] 王哲、吴慈生：《产业集群形成的竞争与协作驱动机制分析》，《现代管理科学》2006 年第 11 期。

[2] 程胜：《基于 Logistic 模型产业集群演化稳定性研究》，《西北农林科技大学学报》（社会科学版）2007 年第 3 期。

[3] 沈运红：《中小企业网络组织生态运行演化机制研究》，经济科学出版社 2013 年版，第 78—85 页。

[4] 冯锋、肖相泽、张雷勇：《产学研合作共生现象分类与网络构建研究——基于质量兼容的扩展 Logistic 模型》，《科学学与科学技术管理》2013 年第 2 期。

（1）互惠共生模式

在 A、B 两个联盟成员的互惠共生模式中，由于组织之间有相互促进作用，在其 Logistic 扩展模型的表达式中，$\lambda$ 前面的符号取正号，模型具体形式如下：

$$\begin{cases} \dfrac{dx_1}{dt} = r_1 x_1 \left( 1 - \dfrac{x_1}{N_1} + \lambda_1 \dfrac{x_2}{N_2} \right) \\[3mm] \dfrac{dx_2}{dt} = r_2 x_2 \left( 1 - \dfrac{x_2}{N_2} + \lambda_2 \dfrac{x_1}{N_1} \right) \end{cases}$$

求解上述微分方程组，得到 4 个平衡点：$P_1$（$0$，$N_2$），$P_2$ $\left( \dfrac{N_1（1+\lambda_1）}{1-\lambda_1\lambda_2}, \dfrac{N_2（1+\lambda_2）}{1-\lambda_1\lambda_2} \right)$，$P_3$（$N_1$，$0$），$P_4$（$0$，$0$）。

根据判断微分方程平衡点稳定性的方法，将微分方程在 $P$（$x_1^0$，$x_2^0$）点进行泰勒展开，并略去二次及以上项，得到：

$$\begin{cases} \dfrac{dx_1}{dt} = f(x_1,x_2) = r_1 \left( 1 - \dfrac{2x_1}{N_2} + \dfrac{\lambda_1 x_2}{N_2} \right)(x_1 - x_1^0) + \dfrac{r_2\lambda_1 x_1}{N_2}(x_2 - x_2^0) \\[3mm] \dfrac{dx_2}{dt} = g(x_1,x_2) = \dfrac{r_1\lambda_1 x_2}{N_1}(x_1 - x_1^0) + r_2 \left( 1 - \dfrac{2x_2}{N_2} + \dfrac{\lambda_2 x_1}{N_1} \right)(x_2 - x_2^0) \end{cases}$$

系数矩阵 $A = \begin{bmatrix} f_{x1} & f_{x2} \\ g_{x1} & g_{x2} \end{bmatrix} = \begin{bmatrix} r_1 \left( 1 - \dfrac{2x_1}{N_1} + \dfrac{\lambda_1 x_2}{N_2} \right) & \dfrac{r_1\lambda_1 x_1}{N_2} \\[4mm] \dfrac{r_1\lambda_2 x_2}{N_1} & r_2 \left( 1 - \dfrac{2x_2}{N_2} + \dfrac{\lambda_2 x_1}{N_1} \right) \end{bmatrix}$

令 $p = -(f_{x1} + g_{x2})|_{pi}, i = 1,2,3,4$，$q = \det A|_{pi}, i = 1,2,3,4$。

当 $p > 0$，且 $q > 0$ 时，$P_i$ 为稳定点。由此得到如表 2 - 2 所示的稳定条件。

从表 2 - 2 可以看出，仅有 $P_2$ 点为稳定点，稳定条件为 $\lambda_1\lambda_2 < 1$。这里又可以分为两种情况。第一种情况，$\lambda_1 < 1$，$\lambda_2 < 1$，此时共生关系可以看作是对称性互惠共生，联盟成员对对方的贡献彼此相当；第二种情况，$\lambda_1 >> 1$，$\lambda_2 < < 1$，或 $\lambda_1$ 和 $\lambda_2$ 互换位置，此时同样可满足 $\lambda_1\lambda_2 < 1$。在这种情况下，联盟成员的共生关系为非对称性互惠共生，一方贡献相对较大，而另一方贡献相对较小。无论是哪一种互惠共生关系，都可以看到 $x_1 = \dfrac{N_1(1+\lambda_1)}{1-\lambda_1\lambda_2} > N_1, x_2 = \dfrac{N_2(1+\lambda_2)}{1-\lambda_1\lambda_2} > N_2$，即通过互惠共生，联盟成员都突破了独自增长的极限，获得了更大的发展。在这种运行模式下，联盟成员都得到了各自所需的利益，也符合缔结联盟的初衷。

表 2-2　　　　　　　　　　联盟成员互惠共生稳定条件分析

| 平衡点 | 稳定条件 |
|---|---|
| $P_1(0, N_2)$ | 不稳定 |
| $P_2\left(\dfrac{N_1(1+\lambda_1)}{1-\lambda_1\lambda_2}, \dfrac{N_2(1+\lambda_2)}{1-\lambda_1\lambda_2}\right)$ | $\lambda_1\lambda_2 < 1$ |
| $P_3(N_1, 0)$ | 不稳定 |
| $P_4(0, 0)$ | 不稳定 |

（2）偏利共生模式

在偏利共生模式下，联盟成员一方获利，而另一方无获利但也无损失，假设 B 为获利一方，其 Logistic 扩展模型如下：

$$\begin{cases} \dfrac{dx_1}{dt} = r_1 x_1 \left(1 - \dfrac{x_1}{N_1}\right) \\[2mm] \dfrac{dx_2}{dt} = r_2 x_2 \left(1 - \dfrac{x_2}{N_2} + \lambda_2 \dfrac{x_1}{N_1}\right) \end{cases}$$

求解上述微分方程组，得到 4 个平衡点：$P_1(0, N_2)$，$P_2(N_1, 0)$，$P_3(N_1, (1+\lambda_2) N_2)$，$P_4(0, 0)$。

表 2-3　　　　　　　　　　联盟成员偏利共生稳定条件分析

| 平衡点 | 稳定条件 |
|---|---|
| $P_1(0, N_2)$ | 不稳定 |
| $P_2(N_1, 0)$ | 不稳定 |
| $P_3(N_1, (1+\lambda_2) N_2)$ | $\lambda_2 > 0$ |
| $P_4(0, 0)$ | 不稳定 |

根据微分方程平衡点稳定性判别方法，同样可以得到如表 2-3 所示稳定条件。从表 2-3 可以看出，$P_3$ 点为稳定点，在 $\lambda_2 > 0$ 的条件下，B 可以超越独自发展的极限，获得大于 $N_2$ 的产出，而 A 仍然可以保持独立增长的最大极限值不变。

（3）寄生模式

在寄生模式下，假设 A 组织是寄主一方，B 组织是寄生一方，没有 A

组织的存在，B 组织将无法单独生存（在产业技术创新战略联盟中，也可以理解为无法单独完成某项研发任务），其产出将逐渐衰减为 0。那么在没有 A 存在的环境中，B 的产出水平可以描述为：

$$\frac{dx_2}{dt} = -r_2 x_2$$

在 A 和 B 建立寄生关系之后，A 的产出受到影响，而 B 由于得到了 A 的贡献，产出得到增加，再考虑 B 的增长对自身的阻滞作用，寄生模式下的 Logistic 扩展模型为：

$$\begin{cases} \dfrac{dx_1}{dt} = r_1 x_1 \left(1 - \dfrac{x_1}{N_1} - \lambda_1 \dfrac{x_2}{N_2}\right) \\[2mm] \dfrac{dx_2}{dt} = r_2 x_2 \left(1 - \dfrac{x_2}{N_2} + \lambda_2 \dfrac{x_1}{N_1}\right) \end{cases}$$

求解上述微分方程组，得到 3 个平衡点：$P_1 (0, 0)$，$P_2 (N_1, 0)$，$P_3 \left(\dfrac{N_1 (1 + \lambda_1)}{1 + \lambda_1 \lambda_2}, \dfrac{N_2 (\lambda_2 - 1)}{1 + \lambda_1 \lambda_2}\right)$。

根据微分方程平衡点稳定性判别方法，同样可以得到如表 2 - 4 所示稳定条件。

表 2 - 4 联盟成员寄生稳定条件分析

| 平衡点 | 稳定条件 |
| --- | --- |
| $P_1 (0, 0)$ | 不稳定 |
| $P_2 (N_1, 0)$ | $\lambda_2 < 1$ |
| $P_3 \left(\dfrac{N_1 (1 + \lambda_1)}{1 + \lambda_1 \lambda_2}, \dfrac{N_2 (\lambda_2 - 1)}{1 + \lambda_1 \lambda_2}\right)$ | $\lambda_2 > 1$ |

从表 2 - 4 可以看出，方程有两个稳定点，$P_2$ 和 $P_3$。在 $P_2$ 点，A 仍保持独立增长的最大极限值，而 B 的产出为 0，实际上二者之间的合作关系已经解除，与各自独立发展的结果一致。在 $P_3$ 点，$\lambda_2 > 1$ 使得 B 的产出

$$x_2 = \frac{N_2 (\lambda_2 - 1)}{1 + \lambda_1 \lambda_2} > 0$$

而此时对于 A 而言，$x_1 = \dfrac{N_1 (1 + \lambda_1)}{1 + \lambda_1 \lambda_2} < N_1$，意味着 A 的产出因受到 B 的影响，将少于独自增长的最大极限值。

由以上分析可以看出，尽管偏利共生和寄生模式也有取得稳定的条

件，但在这些条件下，要么一方获益另一方不获益，要么一方获益而另一方受损，都无法达到共赢的状态。这种共生模式尽管在生物界普遍存在，但在追求效益和效率的经济社会中，不可能维持长久。相比而言，互惠共生关系（尤其是对称性互惠共生关系）由于彼此都可以从合作中受益，是可以持久、稳定发展的共生模式。

## 三　运行环境分析

联盟的运行环境是影响联盟生存与发展的所有外部因素的总和。联盟作为一个开放系统，与外部环境因素之间是既相互依存又相互影响的关系，并通过物质、信息和能量的交换来实现。[①] 根据环境对联盟的影响作用，可以将外部环境分为三种类型，即：（1）正向环境，对联盟起激励和积极作用；（2）中性环境，对联盟既无积极作用，也无消极作用；（3）反向环境，对联盟起抑制和消极作用。与之相对应的，联盟对环境的影响也可表现为三种类型：（1）正向作用，对环境有益；（2）中性作用，对环境无益也无害；（3）反向作用，对环境不利。表 2 - 5 为联盟与环境之间的相互作用。

表 2 - 5　　　　　　　　　　联盟与环境之间的相互作用

| | | 联盟 | | |
| --- | --- | --- | --- | --- |
| | | 正向 | 中向 | 反向 |
| 运行环境 | 正向 | 双向激励 | 环境激励 | 共生反抗环境激励 |
| | 中向 | 共生激励 | 激励中性 | 共生反抗 |
| | 反向 | 环境反抗共生激励 | 环境反抗 | 双向反抗 |

产业技术创新战略联盟的具体运行环境包括制度环境、金融环境以及市场环境等，具体主要包括政策扶持、财政投入、融资环境、市场需求、市场竞争等要素，这些要素也是影响联盟运行的外部因素。正向的共生环境是联盟稳定运行的理想环境。由前文的分析可知，目前我国产业技术创新战略联盟存在的八类主要问题中，有三类问题与环境因素有关（缺乏稳定的金融支持体系、政府监管还有待进一步加强、联盟的法律和经济地位应进一步加强）。可见，营造积极的有利于联盟发展的外部环境，是联盟

---

① 袁纯清：《金融共生理论与城市商业银行改革》，商务印书馆 2002 年版。

稳定发展的重要保障。尤其值得注意的是，鉴于政府在产业技术创新战略联盟构建和发展中所承担的重要角色，充分发挥好政府的推动作用，准确定位政府发挥作用的领域，避免监管过度抑或监管不足，是营造正向运行环境的关键。

通过以上分析，可以归纳出产业技术创新战略联盟稳定运行的条件如下：

（1）选择恰当的合作伙伴。这是联盟稳定运行的基础条件。只有联盟成员在优势资源方面具有互补性，彼此之间能够相容与协调，根据自身的属性能够进行有效的分工与合作，在合作的领域中彼此不产生直接竞争关系，不互相排斥，才有可能保持联盟的稳定性。

（2）建立互惠共生的合作模式。这是联盟能够稳定运行的关键。联盟成员的互惠共生具体表现在：由于利益分配机制设计的合理性，使得联盟成员在利益分配、风险分担等方面能够充分满足各自的需求；顺畅的沟通与交流机制使得联盟成员之间彼此信任，愿意投入更多的核心资源共同创造更大价值；良好的协同机制使得联盟成员在合作中不仅能够获得预期的收益，还能突破自身成长的极限，获得更大的发展；联盟成员之间由于形成了共生共赢的利益共同体，因此各方都有建立长期合作关系的意愿。

（3）营造积极的外部环境。营造良好的外部环境，包括制度环境、金融环境以及市场环境等，是联盟稳定运行的保障。

反过来讲，如果违背了上述条件，联盟运行的稳定性就会受到破坏，联盟将面临失败或者解体的风险。

## 第三节　产业技术创新战略联盟风险来源的三维分析框架

由于产业技术创新战略联盟以企业、大学和研究机构为合作主体，以技术创新活动为合作的主要内容，以战略联盟为组织形式，因此对于产业技术创新战略联盟风险来源的分析，还可以分别从技术创新风险、产学研合作风险以及战略联盟风险三个维度去探寻。产业技术创新战略联盟所面临的风险，是三类风险因素的集合，如图 2 - 2 所示。

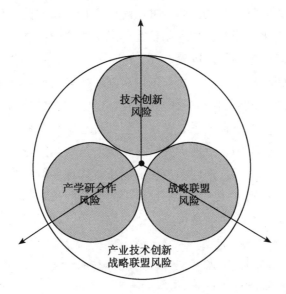

图 2 - 2　产业技术创新战略联盟风险来源三维分析示意图

## 一　技术创新风险分析

### 1. 技术创新风险的概念

技术创新风险，是指由于外部环境的不确定性，技术创新项目的难度与复杂性，以及创新者自身能力与实力的有限性，而导致技术创新活动达不到预期目标的可能性及其后果。[①] 技术创新风险是一种有别于纯粹风险的投机风险。

由技术创新风险的概念可知，技术创新风险的产生与三个方面的要素有关。

一是技术创新的主体。技术创新的主体是从事技术创新活动的组织或个人，他们为了追求某种利益或达到某个目的而开展技术创新活动。当创新活动成功时，他们是收益的拥有者；而当创新活动失败时，他们便成为了损失的承担者。技术创新活动的成败，与创新主体的创新意识、能力、知识水平以及对创新过程的掌控有着密切关联。

二是技术创新客体。技术创新客体是指技术创新活动施予的对象，通常以项目的形式出现。在一个技术创新项目中，技术本身的复杂性与不确

---

① 谢科范：《技术创新风险管理》，河北科学技术出版社 1999 年版，第 43—44、65—66 页。

定性是其固有的风险，而项目的需求风险则来自于市场的变化以及其他外部环境要素的变化。因此，技术创新客体风险主要包括立项决策风险、技术自身的风险以及市场需求风险。

三是技术创新过程。这一过程包括从创新构思的产生开始，到创新技术或产品的实现，再到创新成果的商业化，以及创新成果的改进等一系列活动及其相互之间的逻辑关系。在技术创新过程中，蕴藏着各种不同特征的风险，如技术、市场、治理、决策等风险，这些风险分布在整个创新过程的不同阶段。但由于技术创新过程是创新主体理性行为主导的过程，并非充满着完全的不确定性，当这一过程中的分析、决策和实施都是符合逻辑的理性行为时，有些风险是可以防范和控制的。

2. 技术创新的风险原理

（1）技术创新风险的收益原理：对称性与栅栏

①收益对称原理

技术创新具有"风险—机会"的共生性和"风险—收益"的对称性。前者是由技术创新风险属于投机风险这一性质所决定的。技术创新中的机会，构成了创新主体从事技术创新活动的激励力，但其中所隐含的危险性，则又成为某些类型创新主体进行技术创新的逆向阻碍力。① 关于"风险—收益"的对称性，意味着技术创新的高收益一般伴随着高风险，而低风险只能带来低收益。同时，技术创新风险与收益的对称性从长期看是均衡状态，但在短期内则可能出现非对称态。

②安全栅栏原理

创新主体的技术创新活动一般受到利益导向，但也有可能会跌入风险陷阱。不过如果创新主体一旦率先取得成功，既有的风险又会成为阻止其他竞争对手进入的安全屏障。这种安全屏障包括：技术壁垒、市场先入之利、专利保护以及价格竞争优势等。一般而言，风险越高，创新成功者就越能占有先入之利，安全屏障也就越大；反之，则安全屏障比较薄弱。

（2）技术创新风险的时间运动原理：不确定性递减及风险传递

①技术创新信息不确定性递减原理

在技术创新过程中，随着时间的推移，一些原有的不确定性信息会变得越来越显性和明确化，即技术创新信息的不确定性会呈现递减状态。设

---

① 谢科范：《技术创新风险管理》，河北科学技术出版社1999年版，第43—44、65—66页。

$u = f(t - t_0)$ 为不确定性函数，其中 $u$ 为不确定性，$t_0$ 为技术创新项目起始时间，$t \geq t_0$ 为技术创新所处的时刻，则有 $u' = \dfrac{df}{dt} \leq 0$。

需要注意的是，技术创新信息不确定性递减原理仅仅是针对某一项目的整个运动过程而言，且以一定时间基点（$t_0$）为参照系。尽管在信息社会人类所掌握的信息量在不断增加，但从宏观来看人类进行技术创新活动的风险并不具备递减性。例如分别处于 $t_1$ 和 $t_2$（$t_1 < t_2$）时刻的两个不同的技术创新项目 A 和项目 B，$t_1$ 时刻项目 A 的不确定性 $u_1$ 和 $t_2$ 时刻项目 B 的不确定性 $u_2$ 之间并不满足 $u_2 \leq u_1$，有时风险反而是增加的。

②技术创新的风险传递原理

在技术创新过程中，风险的影响会从前一阶段一直延续到后续阶段。不过，技术创新的风险传递并非是完全传递，也有可能出现部分传递；从上一阶段传递下来的风险还会与当前阶段产生的风险共同作用于当前阶段，致使风险运动更具复杂性。

（3）技术创新风险的成本原理：风险成本与损失递增

技术创新风险的成本原理，是指在技术创新过程中风险成本、风险损失的分布与变化规律。

①技术创新的风险成本原理

技术创新风险的降低是需要付出一定的成本的，主要包括两个方面：现实成本和机会成本。① 其中，现实成本是指为了减少技术创新风险而实际支付的费用，如为了增加信息量而付出的调研费用、专家咨询费用；为减少技术风险而引进技术、购买专利所支付的费用；为转移风险而参加科技保险所支付的保险费等等。机会成本是指为降低技术创新风险而损失的预期收益。如企业为了降低风险而进行产学研合作，则必须向合作者付出或分摊一部分预期收益。

②技术创新的风险损失度递增原理

创新主体在技术创新过程中的投入是分批进行的，随着时间的推移，企业积累的投入越来越多，即技术创新的累计投入量是时间的递增函数。因此，技术创新失败或中止的时间越晚，则导致累计投入发生损失的额度也就越大。这就是技术创新的风险损失度递增原理。

---

① 谢科范：《技术创新风险管理》，河北科学技术出版社 1999 年版，第 43—44、65—66 页。

设技术创新周期为 $T$, $t \in [0, T]$, 设风险损失为 $D(t)$, 它是创新主体在 $t$ 时刻中止某一技术创新项目所造成的前期投入损失, 满足边际风险损失 $D'(t) \geq 0$; 如果在 $t$ 时刻中止, 则意味着同时又要放弃进一步创新的机会, 从而存在机会损失, 即为 $k(t)$, 有边际机会损失 $k'(t) \leq 0$, 那么, 总的损失为:

$$L(t) = D(t) + k(t)$$

中止决策问题为:

$$Min\ L(t) = D(t) + k(t)$$
$$s.t.\quad t \in [0, T]$$

其必要条件是: $D'(t) = -k'(t)$, 即边际风险损失与边际机会损失 (绝对值) 相等的时间点。[①]

表 2-6 列出的是中、美、日三国在技术创新的不同阶段风险分布的情况。[②] 当然, 该表只能反映特定样本的特性, 并不能完全反映一国技术创新的总体分布情况。从样本中反映的特性来看, 相对于中国样本而言, 日本和美国样本在技术积淀的失败率均比较高, 即倾向于把一些前景不好的项目较早地中止与技术创新的前期阶段, 这种做法有利于减少技术创新累积风险损失。而我国样本则市场阶段失败率高, 这种分布结构不利于减少技术创新的风险损失。

表 2-6　　　　　　中、美、日三国典型样本的风险分布比较　　　　　　（%）

|  | 美国样本 | 日本样本 | 中国样本 |
|---|---|---|---|
| 技术阶段 | 54.8 | 85.5 | 15.1 |
| 生产阶段 | 16.5 | 37.5 | 6.4 |
| 市场阶段 | 21.2 | 11.4 | 23.2 |

（4）技术创新决策中的测不准原理: 悲观倾向

由于技术创新决策通常是以对未来状况的预测为基础的, 因此可能会出现实际结果偏离预测的情况, 这就是技术创新决策的测不准原理。

技术创新决策中的测不准主要有以下几种情况: 投资测不准、周期测

---

① 谢科范:《技术创新风险管理》, 河北科学技术出版社 1999 年版, 第 43—44、65—66 页。

② 同上。

不准以及市场测不准。测不准会产生两种可能性：一是乐观结果，即实际结果好于预测或计划；二是悲观结果，即实际结果较预测或计划差。不幸的是，技术创新实际过程中往往出现第二种情况，也就是悲观倾向。具体来讲，就是实际投资往往多于预计的投资，实际的开发期往往长于预计的开发周期，实际的市场容量往往小于预计的市场容量。

3. 技术创新风险的来源与类型

对于技术创新风险的来源与类型划分，国内有学者对此进行了较为深入的研究。

谢科范（1999）将技术创新重点成败因素从纵向上归为三类：R&D相关因素、生产相关因素、市场相关因素；在此基础上，设计了技术创新风险的 58 类因素体系，可归为四类：环境因素、项目因素、企业能力因素、项目管理因素。[①]

其中环境因素 15 类，包括：宏观经济形势变动、消费者需求变动、潜在的市场容量偏小、竞争对手的数量过多、竞争对手的实力过强、竞争者的不正当竞争行为、消费者对竞争对手产品的依赖性、用户对新产品的要求、新产品所属行业不景气、主管部门或相关部门的制约、信贷资金来源困难、原材料及零部件的供应困难、地方或部门保护主义、知识产权保护不力、进口产品冲击。

项目因素 18 类，包括：技术不成熟、技术不先进、技术难度与复杂性、项目的资金需求量大、中间试验的难度与复杂性、新产品对原材料或零部件的技术性能要求、新产品对企业现有产品的替代与影响、新产品与企业现有产品相关性差、生产新产品对现有设备与工艺的调整、引进技术或引进设备工艺中的困难、新产品的生产成本过高、实现系列化多规格的可能性低、质量与性能差、新产品难以利用企业现有市场渠道、新产品促销困难、用户对新产品不了解、新产品价格过高、新产品的寿命周期过短。

企业能力因素 10 类，包括：企业生产规模偏小、企业资金实力弱、企业现有设备技术水平差、企业科技人员实力强、企业技术积累不足、企业技术装备实验与中试条件差、企业技术协作关系不畅、企业广告及促销能力差、企业信誉与知名度不高、企业管理能力低。

---

① 谢科范：《技术创新风险管理》，河北科学技术出版社 1999 年版，第 43—44、65—66 页。

项目管理因素 15 类，包括：对市场及技术信息的了解不足、民主决策与科学决策水平低、项目可行性论证与计划不科学、消费者需求及目标市场不明、对竞争对手情况及国外厂家情况了解不足、项目组织管理不力、项目进度控制不力、项目负责人的水平与能力低、项目组的总体实力与能力低、技术开发人员待遇低、项目开发资金供应不及时、对不利因素防范不力、广告与促销不力、定价不合理、市场实验与试销不足。

此外，还有一些不同观点。

李晓峰（2005）提出，依据技术创新风险产生的原因，技术创新风险可划分为技术、市场、财务、政策、生产、管理等六种风险类型，[①] 这六类风险又可进一步细分为 48 个因素。

罗慧辉（2005）认为技术创新风险主要包括环境风险、技术风险、市场风险、财务风险、管理风险、文化风险等六个方面，[②] 并细分为 40 个具体指标。

可以看出，不同学者对于技术创新风险因素的研究尽管从大类划分和细化指标的遴选方面有所不同，但从总体来看，技术创新风险主要包括技术风险、政策风险、市场风险、财务风险以及管理风险几类。

其中技术风险是指由于研究方向选择错误、技术本身不成熟、技术更新换代过快以及与之相应的生产技术配套、工艺衔接不足等原因导致的技术开发失败，或者虽未失败但技术创新效果低于预期等的风险。

政策风险是由于国家或地方法律、法规、政策等条件变化对技术创新的不利影响而导致失败的可能性。如由于不符合国家或地方政府的环保、能源或者科技政策，无法获得原材料、设备、技术的进口许可等。

市场风险是指技术创新所产生的新产品或新技术由于市场变化、竞争对手的模仿、侵权行为等原因所导致的新产品、新技术不能满足市场需要或不能完全被市场接受的风险。

财务风险是指由于技术创新活动所需的资金由于筹措、使用和偿还等不确定性导致的技术创新活动无法持续进行的风险。技术创新活动需要大

---

① 李晓峰：《企业技术创新风险测度与决策及其预控研究》，博士学位论文，四川大学，2005 年。

② 罗慧辉：《技术创新风险评价方法与模型研究》，硕士学位论文，西南石油大学，2005 年。

量资金支持，但由于其收益的不确定性和高投入等原因，将造成融资困难。此外，在技术创新活动过程中，可能会由于资金使用不合理、经费使用超支等原因导致创新主体财务运转出现问题。

技术创新资金的来源可能来自于信贷，但由于技术创新活动无法获得应有的利益回报，以及利率、汇率的大幅调整等原因，使得贷款无法按期偿还。上述种种，都是技术创新活动可能面临的财务风险。

管理风险是指在技术创新活动过程中，由于调研不充分、项目可行性论证不充分、决策失误、组织协调不力、技术人才流失、项目进度计划不合理、资源配置不合理等因素导致技术创新失败的可能性。

## 二 产学研合作风险分析

1. 产学研合作的含义

产学研合作是企业（industry）、高等院校（university）和科研院所（research institute）以某种形式、按照一定规则进行联合研发工作的简称。

实质上，产学研合作就是企业与大学或科研机构以共同利益为目标，利用各自互补性很强的要素优势，分工协作共同完成技术创新活动，形成一种协同效应，促进技术创新所需各项要素的有效组合，提高技术创新活动的水平和成效。

产学研合作有多种主要形式，根据 OECD 组织 1999 年的划分，可以包括以下七种类型：[①]一般性研究支持、非正式的合作研究、契约型研究、知识转移与训练计划、参与政府资助的共同研究计划、研发联盟、共同研究中心。

2. 企业与大学的异质性分析

由于企业与大学是完全不同的组织系统，它们的行为特性和目标亦不相同。这种异质性主要体现在以下几个方面：

（1）资源分布的异质性

大学具有丰富的科研、教育和人才资源，人员的知识结构相对完备，研究能力突出，研究机构众多，在技术信息、研究方法和研究经验的积累方面的具有资源优势。与大学相比，企业在市场开拓、资金供给、产品开

---

① 张泳：《国家创新体系背景下的产学研一体化理论探讨与实证研究》，硕士学位论文，中国海洋大学，2006 年。

发、生产与试验设备、生产场地、竞争意识等方面具有更强的资源优势。也正因为如此，企业和大学拥有的创新资源具有很强的互补性或相互依赖性。①

（2）目标和需求（价值取向）的异质性

大学从事技术创新活动，很主要的一个目的是建立学术地位，并以发表高水平论文、出版专著、获得发明专利等形式为标志。而企业的技术创新活动，主要目的则是通过新产品、新技术的开发，提高企业的市场竞争力，获得更高的经济效益。因此，大学和企业在技术创新活动的目标和需求方面有明显差异。

（3）知识的异质性

布鲁贝克指出，"大学有三项职能：传播高深学问，扩大学问领域，应用其成果为公众服务"。② 在这三项职能中，第一项是最古老的，其他两项都以知识为基础展开。为此，大学的本质在于知识，是一个自组织的知识系统。而企业在知识经济和全球化背景下，其知识本质也在不断凸显。企业不仅是最为重要的应用知识、实现知识价值的部门，而且还能够从实践的角度生产知识，而企业内生的知识和能力的积累正是企业竞争优势的来源。③

虽然大学和企业都是复杂的知识系统，但是这两种知识系统在本质上存在较大的差异性。大学的发展目的中包含许多非经济目标，如知识的传播；企业作为经济性组织，知识的生产和应用是为实现其经济目标服务的。大学和企业在发展目标和功能上的差异性，使得二者所拥有的知识也具有很强的异质性。④

（4）产出成果类型异质性

大学和研究机构提供的知识一般更适合新产品形成之前的原创性和基础性研究，成果的前沿性是大学和研究机构更为看重的目标，对成果经济

---

① 鲁若愚：《企业大学合作创新的机理研究》，博士学位论文，清华大学，2002 年。

② ［美］约翰·S. 布鲁贝克：《高等教育哲学》，王承绪、郑继伟、张维平译，浙江教育出版社 1987 年版，第 95 页。

③ 连建辉、孙焕民、钟惠波：《金融企业集群：经济性质、效率边界与竞争优势》，《金融研究》2005 年第 6 期。

④ 常爱华：《产学研合作机理的哲学新释——我国产学研合作政策研究》，硕士学位论文，天津大学，2007 年。

性的追求倒在其次，因而这种产出却往往与市场需求有一定距离，① 具有高度的技术不确定性和市场不确定性。② 而企业的产出成果通常是成熟的可商业化产品，能够进行规模化生产并直接投放市场，是能给企业带来经济收益预期的。

大学和企业的异质性，既是二者合作的前提和基础，但同时这种差异也使得二者的合作面临着许多不确定性，或者说，存在合作的风险。

3. 产学研合作的主要风险分析

国外有学者提出，企业与大学合作中存在三类障碍：文化障碍（相互不理解）、制度障碍（不清晰的合同和政策）和运营障碍（项目执行过程中出现的问题），③ 大学与企业之间的文化冲突、机构缺乏灵活性、利益分配体系设计不合理以及缺乏高效的技术管理机制等，都会成为二者合作的阻碍。④

国内学者则将产学研合作存在的问题归纳为四大内部问题和五大外部问题。⑤ 四大内部问题包括：合作动力不足、活力不够、管理体制不适应市场经济的发展以及利益分配机制不完善；五大外部问题包括：信息不通畅、交流机制不完善、缺乏稳定的资金渠道和经济支持、法规不配套、政策导向机制不完善。

在笔者参与的一项关于某市生物医药行业产学研合作的调查中，21家被调查企业 2006—2011 年实际开展科研项目 2027 项，产学研合作项目仅 55 项，占 2.7%。在对"目前企业与高校、科研院所开展产学研合作迫切性"的调查中，有 38.1% 企业选择了"一般，项目合适就合作"，还有 4.8% 的企业认为不迫切。这反映出企业缺乏开展产学研合作的动力。

---

① Motohashi Kavayuki. University – industry collaborations in Japan：The role of new technology – based firms in transforming the National Innovation System. Research Policy，2005（34）：583 – 594.

② Jensen，R. A. Thursby，J. G & Thursby，M. C. Disclosure and licensing of university inventions：the best we can do with the partners we get to work with. International Journal of Industrial Organization，2003，21（9）：1271 – 1300.

③ Dierdonck V. R.，Debackere K. Academic Entrepreneurship at Belgium University. R & D Management，1988（4）：77 – 91.

④ Siegel D. S.，Waldman D. A. and L E. A. Commercial Knowledge Transfers from Universities to Firms，Improving the Effectiveness of University – Industry Collaboration. Journal of High Technology Management Research，2003，14（1）：111 – 134.

⑤ 冯学华：《产学研合作的问题与对策》，《研究与发展管理》1996 年第 1 期。

在关于产学研合作中存在问题的调查中，被调研企业认为"企业能否把市场需求转化为技术需求"、"对成果的市场前景把握不准"及"企业风险太大"是企业开展产学研合作存在的主要问题。同时，企业认为"与实际对接的能力"、"缺少风险分担机制"、"是否有后续的服务与跟进"是合作方高校（科研院所）存在的主要问题。双方存在的共性问题则表现为"是否有恰当的利益分配方式"、"缺少政府引导和政策支持"、"知识产权的归属"等方面。上述问题的存在，使得企业认为产学研合作是高风险活动，收益具有不确定性，从而抑制了企业开展产学研合作的积极性。

归纳起来，产学研合作风险的主要类型有：

（1）合作伙伴选择风险

合作各方由于战略、文化、观念差异较大，造成沟通障碍和理念、行为冲突；大学和科研机构所具有的知识、技术与企业的需求不相匹配，资源互补性不强；或者本身合作意愿不强，合作动力不足等。上述情形都有可能引发合作失败的风险，这类风险可以归结为由于合作伙伴选择不当所导致的风险。

（2）合作方式选择风险

合作方式将影响合作的紧密程度和利益分配方式，因而会导致不同的风险。越紧密的合作方式，交流充分，信息对称性好，协同效应显著，但同时技术泄露的可能性也越大，合作各方无论收益还是风险都要共同承担。松散的合作方式，信息对称性差，会出现收益或风险主要由合作某一方承担的情况。产学研合作方式从技术转让、委托开发、合作开发、到共建实体，合作紧密程度逐渐提高。选择不同的合作方式，实质上也就是选择了不同的风险。[①]

（3）技术风险

以技术开发为主要内容的产学研合作，由于技术创新自身的不确定性决定了合作过程可能发生的风险。如由于技术本身不成熟、技术引进带来的冲击、市场预测不准确等原因，使得合作各方虽然付出各自的努力，但未能达到预期的合作成果。

（4）道德与信任风险

道德风险是指参与者在最大限度地增进自身效用的同时，做出不利

---

① 鲁若愚、郭东海：《企业大学合作创新组织的定位及行为分析》，《技术经济》2012 年第3 期。

于他人的行动。产学研合作是合作者通过各自优势资源的投入，在彼此充分信任和沟通的情况下，实现共同目标的过程。但在此过程中，有可能出现当信息不完全对称，一方参与人不能观察另一方的行动或当观察（监督）成本太高时，一方行为的变化导致另一方的利益受到损害的情形。如隐瞒技术信息、投资缩水、占用共同成果独自牟利、违背契约等等。不道德行为的发生又势必引发合作各方的信任危机，导致合作的失败。

（5）利益分配风险

在产学研合作中，大学和研究机构对技术的价值收益较为敏感，而企业则对成果的商业价值更为重视。① 由于信息的不对称和合作双方机构性质的不同，双方对技术的总利润贡献率看法存在较大差异，造成彼此之间对投入成本的核算、利益分配（包括利润、知识产权等）与风险分担等产生争议。这样，当企业方或学研方认为利益分配不平等，所得到的收益与自己的投入和所承担的风险不相匹配时，就会产生利益分配风险。

（6）管理风险

产学研合作模式不同，涉及的管理内容也不尽相同，但大体上包括以下方面的内容：合作协议的签订、协议履行的监管、合作各方沟通渠道和沟通机制的建立、各方关系的协调、知识产权的保护、利益分配机制的设计，以及经费保障等等，如果由于管理者水平、能力等原因未能进行有效的管理，将会导致产学研合作不能达到预期效果，甚至完全失败。

### 三　战略联盟风险分析

1. 战略联盟的驱动力与特征

（1）战略联盟的驱动力

战略联盟的概念最早由美国 DEC 公司总裁简·霍普兰德（J. Hopland）和管理学家罗杰·奈格尔（R. Nigel）提出，他们认为，战略联盟指的是由两个或两个以上有着共同战略利益和对等经营实力的企业，为达到共同拥有市场、共同使用资源等战略目标，通过各种协议、契约而结成的优势互补或优势相长、风险共担、生产要素水平式双向或多向

---

① 薛琴：《基于信息不对称的产学研合作创新联盟的风险研究》，硕士学位论文，中国科学技术大学，2010 年。

流动的一种松散的合作模式。① 不过，目前这一定义已不能完全适应战略联盟实践的发展，当今的战略联盟参与方不仅有企业，还时常包括一些大学和研究机构；形式除了以契约和协议为约束外，还出现了基于股权投资的战略联盟。因此，可以将战略联盟的定义修订为：战略联盟是指若干具有共同利益和战略目标的组织，通过契约或非契约的其他纽带形式，为了自身的发展和能力的提高而形成的相互协作、利益共享、风险共担的新型合作组织模式。

战略联盟的组建至少有三个明确的目的：② 化敌为友、综合利用和学习内化。化敌为友是将潜在的竞争对手转化为盟友，使之能够成为促进新业务向前发展的互补性产品和服务提供商。综合利用是一种可产生增效作用的价值创造手段，其效果来自对过去独立分散的各种资源、资产、知识、技能的综合利用。合作伙伴们为了使联盟取得成功都贡献出自己独特的资源，联盟在对这些资源进行综合利用的过程中创造出价值，而形成合力的价值远大于其独立分散时的价值。学习内化是指联盟为学习合作伙伴那些隐含的深层次技能（靠其他手段难以得到和消化）提供了一条便捷途径。当有条件学习和掌握联盟伙伴的技能并能超越联盟本身的界限加以利用时，那更将是无价之宝。

（2）战略联盟与其他企业合作形式的区别

战略联盟是企业之间（也包括企业与其他组织之间）的一种特定的合作关系，与其他一些类型企业合作形式有着本质区别。

①战略联盟与合资经营的区别

传统的合资经营通常只是为了利用某些特定商机，较少接近公司核心业务；与之相比，战略联盟对于公司战略更具有重要意义。传统的合资经营是综合利用已知的资源，分摊的一般也是已知的风险，而战略联盟无论需要综合利用的资源还是动荡的外部环境，不确定性都远大于合资经营。③ 合资经营通常是双方之间的合作，而战略联盟涉及的合作伙伴一般较多。

---

① 辛爱芳：《我国产学研合作模式与政策设计研究》，硕士学位论文，南京工业大学，2004 年。

② ［美］伊夫·多兹、加里·哈默尔：《联盟优势》，郭旭力、鲜红霞译，机械工业出版社 2004 年版，第 8—9、11—12 页。

③ 袁纯清：《金融共生理论与城市商业银行改革》，商务印书馆 2002 年版。

②战略联盟与企业并购的区别

企业并购使得合作企业失去了各自的独立性，形成了统一的目标体系，参与并购的任何企业将服从来自公司总部的统一指挥，对一个统一的决策中心负责。因此参与并购的企业将丧失在目标确定与战略选择方面的自主性。① 而战略联盟则不同，联盟参与者在追求共同合作目标的同时，会保持各自组织在经营战略的选择以及其他利益方面上的独立性。②

③战略联盟与动态联盟的区别

动态联盟（虚拟企业）以共同的市场发展机会为基础灵活地选择合作伙伴，不确定很强，一旦合作项目终止，合作伙伴关系也随之终结，合作伙伴不受长期契约的约束；而战略联盟的合作伙伴则相对固定，企业间的合作关系更趋向于长期性和稳定性。动态联盟和战略联盟都是介于企业与市场之间的中间组织，相比而言，战略联盟在组织运作过程中更接近企业式制度安排，如长期供销协议、生产分包协议、技术与市场联合开发等，都具有很强的强制性制约特征；动态联盟在组织运行过程中也具有企业式的制度特征，但不具备战略联盟那样高度的强制性。③

2. 战略联盟的风险分析

尽管战略联盟是一个很有潜力的价值创造选择，但在实践中战略联盟的失败率却非常高，比单个公司的失败率还要高出很多。④ 这种高失败率证明了战略联盟并不是一种十分稳固的合作组织模式。根据蔡继荣的定义，所谓战略联盟的稳定性，就是联盟各方都不愿意脱离联盟合作的状态。⑤ 联盟的不稳定往往伴随着风险而生，可见，战略联盟本身就是一种高风险战略。

战略联盟的风险主要有以下几种表现形式：

---

① ［法］皮埃尔·杜尚哲、［法］贝尔纳·加雷特、李东红：《战略联盟》，中国人民大学出版社 2006 年版，第 2—3、202—208 页。

② Child, J. and Faulkner, D.（1998）. Strategies of Cooperation: Managing Alliance, Networks and Joint Ventrues, Oxford: Oxford University Press.

③ 汪娟：《论虚拟企业与战略联盟的异同》，《科技与产业》2005 年第 15 期。

④ Bleeke, Joel and David Ernst. 1991. The way to win cross - border alliances, Havard Business Review, 6: 127 - 135.

⑤ 蔡继荣：《战略联盟的稳定性：基于生产组织模式选择决策的研究》，重庆大学出版社 2011 年版，第 42—45 页。

（1）战略风险

由于没有制定长期而明确的战略规划，导致联盟发展目标和方向不清晰，只重视短期利益而忽略长远发展，甚至偏离原有发展轨道。

（2）管理风险

由于联盟内部缺乏一个强有力的协调机构，导致管理失控，联盟内部矛盾冲突频发，参与联盟的企业和机构各自为政，资源的优化整合难以真正实现，使联盟无法达到组建的初衷而失败。

（3）联盟成员退出风险

由于参与联盟未能实现某些成员的预期目标，甚至由于合作伙伴的投机行为损害了成员的利益，使得一些联盟成员失去了合作意愿选择退出，导致联盟的解体。

（4）知识产权风险

联盟为学习合作伙伴的深层次技能提供了便捷通路，但也会使领先企业面临暴露自己的技术诀窍，从而亲手培育强有力竞争对手的风险。参与合作的中小企业在共同研发活动中可能会迅速学习并吸取相关知识、技术和管理运作模式，快速成长壮大，成为大企业的强有力竞争对手。

（5）联盟成员投机风险

一些分析家经常以"特洛伊木马"来比喻联盟中的伙伴合作关系。[①]因为在联盟中，合作企业在资源的获取和贡献方面可能呈现出较大的不对等性。有的合作企业可能从中受益，实力得到壮大；有的企业所获得的互补效应则可能没那么明显，甚至可能蒙受损失，极端的情况下，出现一方将另一方排挤出市场的局面。

（6）关键技术人才流失风险

在合作过程中，企业的技术骨干和优秀人才有更多的机会被合作伙伴所了解和熟悉，因而也就增加了被其他企业以更优惠的条件挖走的风险。关键技术人才的流失，不可避免会导致某些技术秘密的流失，使企业研发能力迅速下降，给企业的未来发展带来沉重打击。

（7）外部环境变化导致的风险

战略联盟的风险还有可能来自于外部的不确定性因素，例如宏观经

---

① Mankin, E. and Reich, R. (1986). Joint Ventures with Japan Give Away our Futrue. Harvard Business Revies, Vol. 64, No. 2, pp. 78 - 86, March - April.

济、产业政策、市场、技术的变化等；以及内部管理因素，例如联盟的治理机制、伙伴选择、利益分配、沟通与协调等。还有可能来自于合作企业本身的因素，如文化冲突、信任与投机行为等。上述因素都有可能导致战略联盟不能达到预期目标乃至失败、解体。

（8）绩效风险

由于内外部种种因素的影响，联盟运行效率低下，合作不畅，绩效产出未能达到预期目标。

根据以上对于技术创新活动风险、产学研合作风险以及战略联盟风险三个维度的分析，可以梳理出产业技术创新战略联盟风险的可能来源，如图 2 - 3 所示。

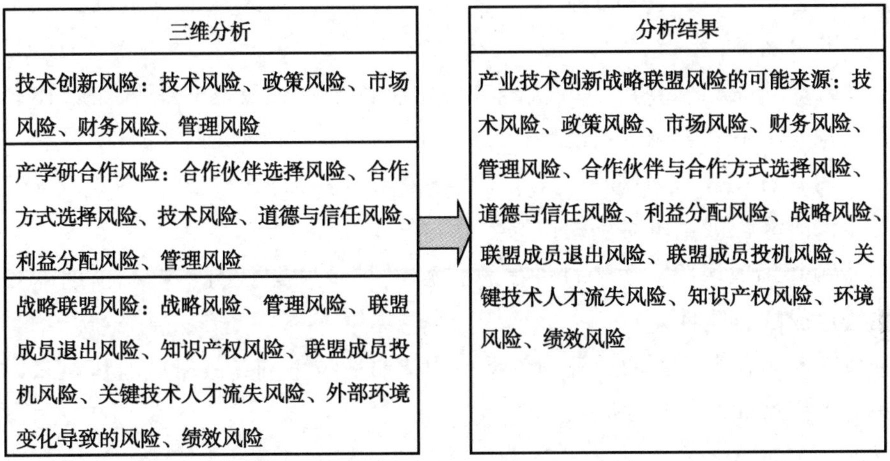

| 三维分析 | 分析结果 |
|---|---|
| 技术创新风险：技术风险、政策风险、市场风险、财务风险、管理风险 | 产业技术创新战略联盟风险的可能来源：技术风险、政策风险、市场风险、财务风险、管理风险、合作伙伴与合作方式选择风险、道德与信任风险、利益分配风险、战略风险、联盟成员退出风险、联盟成员投机风险、关键技术人才流失风险、知识产权风险、环境风险、绩效风险 |
| 产学研合作风险：合作伙伴选择风险、合作方式选择风险、技术风险、道德与信任风险、利益分配风险、管理风险 | |
| 战略联盟风险：战略风险、管理风险、联盟成员退出风险、知识产权风险、联盟成员投机风险、关键技术人才流失风险、外部环境变化导致的风险、绩效风险 | |

图 2 - 3　基于三维分析的产业技术创新战略联盟风险可能来源

# 第四节　产业技术创新战略联盟风险来源的概念模型

## 一　产业技术创新战略联盟风险来源的概念模型

根据前文对联盟形成动因及潜在风险、联盟运行稳定性机理以及风险来源的三维分析，并将其中一些风险因素进行归类、合并，本书归纳出联盟风险来源的九个方面，分别是：

（1）管理风险：由于联盟在合作伙伴选择、技术开发项目决策、组织协调、契约签订、利益分配等管理方面的能力不足或失误等给联盟带来损失的可能性；

（2）战略风险：由于联盟在长远发展目标的制定和战略规划方面的不足导致联盟运行注重短期利益、偏离方向等方面的可能性；

（3）合作风险：由于联盟成员在目标、文化、价值观等方面的不一致，以及投机行为、缺乏信任等导致合作不畅、未能达到合作目标的可能性；

（4）技术风险：合作研发过程中由于技术的复杂性和不确定性导致研发失败或未达到预期目标的可能性；

（5）政治与社会风险：由于社会经济形势、政策支持等外部环境的变化给联盟带来不利影响的可能性；

（6）财务风险：由于研发经费、运营经费等资金缺乏影响联盟正常运行的可能性；

（7）市场风险：由于市场需求变化、竞争环境变化等使联盟合作研发收益受到不利影响的可能性；

（8）知识产权风险：在合作中由于联盟内部知识产权保护不力所导致的知识泄露、被竞争对手模仿等方面的可能性；

（9）绩效风险：由于种种因素的影响导致联盟运行不畅、预期绩效无法达成的可能性。

以上述九个方面的风险为依据，构建产业技术创新战略联盟风险来源的概念模型如图2-4所示。

## 二　产业技术创新战略联盟风险的特征

产业技术创新战略联盟风险来源于多个方面，并具有以下特征：

（1）客观性。产业技术创新战略联盟由大学、企业和科研院所等多个不同类型的机构组建而成，由于这些机构在目标、需求、知识系统、行为方式等方面的异质性，在合作过程中不可避免会存在不协调、不完全信任、沟通障碍、文化冲突等问题，而技术创新活动本身也蕴藏着诸多风险。再加上联盟本身是一种新生事物，其构建和运行模式正处在不断摸索中，也存在着许多不确定性。因此，产业技术创新战略联盟的风险是客观存在的，不以人的意志为转移。

（2）复杂性。大多数联盟都包含十几个乃至数十个不同类型的机构，其中任何一个机构的不和谐行为都有可能导致联盟出现风险，诱发风险的

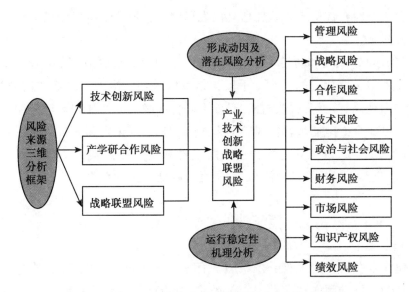

图 2-4 产业技术创新战略联盟风险来源概念模型

因素非常多。而且对于联盟这样一个庞杂系统的管理，也是一个非常具有挑战性的任务，稍有纰漏，就有可能引发严重后果。同时，联盟的运行还有可能受到外部环境中各种不确定性因素的影响。因此，产业技术创新战略联盟的风险可能来自于联盟成员、管理机构以及外部环境，风险源分布广泛，诱发风险的因素非常复杂。

（3）整体性。联盟成员在选择加入联盟的过程中，自身也是存在一定风险的。例如联盟虽然提供了一个技术交流合作的平台，但这种交流是双向的过程。当对方所获得的互补效应大于自己时，有可能会壮大对方的实力从而使自己在日后的竞争中处于不利局面。但本书这里所定义的产业技术创新战略联盟风险，并非指联盟成员自身的风险，而是联盟整体所面临的风险，是在运行过程中由于内外部因素的影响导致联盟整体的绩效目标难以实现、甚至失败解体的不确定性。在联盟风险的识别过程中，明确这一视角十分关键。

（4）时间敏感性。产业技术创新战略联盟的风险具有动态性，在联盟运行过程中会随着时间的推移而发生变化。有的风险因素主要出现在联盟的酝酿和组建阶段，有的风险因素主要出现在联盟的运行阶段，还有一些因素则主要出现在联盟解体重构阶段，而另有一些因素可能会贯穿联盟的整个生命周期。了解联盟风险的时间敏感性，将有利于我们在识别和应对联盟风险时，能够根据联盟所处的发展阶段，抓住最重要的风险因素去应对和防范。

（5）可以测度和防控。产业技术创新战略联盟面临的风险尽管复杂而多变，但采取相应的技术和手段，是可以识别、测度、防范和控制的。风险的出现总有一定的规律性，只要准确把握联盟的特征和运行规律，就能够尽可能全面地厘清联盟风险的来源，对其进行识别和分析，对每一个风险因素发生的概率和危害程度进行定性和定量化评估，并根据评估结果，采取有效手段进行防控，最大限度地降低联盟的风险。

# 第五节　本章小结

作为本书的理论框架，本章首先阐述了联盟形成的动因及其潜在风险，认为经济动因、技术动因、市场动因和政策动因等因素的交互作用，是产业技术创新战略联盟形成和发展的驱动因素，但是其中也蕴藏着诸多风险。其次应用共生理论从合作伙伴选择、运行模式以及运行环境等方面分析了联盟运行稳定性机理，认为选择恰当的合作伙伴是联盟稳定运行的基础条件，论证了成员间的互惠共生模式是联盟可以持久、稳定发展的运行模式，并指出良好的外部环境是保持联盟稳定性的保障。接着分别从技术创新风险、产学研合作风险以及战略联盟风险三个维度，对联盟的风险的可能来源进行了系统分析。在以上三方面理论分析的基础上，建立了以管理风险、战略风险、合作风险、技术风险、政治与社会风险、财务风险、市场风险、知识产权风险以及绩效风险等九类风险为主要内容的联盟风险来源概念模型。

# 第三章

# 产业技术创新战略联盟
# 风险因素的识别

产业技术创新战略联盟的风险管理是一个系统工程，本章首先阐述了联盟风险管理的含义及其核心过程，作为下文研究的主线。接着针对联盟风险管理核心过程的第一个环节——风险识别进行了系统阐述。在联盟风险来源概念模型的基础上，应用文献分析法和 Delphi 法，对联盟的风险因素进行识别，最终形成了产业技术创新战略联盟风险列表。

## 第一节　产业技术创新战略联盟风险管理的核心过程

### 一　产业技术创新战略联盟风险管理的含义

尽管对于风险的管理，是组织为了生存和发展所采取的必然措施，但很长时间以来，风险管理并没有被看作是一门管理科学，而仅仅是作为一门管理技术或一种管理过程。直到 1964 年，美国学者威廉姆斯和汉斯在其著作《风险管理与保险》中提出，风险管理是通过对风险的识别、衡量和控制而以最小的成本使风险所致损失达到最低程度的管理方法，风险管理才有了一个全面而又较为确切的定义。随后的学者对这一定义又进行了补充和修正。1974 年梅尔和赫奇斯在他们的著作《风险管理：概念与应用》中认为，风险管理的目的与经营的目的是一致的。经营的目的一是生存、效益和发展；二是摆脱困境和履行社会责任。与前者相应，风险管理的目的是控制实际的损失；与后者相应，风险管理的目的是控制潜在的损失。

美国系统工程研究所（SEI）认为，[①] 风险管理是项目中带有过程、方法和工具的管理风险的实践，它建立了预先决策的规范环境，使得下列目标得以实现：（1）连续地评估什么可能会出错（风险）；（2）明确了哪些风险因为重要而需要处理；（3）实施处理这些风险的战略和策略。

本书认为，产业技术创新战略联盟的风险管理，是指风险管理者在全面分析影响联盟运行的内外部因素、并对风险形成机理进行理论分析的基础上，采用一定的风险识别技术和方法，对联盟的风险因素进行识别，评估风险因素发生概率的大小、后果严重程度以及可控性，并采取有效措施，以尽可能低的成本对风险因素进行防范与控制，以及对联盟风险的动态变化和风险应对措施的实施效果进行监控的过程，其目的是保持联盟运行的稳定性。

## 二　产业技术创新战略联盟风险管理的核心过程

产业技术创新战略联盟的风险管理的核心过程应该包括风险识别、风险评估和风险应对三个环节。

风险识别也称风险辨识，是在风险来源分析的基础上，一种系统、持续地对风险相关事件进行挖掘与分类的过程。[②] 风险识别是风险管理的首要环节，只有首先将可能引发产业技术创新战略联盟风险事件发生的所有因素尽可能全面地罗列出来，风险管理主体才能对面临的风险有一个较为清晰的把握，便于采取防范措施，降低联盟风险发生的概率，或减少因风险事件而对联盟造成的损失。

风险评估是采用一定的定性或定量分析技术，对风险因素进行全方位评估。评估内容一般包括频率分析（frequency analysis），即对特定风险因素发生的可能性进行分析；后果分析（consequence analysis），即分析特定风险因素导致风险事件发生后可能造成的损失大小；可控性分析（controllability analysis），即分析特定风险因素是否可控，可控程度有多大，控制成本有多高。风险评估是对联盟进行风险防控的重要依据，只有明确风险因素发生的可能性、损失严重程度以及防控成本大小，才能制定有效的联

① 姜青舫、陈方正：《风险度量原理》，同济大学出版社2000年版。

② AI‑Bahar, J. F. andCrandall, K. C. SystematicRiskManagement Approach for Construction Project. Journal of Construetion Engineering and Management, 1990, (3)：533–546.

盟风险预警及控制措施，最大程度地降低风险，避免给联盟带来更多损失。

　　风险应对是根据风险评估结果制定相应措施，以最低成本、最大限度地降低联盟风险的一系列过程，具体又包括风险预警、风险处理、风险监控等内容。其中，风险预警是通过对风险因素的监控，评估其发生风险的征兆，当超过预先设定的预警阈值时，发出预警信号并及时采取防范措施。风险预警的目的是想达到防患于未然的效果。风险处理是避免、消除或减少风险事件发生的机会，限制已发生损失的继续扩大，通过改变引起风险事件或扩大风险损失的各种条件，来降低风险所造成的损失。风险监控是密切监视已识别出来的风险因素，监控残余风险，识别新的风险，时刻评估风险管理措施对降低和规避联盟风险的有效性，并寻找机会进行改善。

　　风险识别、风险评估和风险应对是产业技术创新战略联盟风险管理核心过程中三个彼此紧密联系并交互影响的环节，并且循环往复。随着风险主体内外部环境的变化，需要不断地重复这一过程，以持续降低风险所带来的损失，并及时防控新出现的风险因素。如图 3-1 所示。

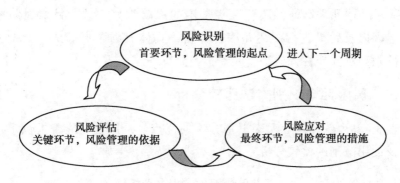

图 3-1　产业技术创新战略联盟风险管理的三个核心环节

## 第二节　产业技术创新战略联盟风险因素识别的方法

### 一　风险因素识别方法分类

　　风险识别是风险管理活动的基础和起点，风险识别的意义在于，只有首先准确而全面地发现和认识组织面临的所有风险，才能够有效地对风险进行预防、控制和处理。

对风险因素进行识别的方法很多，归纳起来可以大致划分为以下几大类：

（1）专家意见法

专家意见法是指通过对相关领域专家意见的征询来识别风险的方法，具体包括座谈会法、德尔菲法等。

（2）列表分析法

列表分析法主要是指采用列表的方式，罗列出所有可能的风险来源，并对其可能造成的损失、危害进行分析的方法，具体包括风险损失清单法、检查表法等。

（3）图形分析法

图形分析法主要是通过绘制可视化图形，形象地表示出风险因素、风险事件以及风险后果的层次及其相互关系的方法，具体又包括故障树法、事件树法、蝶形图分析、因果图分析、工作—风险分解法等。

（4）其他综合分析方法

除了上述几大类外，还有一些常用的风险识别方法，针对风险的征兆、起因以及后果进行描述和综合分析，具体有财务报表法、情景分析法、危险与可操作性分析法、业务影响分析等。

## 二  风险因素识别方法比较分析

表3-1为各种风险因素识别方法的优点、局限性、能否提供定量结果以及使用范围的比较分析。

表3-1                风险因素识别方法比较分析

| 风险识别方法 | 优点 | 局限性 | 能否提供定量结果 | 适用范围 |
| --- | --- | --- | --- | --- |
| 座谈会法 | 激发了想象力，有助于发现新的风险和全新解决方案，速度较快并易于开展 | 结果的有效性依赖于参与者的技术及知识水平，不能保证对过程的全面控制 | 否 | 适用于联盟整个生命周期的风险识别 |
| 德尔菲法 | 所有观点都获得相同的重视，便于集思广益 | 费力、耗时，对组织者的能力有较高要求 | 否 | 适用于联盟整个生命周期的风险识别 |

续表

| 风险识别方法 | 优点 | 局限性 | 能否提供定量结果 | 适用范围 |
|---|---|---|---|---|
| 风险损失清单法 | 可以避免遗漏重要风险源，且风险管理成本较低 | 模式化的清单无法概括风险管理单位面临的特殊风险，而且没有考虑投机风险 | 否 | 适用于联盟整个生命周期的风险识别 |
| 检查表法 | 简单明了，有助于确保常见问题不会被遗漏 | 可能会限制风险识别过程的想象力，不利于发现没有观察到的问题 | 否 | 适用于联盟整个生命周期的风险识别 |
| 故障树法 | "自上而下"方法有助于对引起顶事件因素的层层分析，可以对各种因素进行分析，有足够的灵活性 | 如果基础事件的概率有较高的不确定性，计算出顶事件的不确定性也较高；是一个静态模型，无法处理时序上的相互关系 | 是 | 适用于联盟整个生命周期的风险识别 |
| 事件树法 | 能清晰地体现时间发展顺序，用简单图示方法给出初因事件事后的全部潜在发展可能 | 有可能会忽视某些从属因素，可能需要与其他分析方法结合使用 | 是 | 适用于联盟整个生命周期的风险识别 |
| 蝶形图分析 | 用图形清晰反映问题，容易理解，不仅分析了风险因素和结果，还关注预防措施及时效 | 无法描述多种原因同时发生并产生结果的情况 | 是 | 适用于联盟整个生命周期的风险识别 |
| 因果图分析法 | 可以清晰地再现出风险因素和风险事故的内在联系 | 风险识别的准确性依赖于风险因素调查是否充分、对风险因素重要性认识能力的高低以及风险管理者的观念 | 是 | 适用于联盟整个生命周期的风险识别 |
| 工作—风险分解法 | 系统性较强，可以避免遗漏某些因素，对风险的分析，避免了笼统主观判断的弊端，并接近定量分析模式 | 过程比较复杂，对技术要求较高 | 否 | 适用于联盟整个生命周期的风险识别，以及较为复杂的风险识别系统 |
| 财务报表法 | 能够通过财务信息反映风险隐患，具有可靠性和客观性，并可为风险投资决策和风险融资提供依据 | 专业型较强，风险识别的准确性依赖于财务报表的真实性和全面性 | 是 | 适用于联盟生命周期中后阶段的风险识别 |
| 情景分析法 | 能对系统发展态势给出自始至终的情景和画面，预测出多种可能的结果，便于防范措施的制定 | 不确定较大，有些情景可能不够现实。也有可能无法发现将来可能出现、但目前看上去不切实际的结果 | 是 | 适用于联盟整个生命周期的风险识别 |
| 危险与可操作性分析 | 可以彻底的分析系统过程以及程序，可以处理复杂问题 | 耗时，成本较高，过程对人员的专业知识要求较高 | 否 | 适用于联盟生命周期初始阶段风险识别 |
| 业务影响分析 | 基于业务过程的分析有助于对关键过程的认识，有机会重新界定系统的运行过程 | 对参与人员的认识水平和专业知识要求较高 | 否 | 适用于联盟整个生命周期的风险识别 |

考虑各种风险识别方法的特征及产业技术创新战略联盟风险识别的需要，本书在联盟风险来源概念模型的基础上，根据文献分析，结合联盟的特征和运行方式，首先采用列表分析法列出所有可能产生的风险，然后通过征询专家意见确定联盟风险因素体系结构，形成风险列表。

## 第三节    产业技术创新战略联盟风险因素识别过程

### 一    基于文献分析的联盟风险因素初步识别

文献分析的基本思路是，以联盟风险来源概念模型为依据，结合目前政府文件及研究文献中对于相关问题的阐述与研究，对概念模型中提出的风险类别进行验证、调整与优化，并进一步识别出更为具体的风险因素，作为建立联盟风险因素体系框架的基础。

根据上一章所得到的联盟风险来源概念模型，将九类风险转换为联盟的九大类问题，即：管理方面的问题、战略方面的问题，合作方面的问题、技术方面的问题、政治与社会环境方面的问题、财务方面的问题、市场方面的问题、知识产权方面的问题以及绩效方面的问题。以上述几类问题为线索，本书收集并查阅了自提出"产业技术创新战略联盟"这一概念以来（2008 年最早在科技部文件中提出），科技部以及各省、直辖市所发布的相关政府文件，统计了文件中出现这些词汇及相关内容的频次。所查阅的文件列表及频次统计如表 3 – 2 及 3 – 3 所示。

表 3 – 2    科技部、各省及直辖市关于产业技术创新战略联盟的相关文件列表

| 序号 | 文件名称 | 颁布时间（年） |
|---|---|---|
| 1 | 科技部《国家科技计划支持产业技术创新战略联盟暂行规定》 | 2008 |
| 2 | 科技部《关于推动产业技术创新战略联盟构建的指导意见》 | 2008 |
| 3 | 科技部《关于推动产业技术创新战略联盟构建与发展的实施办法（试行)》 | 2009 |
| 4 | 科技部《关于选择一批产业技术创新战略联盟开展试点工作的通知》 | 2010 |
| 5 | 科技部《关于发布 2012 年度产业技术创新战略联盟试点名单的通知》 | 2012 |
| 6 | 科技部办公厅《关于组织推荐 2013 年度产业技术创新战略联盟试点的通知》 | 2013 |

续表

| 序号 | 文件名称 | 颁布时间（年） |
|---|---|---|
| 7 | 科技部办公厅《关于公布 2012 年度产业技术创新战略联盟评估结果的通知》 | 2013 |
| 8 | 北京市《关于促进产业技术创新战略联盟加快发展的意见》 | 2011 |
| 9 | 《福建省产业技术创新战略联盟构建实施方案》 | 2009 |
| 10 | 《关于开展上海市科委 2010 年度创新行动计划产业技术创新战略联盟试点工作的通知》 | 2010 |
| 11 | 《河南省企业创新能力培育科技工程实施方案（修订）》 | 2012 |
| 12 | 贵州省《关于加快产业技术创新战略联盟构建工作的通知》 | 2011 |
| 13 | 《海南省产业技术创新战略联盟建设方案》 | 2009 |
| 14 | 《海南省产业技术创新战略联盟认定和管理暂行办法》 | 2009 |
| 15 | 《关于推进河北省产业技术创新战略联盟建设的指导意见》 | 2011 |
| 16 | 江苏省科技厅《关于组建省级农业产业技术创新战略联盟有关事项的通知》 | 2009 |
| 17 | 宁夏《关于加强自治区农业特色优势产业技术创新战略联盟建设的实施意见》 | 2012 |
| 18 | 重庆市《关于组建十大产业技术创新战略联盟的决定》 | 2009 |
| 19 | 安徽省《关于进一步促进产学研结合支持产业技术创新战略联盟发展的意见》 | 2011 |
| 20 | 安徽省《关于组织开展第三批省级产业技术创新战略联盟试点工作的通知》 | 2012 |
| 21 | 《四川省产业技术创新战略联盟备案、试点实施办法》 | 2011 |
| 22 | 《陕西省推动产业技术创新战略联盟构建与发展实施办法》 | 2011 |
| 23 | 《江西省推动产业技术创新战略联盟构建与发展的实施方案》 | 2010 |
| 24 | 《湖南省关于推动产业技术创新战略联盟构建与发展的实施办法（试行）》 | 2010 |
| 25 | 黑龙江省《关于推进我省产业技术创新战略联盟建设的工作意见》 | 2009 |
| 26 | 《山东省关于推动产业技术创新战略联盟构建的实施意见》 | 2009 |
| 27 | 《浙江省产业技术创新战略联盟建设与管理办法》 | 2010 |
| 28 | 浙江省科学技术厅《关于做好产业技术创新战略联盟建设工作的通知》 | 2012 |
| 29 | 《关于推进湖北省产业技术创新战略联盟建设的指导意见》 | 2009 |
| 30 | 《吉林省产业技术创新战略联盟建设实施方案》 | 2013 |

表 3 – 3                                        频次统计表

| 序号 | 文件中关注的问题 | 出现频次 |
|------|------------------|----------|
| 1 | 管理方面的问题 | 30 |
| 2 | 战略方面的问题 | 10 |
| 3 | 合作方面的问题 | 27 |
| 4 | 技术方面的问题 | 30 |
| 5 | 政治与社会环境方面的问题 | 28 |
| 6 | 财务方面的问题 | 20 |
| 7 | 市场方面的问题 | 25 |
| 8 | 知识产权方面的问题 | 12 |
| 9 | 绩效方面的问题 | 3 |

由表 3 – 3 可知，对于九大类风险问题，在各种文件中均有所涉及，不过从出现的频次来看有一定差别，管理方面的问题提及次数最多，而绩效方面的问题提及次数相对较少。

在此基础上，笔者又查阅了与产业技术创新战略联盟风险有关的研究性文献。尽管近年来随着产业技术创新战略联盟建设热潮的兴起，对于联盟的研究文献日益增多，但直接与联盟风险因素识别有关的文献却仅有为数不多的几篇。其中在戴彬等人（2012）的《基于综合集成方法的产业技术创新战略联盟风险识别研究》和《产业技术创新战略联盟的灰色模糊综合评价模型》两篇文章中，提出了由绩效风险、关系风险和知识产权风险 3 个一级指标和 24 个二级指标构成的联盟风险指标体系；在刁志友等人（2012）的《我国产业技术创新战略联盟实践和风险管理研究》一文中，提出了以事先风险、事中风险、事后风险为框架的基于阶段性反馈的产业技术创新战略联盟风险模型；谢科范等人（2013）在《产业技术创新战略联盟理论与实践》一书中认为，联盟的风险主要包括战略伙伴选择失误带来的风险、联盟内成员冲突风险、联盟成员贡献不均导致的风险、联盟成员个体差异带来的风险以及外来风险。

根据词频分析以及对现有文献的研究，并结合前文对产业技术创新战略联盟特征及运行机理的分析，本书提出了包括 8 个风险类别、35 个具体风险因素在内的产业技术创新战略联盟风险因素体系初步框架，如表 3 – 4 所示。其中，8 个风险类别主要由联盟风险来源概念模型中的九类风险转化而来，但去掉了在文件频次统计中次数较少的"绩效问题"。而且从本质上分析，"绩效问题"与其他问题是因果关系，而不是并列关系。尽管在戴彬等人的文章中也设立了"绩效风险"这个一级指标，但观察其二级指标，主要是技术、市场、产业政策方面的指标，这些指标均可以纳入其他风险类别。风险因素则由风险类别展开而来，设定原则是尽可能全面地找出联盟所有的风险源。

表3-4　　　　产业技术创新战略联盟风险因素体系初步框架

| | 风险类别 | 风险因素 |
|---|---|---|
| 产业技术创新战略联盟风险因素体系框架 | 管理风险 | 合作伙伴选择失误 |
| | | 联盟组织架构设计不合理 |
| | | 盟约规范性与控制力不足 |
| | | 市场机遇识别不准 |
| | | 联盟任务配置不合理 |
| | | 联盟利益分配不合理 |
| | | 联盟协调能力不足 |
| | | 联盟追加投资能力不足 |
| | | 关键技术人才流失 |
| | 战略风险 | 联盟成员战略目标不一致 |
| | | 联盟缺乏长远战略规划 |
| | 合作风险 | 个体差异导致的文化冲突 |
| | | 联盟成员资源互补性不足 |
| | | 联盟成员投机主义行为 |
| | | 联盟成员间缺乏信任 |
| | | 联盟内知识共享不足 |
| | | 信息传递与沟通不足 |
| | 技术风险 | 技术不成熟 |
| | | 技术先进性不足 |
| | | 技术难度与复杂性较大 |
| | 政治与社会风险 | 相关扶持政策的变化 |
| | | 政府监管存在问题 |
| | | 社会动荡与不稳定 |
| | | 自然灾害 |
| | 财务风险 | 财政投入减弱 |
| | | 爆发全球或地区性金融危机 |
| | | 经济下滑 |
| | | 利率、汇率、股市波动等造成的融资困难 |
| | 市场风险 | 技术引进的冲击 |
| | | 市场需求波动 |
| | | 竞争对手实力增强 |
| | | 联盟成果的溢出效应 |
| | 知识产权风险 | 知识破损 |
| | | 知识泄露 |
| | | 知识被模仿 |

## 二　基于 Delphi 法的联盟风险因素体系框架优化

1. Delphi 法实施步骤

应用 Delphi 法对初步识别出的产业技术创新战略联盟风险因素进行评估，目的是通过对专家意见的咨询与汇总，使风险因素的识别及其分类得到进一步优化，使得风险因素体系框架的建立更加全面、科学、合理。本书 Delphi 专家意见调查的实施步骤如下：

（1）由分别来自高校、政府机构和企业，具有丰富的产业技术创新战略联盟研究、管理与实践经验的 15 位专家组成评估小组；

（2）设计第一轮专家意见调查表，请每一位专家对初步形成的联盟风险因素体系从重要程度和熟悉程度两个方面来评分。其中重要程度主要反映风险因素的重要性和设定的必要性，从"非常重要、比较重要、一般、不太重要、很不重要"五个等级来评价，各等级赋值依次为"5 分、4 分、3 分、2 分、1 分"。风险因素熟悉程度主要反映专家的权威程度，从"非常熟悉、比较熟悉、一般、不太熟悉、很不熟悉"五个等级来评价，各等级赋值依次为"1 分、0.8 分、0.5 分、0.2 分、0.1 分"。各位专家还可以对风险因素体系的设计提出自己的其他意见或建议（第一轮调查表详见附录 E）。

（3）第一轮调查结束后，对调查表的回收情况、调查结果进行统计分析，根据统计分析结果和专家的其他意见对风险因素设定及体系结构做适当调整，然后根据新的风险因素体系结构设计第二轮专家意见调查表，调查内容同样包括风险因素重要程度和熟悉程度两个方面，同时附上第一轮调查的统计分析结果以供专家参考（第二轮调查表详见附录 F）。

（4）第二轮调查结束后，对调查表的回收情况、调查结果进行统计分析，根据统计分析结果决定是否进行第三轮调查。如果风险因素得分平均值普遍较高、专家意见一致性也比较高，同时专家对因素设置基本没有其他意见，即不再进行第三轮调查。

2. Delphi 法实施过程及结果统计分析

（1）第一轮调查结果统计分析

第一轮调查发放调查表 15 份，回收 15 份，回收率为 100%。参加第一轮调查的专家基本情况统计如表 3 – 5 所示。

表 3 - 5 　　　　　　　　　　　专家基本情况统计

| 项目 | 分类 | 人数 | 比例（%） |
|------|------|------|----------|
| 机构类型 | 高校 | 6 | 40 |
| | 企业 | 5 | 33.3 |
| | 政府机构 | 4 | 26.7 |
| 职称 | 高级 | 11 | 73.3 |
| | 中级 | 4 | 26.7 |
| 年龄 | 35—50 岁 | 11 | 73.3 |
| | 50 岁以上 | 4 | 26.7 |
| 性别 | 男 | 9 | 60 |
| | 女 | 6 | 40 |

第一轮风险类别调查结果数据统计如表 3 - 6 所示，表 3 - 7 为第一轮风险类别调查数据应用 SPSS17.0 做 K 个相关样本的 Kendall 协同系数检验得到的结果。

表 3 - 6 　　　　　　　　风险类别第一轮专家意见调查数据统计

| | 最大值 | 最小值 | 中位数 | 四分位间距 | 均值 | 标准差 | 变异系数 | 满分频率 |
|---|------|------|------|------|------|------|------|------|
| 管理风险 | 5 | 4 | 5 | 0 | 4.9333 | 0.2582 | 0.0523 | 0.9333 |
| 战略风险 | 5 | 3 | 4 | 1 | 4.0667 | 0.4577 | 0.1126 | 0.1333 |
| 合作风险 | 5 | 4 | 5 | 0 | 4.8000 | 0.4140 | 0.0863 | 0.7333 |
| 技术风险 | 5 | 4 | 5 | 0 | 4.8000 | 0.4140 | 0.0863 | 0.8000 |
| 政治与社会风险 | 5 | 4 | 4 | 0.5 | 4.4000 | 0.5071 | 0.1152 | 0.4000 |
| 财务风险 | 5 | 4 | 5 | 1 | 4.6000 | 0.5071 | 0.1102 | 0.6000 |
| 市场风险 | 5 | 4 | 5 | 0 | 4.6667 | 0.4880 | 0.1046 | 0.6667 |
| 知识产权风险 | 5 | 3 | 4 | 0 | 4.1333 | 0.3519 | 0.0851 | 0.1333 |

表 3 - 7 　　　　　　　　风险类别第一轮调查数据检验统计量

| 检验统计量 | |
|---|---|
| N | 15 |
| Kendall W[a] | .256 |
| 卡方 | 26.924 |
| df | 7 |
| 渐近显著性 | .000 |

注：a. Kendall 协同系数。

从表 3 – 6 可以看出，风险类别中得分相对较低的为"战略风险"和"知识产权风险"两个大类。表 3 – 7 中的检验统计量则表明本轮调查 Kendall 协同系数为 0.256，显著性为 0.000 < 0.05，表明专家意见有较强的一致性。

第一轮风险因素调查结果数据统计如表 3 – 8 所示。表 3 – 9 为第一轮风险因素调查数据应用 SPSS17.0 做 K 个相关样本的 Kendall 协同系数检验得到的结果。

表 3 – 8　　　　　　　　风险因素第一轮专家意见调查数据统计

| 一级指标 | 二级指标 | 最大值 | 最小值 | 中位数 | 四分位间距 | 均值 | 标准差 | 变异系数 | 满分频率 |
|---|---|---|---|---|---|---|---|---|---|
| 管理风险 | 合作伙伴选择失误 | 5 | 4 | 5 | 0 | 4.8667 | 0.4000 | 0.0822 | 0.87 |
| | 联盟组织架构设计不合理 | 5 | 4 | 5 | 0 | 4.8000 | 0.4140 | 0.0863 | 0.80 |
| | 盟约规范性与控制力不足 | 5 | 3 | 5 | 1 | 4.5333 | 0.6399 | 0.1412 | 0.60 |
| | 市场机遇识别不准 | 5 | 4 | 5 | 1 | 4.6667 | 0.4880 | 0.1046 | 0.67 |
| | 联盟任务配置不合理 | 5 | 4 | 4 | 1 | 4.4667 | 0.5164 | 0.1156 | 0.47 |
| | 联盟利益分配不合理 | 5 | 3 | 5 | 1 | 4.4667 | 0.6399 | 0.1433 | 0.53 |
| | 联盟协调能力不足 | 5 | 3 | 4 | 1 | 4.4000 | 0.6325 | 0.1437 | 0.40 |
| | 联盟追加投资能力不足 | 5 | 4 | 5 | 1 | 4.6667 | 0.4880 | 0.1046 | 0.67 |
| | 关键技术人才流失 | 5 | 4 | 5 | 1 | 4.5333 | 0.5164 | 0.1139 | 0.53 |
| 战略风险 | 联盟成员战略目标不一致 | 5 | 3 | 5 | 1 | 4.3333 | 0.6399 | 0.1477 | 0.60 |
| | 联盟缺乏长远战略规划 | 5 | 3 | 4 | 1 | 4.1333 | 0.7432 | 0.1798 | 0.33 |
| 合作风险 | 个体差异导致的文化冲突 | 5 | 3 | 4 | 1 | 4.4000 | 0.6325 | 0.1437 | 0.47 |
| | 联盟成员资源互补性不足 | 5 | 3 | 5 | 1 | 4.6000 | 0.6325 | 0.1375 | 0.67 |
| | 联盟成员投机主义行为 | 5 | 3 | 4 | 1 | 4.4000 | 0.6325 | 0.1437 | 0.47 |
| | 联盟成员间缺乏信任 | 5 | 3 | 5 | 1 | 4.4000 | 0.7368 | 0.1675 | 0.53 |
| | 联盟内知识共享不足 | 5 | 3 | 4 | 1 | 4.3333 | 0.6172 | 0.1424 | 0.40 |
| | 信息传递与沟通不足 | 5 | 3 | 5 | 1 | 4.4667 | 0.6399 | 0.1433 | 0.53 |

续表

| 一级指标 | 二级指标 | 最大值 | 最小值 | 中位数 | 四分位间距 | 均值 | 标准差 | 变异系数 | 满分频率 |
|---|---|---|---|---|---|---|---|---|---|
| 技术风险 | 技术不成熟 | 5 | 3 | 4 | 1 | 4.3333 | 0.6172 | 0.1424 | 0.40 |
| | 技术先进性不足 | 5 | 3 | 5 | 1 | 4.5333 | 0.6399 | 0.1412 | 0.60 |
| | 技术难度与复杂性较大 | 5 | 3 | 4 | 1 | 4.4000 | 0.6325 | 0.1437 | 0.47 |
| 政治与社会风险 | 相关扶持政策的变化 | 5 | 3 | 5 | 1 | 4.4000 | 0.7368 | 0.1675 | 0.53 |
| | 政府监管存在问题 | 5 | 3 | 4 | 1 | 4.3333 | 0.6172 | 0.1424 | 0.40 |
| | 社会动荡与不稳定 | 4 | 3 | 4 | 1 | 3.8667 | 0.3519 | 0.0910 | 0.00 |
| | 自然灾害 | 4 | 3 | 4 | 0.5 | 3.7333 | 0.4577 | 0.1226 | 0.00 |
| 财务风险 | 财政投入减弱 | 5 | 3 | 5 | 1 | 4.5333 | 0.6399 | 0.1412 | 0.60 |
| | 爆发全球或地区性金融危机 | 5 | 4 | 4 | 1 | 4.4667 | 0.5164 | 0.1156 | 0.47 |
| | 经济下滑 | 5 | 3 | 4 | 0.5 | 4.1333 | 0.6399 | 0.1548 | 0.27 |
| | 利率、汇率、股市波动等造成的融资困难 | 5 | 4 | 4 | 0.5 | 4.2000 | 0.5606 | 0.1335 | 0.27 |
| 市场风险 | 技术引进的冲击 | 5 | 3 | 5 | 1 | 4.5333 | 0.6399 | 0.1412 | 0.60 |
| | 市场需求波动 | 5 | 4 | 5 | 1 | 4.6000 | 0.5071 | 0.1102 | 0.60 |
| | 竞争对手实力增强 | 5 | 4 | 5 | 0 | 4.8000 | 0.4140 | 0.0863 | 0.80 |
| | 联盟成果的溢出效应 | 5 | 3 | 4 | 1 | 4.3333 | 0.7237 | 0.1670 | 0.53 |
| 知识产权风险 | 知识破损 | 4 | 2 | 3 | 0.5 | 2.8667 | 0.6399 | 0.2232 | 0.00 |
| | 知识泄露 | 5 | 4 | 5 | 1 | 4.6667 | 0.4880 | 0.1046 | 0.67 |
| | 知识被模仿 | 5 | 2 | 3 | 1 | 3.4000 | 0.7368 | 0.2167 | 0.07 |

**表 3 – 9　　　　　　　　风险因素第一轮调查数据检验统计量**

| 检验统计量 | |
|---|---|
| N | 15 |
| Kendall W[a] | .262 |
| 卡方 | 102.259 |
| df | 26 |
| 渐近显著性 | .000 |

注：a. Kendall 协同系数。

从表 3 – 8 可以看出，风险因素中得分低于 3.5 的为 "知识破损" 和 "知识被模仿" 两个因素。表 3 – 9 中的检验统计量则表明本轮调查 Kendall 协同系数为 0.262，显著性为 0.000 < 0.05，表明专家意见有较强的一致性。

（2）专家权威程度分析

专家权威系数 $Cr$ 的计算公式为：$Cr = (Ca + Cs)/2$。

式中，$Ca$ 代表专家对问题做出判断的依据，$Cs$ 代表专家对指标的熟悉程度。判断依据主要从专家的理论分析、实践经验、同行了解和专家直觉四个方面分大、中、小三个等级进行评分，量化表见表 3-10。专家判断依据一般以主观评价为主，专家熟悉程度则根据调查表中专家所填写的等级统计。

表 3 – 10                          专家指标判断依据量化表

| 判断依据 | 判断依据对专家判断的影响程度 | | |
|---|---|---|---|
| | 大 | 中 | 小 |
| 理论分析 | 0.3 | 0.2 | 0.1 |
| 实践经验 | 0.5 | 0.4 | 0.3 |
| 同行了解 | 0.1 | 0.1 | 0.1 |
| 专家直觉 | 0.1 | 0.1 | 0.1 |

参与本次 Delphi 专家意见调查的专家权威程度如表 3 – 11 所示。

表 3 – 11                          专家权威程度系数

| 专家编号 | 专家判断依据（$Ca$） | | | | 指标熟悉程度（$Cs$） | 专家权威程度系数 $Cr = (Ca + Cs)/2$ |
|---|---|---|---|---|---|---|
| | 理论分析 | 实践经验 | 同行了解 | 专家直觉 | | |
| 1 | 0.3 | 0.4 | 0.1 | 0.1 | 1.0 | 0.95 |
| 2 | 0.3 | 0.3 | 0.1 | 0.1 | 1.0 | 0.90 |
| 3 | 0.2 | 0.5 | 0.1 | 0.1 | 1.0 | 0.95 |
| 4 | 0.3 | 0.4 | 0.1 | 0.1 | 0.9 | 0.90 |
| 5 | 0.2 | 0.4 | 0.1 | 0.1 | 1.0 | 0.90 |
| 6 | 0.2 | 0.5 | 0.1 | 0.1 | 0.9 | 0.90 |
| 7 | 0.2 | 0.3 | 0.1 | 0.1 | 0.9 | 0.80 |
| 8 | 0.2 | 0.4 | 0.1 | 0.1 | 1.0 | 0.90 |

续表

| 专家编号 | 专家判断依据（$Ca$） | | | | 指标熟悉程度（$Cs$） | 专家权威程度系数 $Cr = (Ca + Cs)/2$ |
|---|---|---|---|---|---|---|
| | 理论分析 | 实践经验 | 同行了解 | 专家直觉 | | |
| 9 | 0.3 | 0.3 | 0.1 | 0.1 | 1.0 | 0.90 |
| 10 | 0.3 | 0.3 | 0.1 | 0.1 | 1.0 | 0.90 |
| 11 | 0.2 | 0.4 | 0.1 | 0.1 | 1.0 | 0.90 |
| 12 | 0.2 | 0.5 | 0.1 | 0.1 | 0.9 | 0.90 |
| 13 | 0.2 | 0.5 | 0.1 | 0.1 | 0.8 | 0.85 |
| 14 | 0.2 | 0.5 | 0.1 | 0.1 | 1.0 | 0.95 |
| 15 | 0.3 | 0.3 | 0.1 | 0.1 | 1.0 | 0.90 |

由表 3 - 11 可以看出，所邀请的专家权威程度系数均超过 0.8，大部分在 0.9 以上。一般认为专家权威程度大于或等于 0.7 即可以接受。

（3）根据第一轮调查结果对风险因素体系结构进行的调整

第一轮专家意见调查结果显示，对绝大多数风险类别以及风险因素的重要程度评分均较高，表明这些因素设定得到了专家的认可，而且每一个因素样本数据的变异系数处于一个较低水平，也表明了专家意见的离散度不大。但通过调查，也反映了风险因素体系中存在的一些问题，根据对第一轮专家意见调查数据的统计分析，对具体风险因素及体系结构做如下调整：

①风险因素中"知识破损"得分较低，可考虑去掉；风险因素"知识被模仿"得分也较低，同时与指标"知识泄露"内容有相近之处，可考虑合并为一个风险因素；再观察风险类别中的"知识产权风险"，得分并不很低，表明了其重要性，但该类别下面的风险因素却只剩下了"知识泄露"，因而可以考虑将"知识泄露"指标纳入"管理风险"类别下面，因为技术泄露也属于联盟内部知识产权管理问题，并将名称改为"技术泄露"，同时去掉"知识产权风险"这一风险类别。这样既考虑了联盟运行中知识产权风险的重要性，同时也使得风险因素的分类更加合理。

②在所有风险类别中，"战略风险"得分相对较低，而根据部分专家的意见，其下面的风险因素"联盟成员战略目标不一致"并非属于联盟本身的战略规划问题，而是联盟成员自身的问题，因此，可以将其纳入"合作风险"类别下面；而"战略风险"类别下面另一个风险因素"联盟

缺乏长远战略规划"则可以纳入"管理风险"类别下面,这样,可以去掉"战略风险"这个风险类别。

③根据部分专家的建议,将"财务风险"类别调整名称为"资金风险",表达更为准确。

(4)第二轮调查实施及结果统计分析

根据指标调整的情况设计第二轮调查表,并将第一轮调查数据的统计分析结果也同时附在调查表后供专家参考。第二轮调查发放调查表15份,回收15份,回收率为100%。由于是同一组专家,对专家基本情况及权威程度不再进行统计。

表3-12　　　　　　　　　风险类别专家意见第二轮数据统计

|  | 最大值 | 最小值 | 中位数 | 四分位间距 | 均值 | 标准差 | 变异系数 | 满分频率 |
|---|---|---|---|---|---|---|---|---|
| 管理风险 | 5 | 5 | 5 | 0.0000 | 5.0000 | 0.0000 | 0.0000 | 1.0000 |
| 合作风险 | 5 | 5 | 5 | 0.0000 | 5.0000 | 0.0000 | 0.0000 | 1.0000 |
| 技术风险 | 5 | 4 | 5 | 0.0000 | 4.9333 | 0.2582 | 0.0523 | 0.9333 |
| 政治与社会风险 | 5 | 4 | 4 | 0.0000 | 4.2667 | 0.4577 | 0.1073 | 0.2667 |
| 资金风险 | 5 | 4 | 5 | 0.0000 | 4.8000 | 0.4140 | 0.0863 | 0.8000 |
| 市场风险 | 5 | 4 | 5 | 0.0000 | 4.6667 | 0.4880 | 0.1046 | 0.6667 |

表3-13　　　　　　　　　风险类别第二轮调查数据检验统计量

| 检验统计量 | |
|---|---|
| N | 15 |
| Kendall W[a] | .587 |
| 卡方 | 44.000 |
| df | 5 |
| 渐近显著性 | .000 |

注:a. Kendall 协同系数。

表3-12为第二轮风险类别调查结果数据统计,表3-13为第二轮风险因素调查数据应用SPSS17.0做K个相关样本的Kendall协同系数检验得到的结果。

从表3-12可以看出,与第一轮相比,所有风险类别得分均有所提高,且变异系数有所降低、满分频率有所提高,表明集中度比第一轮有了一定提高。表 3 - 13 中的检验统计量则表明本轮调查 Kendall 协同系数为 0.587，显著性为 0.000 < 0.05，表明专家意见有较强的一致性。

表 3 - 14 风险因素第二轮专家意见数据统计

| 一级指标 | 二级指标 | 最大值 | 最小值 | 中位数 | 四分位间距 | 均值 | 标准差 | 变异系数 | 满分频率 |
|---|---|---|---|---|---|---|---|---|---|
| 管理风险 | 合作伙伴选择失误 | 5 | 4 | 5 | 0 | 4.8667 | 0.3519 | 0.0723 | 0.9333 |
| | 联盟缺乏长远战略规划 | 5 | 4 | 5 | 0.5 | 4.7333 | 0.4577 | 0.0967 | 0.7333 |
| | 联盟组织架构设计不合理 | 5 | 4 | 5 | 0 | 4.8667 | 0.3519 | 0.0723 | 0.8667 |
| | 盟约规范性与控制力不足 | 5 | 4 | 5 | 1 | 4.6667 | 0.4880 | 0.1046 | 0.6667 |
| | 市场机遇识别不准 | 5 | 4 | 5 | 0 | 4.8000 | 0.4140 | 0.0863 | 0.8000 |
| | 联盟任务配置不合理 | 5 | 4 | 5 | 1 | 4.6000 | 0.5071 | 0.1102 | 0.6000 |
| | 联盟利益分配不合理 | 5 | 4 | 5 | 0 | 5.0000 | 0.0000 | 0.0000 | 1.0000 |
| | 联盟协调能力不足 | 5 | 4 | 5 | 0 | 4.8000 | 0.4140 | 0.0863 | 0.8000 |
| | 联盟追加投资能力不足 | 5 | 4 | 5 | 1 | 4.6667 | 0.4880 | 0.1046 | 0.6667 |
| | 技术泄露 | 5 | 4 | 5 | 0.5 | 4.7333 | 0.4577 | 0.0967 | 0.7333 |
| | 关键技术人才流失 | 5 | 4 | 5 | 0 | 4.8667 | 0.3519 | 0.0723 | 0.8667 |
| 合作风险 | 联盟成员目标不一致 | 5 | 4 | 5 | 1 | 4.6000 | 0.5071 | 0.1102 | 0.6000 |
| | 个体差异导致的文化冲突 | 5 | 4 | 5 | 0.5 | 4.7333 | 0.4577 | 0.0967 | 0.7333 |
| | 联盟成员资源互补性不足 | 5 | 4 | 5 | 0 | 4.8667 | 0.3519 | 0.0723 | 0.8667 |
| | 联盟成员投机主义行为 | 5 | 4 | 5 | 0.5 | 4.7333 | 0.4577 | 0.0967 | 0.7333 |
| | 联盟成员间缺乏信任 | 5 | 4 | 5 | 1 | 4.5333 | 0.5164 | 0.1139 | 0.5333 |
| | 联盟内知识共享不足 | 5 | 4 | 5 | 1 | 4.6000 | 0.5071 | 0.1102 | 0.6000 |
| | 信息传递与沟通不足 | 5 | 4 | 5 | 1 | 4.5333 | 0.5164 | 0.1139 | 0.5333 |

续表

| 一级指标 | 二级指标 | 最大值 | 最小值 | 中位数 | 四分位间距 | 均值 | 标准差 | 变异系数 | 满分频率 |
|---|---|---|---|---|---|---|---|---|---|
| 技术风险 | 技术不成熟 | 5 | 4 | 5 | 1 | 4.6000 | 0.5071 | 0.1102 | 0.6000 |
| | 技术先进性不足 | 5 | 4 | 5 | 1 | 4.5333 | 0.5164 | 0.1139 | 0.5333 |
| | 技术难度与复杂性较大 | 5 | 4 | 5 | 1 | 4.5333 | 0.5164 | 0.1139 | 0.5333 |
| 政治与社会风险 | 相关扶持政策的变化 | 5 | 4 | 5 | 0 | 4.9333 | 0.2582 | 0.0523 | 0.9333 |
| | 政府监管存在问题 | 5 | 4 | 5 | 1 | 4.6000 | 0.5071 | 0.1102 | 0.6000 |
| | 社会动荡与不稳定 | 5 | 4 | 4 | 1 | 4.2000 | 0.4140 | 0.0986 | 0.2000 |
| | 自然灾害 | 5 | 3 | 4 | 1 | 4.0667 | 0.4577 | 0.1126 | 0.1333 |
| 资金风险 | 财政投入减弱 | 5 | 5 | 5 | 0 | 5.0000 | 0.0000 | 0.0000 | 1.0000 |
| | 爆发全球或地区性金融危机 | 5 | 4 | 5 | 1 | 4.4667 | 0.5164 | 0.1156 | 0.47 |
| | 经济下滑 | 5 | 4 | 5 | 1 | 4.3333 | 0.4880 | 0.1126 | 0.3333 |
| | 利率、汇率、股市波动等造成的融资困难 | 5 | 4 | 5 | 1 | 4.2667 | 0.4577 | 0.1073 | 0.2667 |
| 市场风险 | 技术引进的冲击 | 5 | 4 | 5 | 1 | 4.6667 | 0.4880 | 0.1046 | 0.6667 |
| | 市场需求波动 | 5 | 4 | 5 | 0 | 4.8667 | 0.3519 | 0.0723 | 0.8667 |
| | 竞争对手实力增强 | 5 | 4 | 5 | 1 | 4.6000 | 0.5071 | 0.1102 | 0.6000 |
| | 联盟成果的溢出效应 | 5 | 3 | 5 | 1 | 4.4667 | 0.6399 | 0.1433 | 0.5333 |

表 3 - 15　　　　　　　风险因素第二轮调查数据检验统计量

| 检验统计量 | |
|---|---|
| N | 15 |
| Kendall Wᵃ | .305 |
| 卡方 | 98.617 |
| df | 32 |
| 渐近显著性 | .000 |

注：a. Kendall 协同系数。

表 3 - 14 为第二轮风险因素调查结果数据统计，表 3 - 15 为第二轮风

险因素调查数据应用 SPSS17.0 做 K 个相关样本的 Kendall 协同系数检验得
到的结果。

从表 3－14 可以看出，所有风险因素得分均较高，均在 4.0 以上，且
集中度比第一轮也有了一定提高。表 3－15 中的检验统计量则表明本轮调
查 Kendall 协同系数为 0.305，显著性为 0.000＜0.05，表明专家意见有较
强的一致性。

由于第二轮调查结果显示所有指标得分平均值普遍较高、专家意见的
集中度和一致性比较高，同时专家对风险因素设置也基本没有其他调整意
见，故不再进行第三轮调查。

# 第四节 产业技术创新战略联盟风险列表

## 一 产业技术创新战略联盟风险列表

根据上一节中对风险因素识别和优化的结果，确定管理风险、合作风
险、技术风险、政治与社会风险、资金风险、市场风险六大类风险共 33
个风险因素为产业技术创新战略联盟风险因素体系框架，再按照风险来源
将管理风险、合作风险、技术风险三类风险归入内生风险，将政治与社会
风险、资金风险、市场风险三类风险归入外生风险，由此形成了产业技术
创新战略联盟风险列表（如表 3－16 所示）。

## 二 产业技术创新战略联盟风险因素释义

对表 3－16 中 33 个风险因素的含义阐述如下：

1. 管理风险

管理风险包括以下 11 个风险因素：

合作伙伴选择失误（$D_{01}$）：选择合适的合作伙伴是联盟成功的前提。
如果联盟在组建之初没有对潜在合作伙伴的技术水平、核心能力、文化背
景、加盟动机等进行认真考察、识别与评价，选择了不能够提供或者不愿
意提供所需资源及能力的合作伙伴，就有可能导致联盟失败。

联盟缺乏长远战略规划（$D_{02}$）：产业技术创新战略联盟组建的目的是
建立企业、高校和研究机构之间的一种长期合作技术创新关系。如果联盟
对于自身未来发展缺乏长远的整体性战略规划，就会导致发展目标不清

晰，运行过程易受到外来因素干扰而偏离方向，注重短期效应而忽视长远发展，从而使联盟达不到预期绩效甚至失败解体。

表 3 – 16　　　　　　　产业技术创新战略联盟风险列表

| 目标层 | 准则层 | 类别层 | 因素层 |
|---|---|---|---|
| 产业技术创新战略联盟风险（A） | 内生风险（$B_1$） | 管理风险（$C_1$） | 合作伙伴选择失误（$D_{01}$） |
| | | | 联盟缺乏长远战略规划（$D_{02}$） |
| | | | 联盟组织架构设计不合理（$D_{03}$） |
| | | | 盟约规范性与控制力不足（$D_{04}$） |
| | | | 市场机遇识别不准（$D_{05}$） |
| | | | 联盟任务配置不合理（$D_{06}$） |
| | | | 联盟利益分配不合理（$D_{07}$） |
| | | | 联盟协调能力不足（$D_{08}$） |
| | | | 联盟追加投资能力不足（$D_{09}$） |
| | | | 技术泄露（$D_{10}$） |
| | | | 关键技术人才流失（$D_{11}$） |
| | | 合作风险（$C_2$） | 联盟成员目标不一致（$D_{12}$） |
| | | | 个体差异导致的文化冲突（$D_{13}$） |
| | | | 联盟成员资源互补性不足（$D_{14}$） |
| | | | 联盟成员投机主义行为（$D_{15}$） |
| | | | 联盟成员间缺乏信任（$D_{16}$） |
| | | | 知识共享不足（$D_{17}$） |
| | | | 信息传递与沟通不足（$D_{18}$） |
| | | 技术风险（$C_3$） | 技术不成熟（$D_{19}$） |
| | | | 技术先进性不足（$D_{20}$） |
| | | | 技术难度与复杂性（$D_{21}$） |
| | 外生风险（$B_2$） | 政治与社会风险（$C_4$） | 相关扶持政策的变化（$D_{22}$） |
| | | | 政府监管存在问题（$D_{23}$） |
| | | | 社会动荡与不稳定（$D_{24}$） |
| | | | 自然灾害（$D_{25}$） |
| | | 资金风险（$C_5$） | 财政投入减弱（$D_{26}$） |
| | | | 爆发全球或地区性金融危机（$D_{27}$） |
| | | | 经济下滑（$D_{28}$） |
| | | | 利率、汇率、股市波动等造成的融资困难（$D_{29}$） |
| | | 市场风险（$C_6$） | 技术引进的冲击（$D_{30}$） |
| | | | 市场需求波动（$D_{31}$） |
| | | | 竞争对手实力增强（$D_{32}$） |
| | | | 联盟成果的溢出效应（$D_{33}$） |

联盟组织架构设计不合理（$D_{03}$）：联盟的组织结构设计应确保对联盟的有效管理，在刚性和灵活性方面应达到一定均衡，以提高对环境变化的适应能力，否则将会给联盟运行带来风险。

盟约规范性与控制力不足（$D_{04}$）：联盟主要通过契约对合作伙伴的行为进行规范和约束。如果在契约中对合作内容、形式、任务与衔接关系等设计不合理，或者对合作伙伴的责权利界定不明确，以及对未来可能发生的风险预见不足等，都会弱化盟约的执行力，造成对联盟运行控制能力不足。

市场机遇识别不准（$D_{05}$）：准确的市场信息是联盟选择技术与产品开发方法及模式，安排技术创新活动时间进度，以及进行资源配置的依据，也决定了联盟能否准确抓住市场机遇。如果由于联盟市场信息收集和分析能力不足，导致市场机遇识别不准，就会使得联盟的研发活动面临巨大的市场风险。

联盟任务配置不合理（$D_{06}$）：对于以联盟名义获得的政府资助项目，如果在子课题划分、研究经费分配方式、经费分配数量、研究人员安排等方面不合理，就会导致联盟成员的矛盾与冲突，降低合作研发意愿与积极性，影响合作绩效目标的实现。

联盟利益分配不合理（$D_{07}$）：加入联盟的企业和机构，都期望通过合作创新获得比单独研发更大的收益。如果联盟成员实际所获得的利益低于自身预期，或者认为所获得的利益与自己所投入的资源、承担的责任与风险不相匹配，就会怀疑联盟的有效性，导致合作意愿降低，甚至选择退出联盟。

联盟协调能力不足（$D_{08}$）：由于联盟成员个体差异较大、利益和行动取向不尽相同，以及地理位置的分散性等因素，使联盟的协调工作面临诸多复杂性。如果联盟管理机构不具备强大的协调能力，会导致联盟效率低下，工作混乱，使联盟运行绩效受到影响。

联盟追加投资能力不足（$D_{09}$）：联盟内外部环境的变化可能会使合作技术创新活动成本提升，如贷款利率上调、研发过程出现技术困难、计划调整、人员变动等，这些因素都有可能导致研发成本高于预期。如果联盟追加投资能力较弱，就会导致资金紧张，使得研发活动可能无法按期完成或者失败。

技术泄露（$D_{10}$）：在合作创新过程中，联盟成员都贡献了自己的核心技术参与合作，如果由于对联盟成员的核心技术或知识产权保护不力，导致技术外泄，就会使联盟成员以及整个联盟都蒙受损失。

关键技术人才流失（$D_{11}$）：在合作过程中，联盟成员的技术骨干和关键技术人才会更加容易被合作伙伴以及联盟之外的竞争对手发现。对方可能以更高的薪资、更高的职位或者其他优惠条件将联盟中的关键技术人才挖走。人才的流失，不仅会导致联盟研发能力的迅速下降，而且可能会使一些技术诀窍随之流失。

2. 合作风险

合作风险包括以下七个风险因素：

联盟成员目标不一致（$D_{12}$）：在合作过程中如果联盟成员追求的目标不一致，而不同的目标之间又存在矛盾与冲突时，就会给联盟运行带来风险。例如有的企业加入联盟并不是以联盟成功给他们带来的共同利益为目标，而是利用联盟的技术平台去达到自己的目的，而这些成员在合作过程中就会有很强的利己倾向，使合作伙伴蒙受损失，联盟也达不到预期的目标。

个体差异导致的文化冲突（$D_{13}$）：联盟成员具有不同的文化背景，在经营理念、行为模式等方面客观上存在一定差异，如果在合作过程中由于彼此之间文化差异巨大，难以获得对方的认同或理解，就会造成摩擦与冲突。当这种文化冲突无法协调时，有些成员甚至会选择退出联盟，使联盟分解。

联盟成员资源互补性不足（$D_{14}$）：充分利用联盟伙伴成员在创新理念、技术优势、核心能力等方面资源的互补性，实现资源整合，提高技术创新活动效率，是组建联盟的根本原因之一。如果联盟成员资源互补性不强，就会失去合作的意义，并最终影响联盟的绩效。

联盟成员投机主义行为（$D_{15}$）：道德风险贯穿联盟整个生命周期。例如联盟成员为加入联盟提供虚假信息，在合作过程中不履行承诺，隐瞒技术，投资缩水，窃取合作伙伴技术机密，为追求自身利益损害其他伙伴利益以及联盟整体利益等。这些投机主义行为会给联盟运行带来极大风险。

联盟成员间缺乏信任（$D_{16}$）：成员之间彼此信任、精诚合作是联盟成功必不可少的条件之一。但由于联盟成员之间可能存在既合作又竞争关系，使得相互不信任、防备心理发生的概率增加，尤其是当一方出现投机行为时，将导致其他成员的猜测和报复，彼此不信任感愈加严重，联盟成员关系变得脆弱。信任危机的诱因之一是联盟成员投机行为的发生。

知识共享不足（$D_{17}$）：在合作创新过程中，知识能否实现有效共享取决于两个因素：一是知识发送方的能力与意愿，二是知识接收方的能力与动机。[①] 如果知识发送方基于自我保护考虑不愿或是不完全投入知识交流过程，或者知识接受者对新知识和技术的接受能力弱、接受动机不足，都会使得知识转移过程出现障碍，影响知识共享效果。

信息传递与沟通不足（$D_{18}$）：顺畅的沟通与充分的信息共享是联盟高效运行的必要保障。如果沟通渠道不通畅或者沟通积极性不足，会导致有关市场、技术、协作、任务安排等重要信息不能在联盟内部进行快速有效传递，从而延误研发活动进程，甚至造成重大损失。

3. 技术风险

技术风险包括以下三个风险因素：

技术不成熟（$D_{19}$）：联盟研发活动选择和采用的技术成熟度越高，就越容易取得成功；反之，技术成熟度越低，开发成功的风险也就越大。

技术先进性不足（$D_{20}$）：确保技术在行业内的先进性是联盟技术创新活动起步和持续发展的重要条件，如果在研发活动中采用的技术先进性不足，不仅可能导致技术创新活动的中止，而且即使有新技术和新产品开发出来，也有可能缺乏市场竞争力。

技术难度与复杂性（$D_{21}$）：由于技术的复杂性及难度导致研发失败，是技术创新活动固有的风险，联盟的合作技术创新活动也会面临这种不确定性。

4. 政治与社会风险

政治与社会风险包括以下四个风险因素：

相关扶持政策的变化（$D_{22}$）：企业、高校和科研机构是联盟主体，政府作为非联盟主体的参与者，也对联盟发展起着重要影响。其中激励和扶持政策制定是联盟构建与运行过程中政府的核心行为之一，包括奖惩激励制度，以及税收、土地、资源供给等优惠政策的制定等。如果这些扶持政策发生变化，联盟发展前景将面临许多不确定性。

政府监管存在问题（$D_{23}$）：地方政府承担着对联盟实施监管的职责，

---

① 翟云开、董芹芹：《基于合作创新的知识转移过程中的风险分析》，《武汉理工大学学报》2007 年第 3 期。

主要方式包括行政监管和利用科研计划项目发包者身份直接对联盟实施监管。如果政府监管过死，使联盟发展失去应有的自由度，或者由于实施监管的行政机构之间缺乏统一协调和管理，使得监管流于形式，缺乏针对性，都会对联盟发展产生不利影响。

社会动荡与不稳定（$D_{24}$）：可能出现的罢工、暴动、战争等引起社会混乱的因素，会给联盟带来损失，或者一些联盟成员在社会动荡的环境下出于自保考虑，可能会主动选择退出联盟，使得联盟解体。

自然灾害（$D_{25}$）：地震、火灾、洪涝、风暴、严重环境污染等不可抗力因素，都有导致联盟损失乃至完全终止的可能性。

5. 资金风险

资金风险包括以下四个风险因素：

财政投入减弱（$D_{26}$）：政府机构往往会通过向联盟提供由地方财政支持的科技计划项目来支持联盟的技术创新活动，财政资金是联盟生存和发展的资本基础。如果由于种种原因，财政投入对于联盟的支持力度减弱，会给联盟发展带来资金风险，甚至导致联盟的失败。

爆发全球或地区性金融危机（$D_{27}$）：全球或地区性金融危机的爆发，会阻断联盟融资渠道，致使维持联盟正常运转的资金链断裂。

经济下滑（$D_{28}$）：经济不景气将拉低市场信心，导致消费萎缩，需求下降，从而使生产萎缩，企业盈利能力降低，失业率增加，这些因素都使联盟发展面临风险。

利率、汇率、股市波动等造成的融资困难（$D_{29}$）：利率的不利变动会增加联盟资金借贷的成本，汇率的变动有可能会增加有外汇投资的联盟的债务负担，股市的大幅波动则会给以股票市场作为资金来源渠道的联盟带来融资困难。

6. 市场风险

合作风险包括以下四个风险因素：

技术引进的冲击（$D_{30}$）：由于引进技术更快捷、更经济、更易见效，联盟的自主研发活动也要注意预防国际先进技术引进所带来的冲击。

市场需求波动（$D_{31}$）：一些不可控因素可能引发市场需求迅速转移，使得新产品或新技术的实际需求低于预期，导致新产品或新技术生命周期过短，联盟收益降低。

竞争对手实力增强（$D_{32}$）：如果市场中同类产品或替代品的提供者掌

握了更为先进的技术，实力大为增强，会导致市场竞争更为激烈，使得联盟研发成果的获利能力大大减弱。

联盟成果的溢出效应（$D_{33}$）：当联盟共同研发的成果由于被联盟之外的其他企业模仿并从中获利，联盟成果就产生了溢出效应。联盟成果的溢出效应越强，其获利能力受到的影响就越大。如果联盟不能设立自身核心技术的模仿障碍，就会因溢出效应而蒙受损失。

## 第五节 风险因素在联盟生命周期不同阶段的分布

### 一 产业技术创新战略联盟的生命周期

产业技术创新战略联盟以市场需求为基础，其内外部环境一直是处于不断变化之中。联盟内部的企业在维系联盟关系的过程中，也会不断调整、更新，以适应环境的变化。联盟因需求而组建，也会因需求的变化而调整、重构或解体。也就是说，联盟也存在产生、发展、衰退、重建的过程，即它是具有生命周期的。

马萍等（2010）认为，联盟生命周期的演化可以分为构建期、稳定期、震荡期和瓦解重建期四个阶段;[1] 谢科范等（2013）提出了由初创期、成长发展期、成熟稳定期和震荡衰退期组成的联盟生命周期模型。[2]本书将联盟生命周期划分为初创期、成长期、成熟期和重构期四个阶段。

（1）初创期。在这一阶段，联盟组建的设想产生，并着手开始构建，联盟的战略目标逐渐清晰，企业开始寻找合作伙伴，准联盟成员开始相互接触，并可能会达成一些初步的协议，制定共同纲领。这一阶段工作的主要内容包括：联盟战略目标的确定、合作伙伴的选择、合作协议的缔结、收益分配与风险承担方案的制定、加入或推迟的程序规定等。

（2）成长期。这一阶段联盟成员的组成结构逐渐稳定，联盟的运行方式更加清晰，合作伙伴围绕共同目标开始合作开展技术创新活动，并逐渐有技术创新成果产生，联盟收益开始增长。经过一段时间的磨合，联盟

① 马萍、姜海峰:《供应链企业间战略联盟生命周期演化研究》,《沈阳工程学院学报》（社会科学版）2010 年第 3 期。

② 谢科范、赵湜、黄娟娟、郑彤彤:《产业技术创新战略联盟理论与实践》,知识产权出版社 2013 年版，第 6—8、80—82 页。

内企业之间的协同能力逐渐增强，信任程度提高，资源共享更加充分，合作内容和范围都不断扩大，并有可能吸引新的成员加入。

（3）成熟期。随着联盟的不断发展，联盟内部已经形成一套规范而完善的管理机制，联盟内部资金、人员、技术等资源得到最优的组合利用，联盟成员之间的关系通过契约、信任和利益联结变得更加紧密。经过不断地深入合作和知识交流共享，这一阶段有更多的成果产生，联盟的收益也达到最高。

（4）重构期。所有战略联盟的合作关系，都处于不断演进之中，最终形成自己独特的结局。当联盟发展到一定时期，内外部环境发生较大变化时，会打破原有的稳定均衡状态。有时是因为联盟已成功实现了所有预期目标，需要寻找新的目标和方向；有时是因为联盟内部矛盾激化，冲突难以协调；有时是因为部分成员在合作过程中由于自身实力增强，使得与其他成员之间力量对比发生变化，影响了固有的合作基础等等。此时，一些成员出于自身利益考虑会选择退出，使得联盟面临衰退乃至解体。但是，合作已经成为趋势，仍有部分成员会因为共同利益以某种方式继续保持合作关系，也不排除吸引一些新成员加入。此时，联盟的目标也会进行调整，以适应环境的新变化，从而进入了一个重构期。对于大量战略联盟动态演进路径的研究表明，除了始终保持原有合作的联盟（约占样本总数的31%）之外，自然终结的联盟仅占9%，其他的联盟均以其他不同形式保持着合作关系。

以上所阐述的是联盟生命周期演进的一般规律，也不排除有的联盟在成长期甚至初创期，由于种种因素的影响，不能按照一般规律依次经过生命周期的各个阶段，而是过早夭折、解体或者重构。

## 二　风险因素在联盟生命周期不同阶段的分布

产业技术创新战略联盟的风险因素，有的主要存在于联盟生命周期中的某一阶段，有的会跨越两到三个生命周期阶段存在，而有的风险因素则贯穿于联盟的整个生命周期。图3-2所示为风险因素在联盟生命周期不同阶段分布情况，其中横坐标代表生命周期的四个阶段，纵坐标代表联盟整体收益大小，曲线为联盟收益在生命周期不同阶段变化的情况。

如图中所示，主要存在于联盟初创期的风险因素有：合作伙伴选择失误、联盟缺乏长远战略规划、联盟组织架构不合理、市场机遇识别不准。

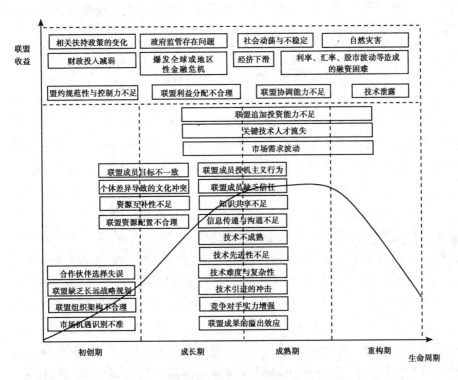

**图 3-2 风险因素在联盟生命周期不同阶段的分布**

跨越联盟初创期和成长期的风险因素有：联盟成员目标不一致、个体差异导致的文化冲突、资源互补性不足、联盟资源配置不合理。这些是联盟运行初期阶段较容易发生的风险因素。

跨越联盟成长期和成熟期的风险因素有：联盟成员投机主义行为、联盟成员缺乏信任、知识共享不足、信息传递与沟通不足、技术不成熟、技术先进性不足、技术难度与复杂性、技术引进的冲击、竞争对手实力增强、联盟成果的溢出效应。这些因素是在联盟整个运行阶段较容易发生的风险因素。

跨越成长期、成熟期和重构期三个阶段的风险因素有：联盟追加投资能力不足、关键技术人才流失、市场需求波动。这些因素不仅存在于联盟运行阶段，在联盟的解体重构过程中也同样会出现。

贯穿于联盟整个生命周期的风险因素主要是管理风险和政策、金融方面的外部风险，包括：相关扶持政策的变化、政府监管存在问题、社会动荡与不稳定、自然灾害、财政投入减弱、爆发全球或地区性金融危机、经济下滑、利率和汇率及股市波动等造成的融资困难、盟约规范性与控制力不足、联盟利益分配不合理、联盟协调能力不足、技术泄露。

# 第六节　本章小结

本章首先阐述了联盟风险管理的含义及其核心过程,接着重点针对风险管理核心过程的第一个环节——风险识别进行了系统研究。在阐述风险识别的过程和方法,并对各种风险分析方法的优点、局限性、能否提供定量结果以及使用范围等进行了比较分析的基础上,确定了本书采用的列表分析法与专家意见法相结合的风险识别方法。以联盟风险来源概念模型为依据,应用文献分析法,建立了产业技术创新战略联盟风险因素体系初步框架;应用两轮 Delphi 法,对联盟风险因素体系进行了优化,最终确立了由 6 个风险类别、33 个风险因素构成的联盟风险因素体系框架,并由此形成了以目标层、准则层、类别层、因素层为层次结构的产业技术创新战略联盟风险列表,即以联盟风险为目标层,以内生风险和外生风险为准则层,以管理风险、合作风险、政治与社会风险、资金风险、技术风险和市场风险为类别层,以 33 个风险因素为因素层的风险因素层次结构体系,并对每一个风险因素的内涵进行了阐述。在本章的最后,分析了产业技术创新战略联盟的生命周期以及风险因素在联盟生命周期不同阶段的分布。

# 第四章

# 产业技术创新战略联盟风险的
# 模糊综合评估

风险评估是产业技术创新战略联盟风险管理核心过程的第二个环节，评估目的是为风险应对措施的制定提供依据。本章以联盟风险列表为依据设计了联盟风险评估调查问卷，并构建了联盟风险评估模型；利用调查数据进行了实证分析，并对评估结果的数据分析方法进行了研究，为制定风险应对措施奠定了基础。

## 第一节 调查设计与数据检验

### 一 产业技术创新战略联盟风险调查问卷的设计

1. 问题的设计

评估问卷中的问题设置以产业技术创新战略联盟风险列表中的 33 个风险因素为依据，请被访问者依次对每一个风险因素的发生概率大小、后果严重程度、可控程度以及防控成本进行评估。问题答案采用封闭式，事先划定等级选项，请被访问者分别在上述四个方面的相应等级中做出选择。

2. 量表的设计

在联盟风险评估问卷的量表设计过程中，由于被访问者对每一个风险因素都要从四个方面做出等级评价，为了避免问题的回答过于烦琐，同时也考虑评估不能太粗略以获得所需要的信息，本书中的量表采用四个回应等级的形式。对于风险因素发生概率大小，评语集为｛很可能发生，可能发生，发生可能性较小，几乎没有可能发生｝四个等级，请被访问者从中进行选择；对于风险因素发生后果严重程度的评估，评语集为｛很严重后果，较为严重后果，较轻微后果，可忽略后果｝四个等级；对于风险因素的可控程度，评语集为｛完全不可控，控制可能性较小，控制可能性较大，完全可控｝四个等级；对于风险因素的防控，评语集则为｛防控成本很高，防控成本较高，防控成本较低，防控成本很低｝四个等级。

3. 问卷总体结构的设计

产业技术创新战略联盟风险评估问卷由以下几个部分组成：

介绍词。介绍词的作用在于使被访问者了解该项调查的目的和意义，以获得被访问者的配合与积极参与。介绍词中还应表明实施该项调查的人或组织的身份。

被访问者的基本情况。为了获得更为丰富的调查信息，同时便于问卷的统计分析，问卷要求被访问者填写自己的一些基本情况，如性别、年龄、职称、工作性质等。

填写问卷说明。对于问卷填写内容和填写方法的解释与说明。

问题。问题是问卷的核心部分，格式的设计尽可能做到简明清晰，便于被访问者填写。

附件。附件部分是关于各风险因素具体含义的详细说明，便于被访问者填写问卷时进行参考。

由于本书试图分别从专家角度和联盟成员角度对联盟风险进行评估，因此问卷共有两套，一套适用于专家填写，一套适用于联盟成员填写。两套问卷主体问题设计完全一致，仅在介绍词和被访问者的基本情况部分有所区别。问卷具体内容及格式详见附录 G 及附录 H。

## 二　问卷信度与效度检验

问卷检验的目的有二：一是检验问卷中所包含的问题设计的合理性。由于这些问题是由各风险因素转化而来，实质上这也是检验风险因素设置的合理性：如某一因素的设置是否必要、因素的分类是否得当等；二是检验问卷的可靠性和稳定性，即采用这样的问卷进行调查是否能得到令人信服的结果。对于前者，可以采用多元相关分析中的因子分析来进行检验；对于后者，可以采用信度检验。[①]

---

① 唐雯、陈爱祖：《顾客满意度测评中的问卷检验》，《数量统计与管理》2005 年第 1 期。

1. 问卷检验中的因子分析

统计分析理论认为，在相关的一组评估因素中，每个因素都是由公共因子和特殊因子决定的。因子分析，就是要找出一组因素的公共因子。

根据一些学者的观点，因子分析预调查样本数应至少不少于题项数，产业技术创新战略联盟风险评估问卷中题项数为33，调查样本数量为112，符合样本数量要求。

本书拟通过对产业技术创新战略联盟风险评估量表进行 KMO 检验和巴特利特球度检验，来考察风险因素之间的相关性，以判断该量表是否适合进行因子分析。

运用 SPSS Statistic 17.0 对产业技术创新战略联盟风险评估问卷进行 KMO 和巴特利特球度检验的结果如表4-1所示。

表4-1　　　　风险评估量表 KMO 和 Bartlett 球度检验结果

|  | 取样足够度的 Kaiser-Meyer-Olkin 度量 | .676 |
|---|---|---|
| Bartlett 的球度检验 | 近似卡方 | 1840.774 |
|  | df | 528 |
|  | Sig. | .000 |

从表中数据可知，KMO 值为0.676，介于0.6和0.7之间；巴特利特球度检验 $\chi^2$ 统计值的显著性概率是0.000，小于1%，应拒绝 $H_0$ 假设。KMO 和巴特利特球度检验结果均表明量表适合进行因子分析。

运用 SPSS Statistic 17.0 对产业技术创新战略联盟风险评估问卷作因子分析，选择主成分分析法（principal components）为因子抽取的方法，以相关性矩阵为基础进行分析，将特征值大于1作为提取因子的依据，因子旋转采用为最大方差正交旋转法。分析结果如表4-2和表4-3所示。

表4-2　　　　　　　　　总方差分解表

| 成分 | 初始特征值 | | | 提取平方和载入 | | | 旋转平方和载入 | | |
|---|---|---|---|---|---|---|---|---|---|
|  | 合计 | 方差的(%) | 累计(%) | 合计 | 方差的(%) | 累计(%) | 合计 | 方差的(%) | 累计(%) |
| 1 | 11.676 | 35.380 | 35.380 | 11.676 | 35.380 | 35.380 | 7.869 | 23.844 | 23.844 |
| 2 | 3.662 | 11.097 | 46.478 | 3.662 | 11.097 | 46.478 | 4.818 | 14.601 | 38.445 |

续表

| 成分 | 初始特征值 | | | 提取平方和载入 | | | 旋转平方和载入 | | |
|---|---|---|---|---|---|---|---|---|---|
| | 合计 | 方差的（%） | 累计（%） | 合计 | 方差的（%） | 累计（%） | 合计 | 方差的（%） | 累计（%） |
| 3 | 2.404 | 7.285 | 53.763 | 2.404 | 7.285 | 53.763 | 2.567 | 7.778 | 46.223 |
| 4 | 2.093 | 6.344 | 60.107 | 2.093 | 6.344 | 60.107 | 2.445 | 7.409 | 53.632 |
| 5 | 1.729 | 5.238 | 65.345 | 1.729 | 5.238 | 65.345 | 2.436 | 7.381 | 61.012 |
| 6 | 1.541 | 4.668 | 70.013 | 1.541 | 4.668 | 70.013 | 1.898 | 5.750 | 66.763 |
| 7 | 1.118 | 3.388 | 73.401 | 1.118 | 3.388 | 73.401 | 1.778 | 5.389 | 72.152 |
| 8 | 1.062 | 3.219 | 76.620 | 1.062 | 3.219 | 76.620 | 1.475 | 4.468 | 76.620 |
| 9 | .923 | 2.796 | 79.416 | | | | | | |
| 10 | .829 | 2.513 | 81.929 | | | | | | |
| 11 | .770 | 2.334 | 84.263 | | | | | | |
| 12 | .698 | 2.114 | 86.377 | | | | | | |
| 13 | .647 | 1.960 | 88.337 | | | | | | |
| 14 | .530 | 1.605 | 89.942 | | | | | | |
| 15 | .445 | 1.349 | 91.291 | | | | | | |
| 16 | .420 | 1.272 | 92.563 | | | | | | |
| 17 | .382 | 1.158 | 93.721 | | | | | | |
| 18 | .347 | 1.050 | 94.771 | | | | | | |
| 19 | .296 | .898 | 95.669 | | | | | | |
| 20 | .261 | .792 | 96.460 | | | | | | |
| 21 | .237 | .717 | 97.177 | | | | | | |
| 22 | .191 | .578 | 97.755 | | | | | | |
| 23 | .155 | .471 | 98.226 | | | | | | |
| 24 | .125 | .379 | 98.605 | | | | | | |
| 25 | .093 | .283 | 98.888 | | | | | | |
| 26 | .075 | .226 | 99.114 | | | | | | |
| 27 | .072 | .220 | 99.334 | | | | | | |
| 28 | .058 | .176 | 99.510 | | | | | | |
| 29 | .046 | .139 | 99.650 | | | | | | |
| 30 | .044 | .132 | 99.782 | | | | | | |
| 31 | .032 | .098 | 99.880 | | | | | | |
| 32 | .024 | .072 | 99.952 | | | | | | |
| 33 | .016 | .048 | 100.000 | | | | | | |

提取方法：主成分分析。

表 4 - 3　　　　　　　　　　　旋转后因子载荷矩阵[a]

| | 成分 | | | | | | | | 共同度 |
|---|---|---|---|---|---|---|---|---|---|
| | $f_1$ | $f_2$ | $f_3$ | $f_4$ | $f_5$ | $f_6$ | $f_7$ | $f_8$ | $h_i$ |
| 联盟成果的溢出效应 | .824 | .242 | -.144 | -.016 | .068 | .107 | .047 | .190 | 0.813 |
| 联盟追加投资能力不足 | .796 | .130 | .019 | .263 | .014 | .047 | .109 | -.134 | 0.752 |
| 竞争对手实力增强 | .764 | .059 | .008 | -.066 | .259 | .054 | -.218 | .142 | 0.729 |
| 技术泄露 | .751 | .077 | -.009 | -.106 | -.025 | .233 | .145 | .033 | 0.658 |
| 技术引进的冲击 | .734 | -.097 | .014 | .112 | .342 | -.066 | -.048 | .074 | 0.690 |
| 相关扶持政策的变化 | .717 | .033 | .040 | .350 | -.068 | .006 | .191 | .122 | 0.695 |
| 政府监管存在问题 | .709 | .333 | -.110 | .232 | .024 | .171 | .126 | .059 | 0.729 |
| 关键技术人才流失 | .667 | .152 | .393 | -.173 | .151 | -.003 | -.160 | -.070 | 0.706 |
| 市场需求波动 | .654 | .104 | .110 | .274 | -.041 | -.109 | .135 | .474 | 0.782 |
| 财政投入减弱 | .613 | .463 | .172 | .243 | .062 | .072 | .121 | .251 | 0.765 |
| 合作伙伴选择失误 | .581 | .107 | .512 | .065 | -.079 | -.129 | .129 | .131 | 0.672 |
| 联盟成员目标不一致 | .524 | .289 | .055 | .395 | .045 | .380 | .326 | .030 | 0.771 |
| 联盟成员间缺乏信任 | .161 | .839 | .144 | .136 | -.028 | -.014 | -.092 | .058 | 0.782 |
| 联盟内知识共享不足 | .100 | .805 | .116 | .133 | .295 | .258 | .194 | .039 | 0.882 |
| 信息传递与沟通不足 | .286 | .776 | -.105 | .211 | .115 | .291 | .009 | .146 | 0.859 |
| 联盟成员投机主义行为 | -.075 | .769 | .068 | .061 | .110 | -.071 | .094 | .285 | 0.713 |
| 联盟成员资源互补性不足 | .364 | .752 | .160 | .050 | .151 | -.102 | -.012 | -.278 | 0.837 |
| 个体差异导致的文化冲突 | .381 | .427 | -.283 | .271 | .375 | -.110 | -.268 | -.068 | 0.710 |
| 社会动荡与不稳定 | -.032 | .010 | .896 | .130 | .008 | .086 | .146 | -.035 | 0.851 |
| 自然灾害 | -.218 | .335 | .650 | -.106 | .480 | .065 | -.079 | .200 | 0.874 |
| 技术先进性不足 | .449 | .437 | .494 | -.019 | .149 | .180 | .207 | .009 | 0.734 |
| 联盟协调能力不足 | .070 | .395 | -.228 | .675 | .242 | .131 | .177 | -.088 | 0.783 |

续表

| | 成分 | | | | | | | | 共同度 |
|---|---|---|---|---|---|---|---|---|---|
| | $f_1$ | $f_2$ | $f_3$ | $f_4$ | $f_5$ | $f_6$ | $f_7$ | $f_8$ | $h_i$ |
| 联盟利益分配不合理 | -.046 | .141 | .240 | .625 | .503 | -.130 | -.040 | .175 | 0.772 |
| 联盟任务配置不合理 | .499 | .233 | .168 | .593 | .059 | .005 | .154 | .348 | 0.831 |
| 利率、汇率、股市波动等造成的融资困难 | .452 | .149 | .410 | .013 | .511 | -.022 | .157 | .004 | 0.681 |
| 经济下滑 | .129 | .120 | .117 | .266 | .821 | -.132 | .179 | -.035 | 0.840 |
| 爆发全球或地区性金融危机 | .259 | .315 | -.016 | -.015 | .747 | .191 | .237 | -.160 | 0.843 |
| 联盟组织架构设计不合理 | .512 | .180 | -.043 | .053 | -.024 | -.677 | .184 | -.068 | 0.797 |
| 技术难度与复杂性较大 | .431 | .243 | -.019 | -.118 | -.091 | .677 | .001 | .155 | 0.750 |
| 技术不成熟 | .429 | .179 | .248 | .273 | .013 | .610 | .083 | -.155 | 0.755 |
| 联盟缺乏长远战略规划 | .171 | -.122 | .243 | .080 | .068 | -.038 | .759 | .091 | 0.700 |
| 盟约规范性与控制力不足 | .007 | .351 | -.043 | .161 | .327 | -.012 | .683 | .053 | 0.727 |
| 市场机遇识别不准 | .367 | .209 | .031 | .059 | -.079 | .111 | .104 | .764 | 0.796 |

注：提取方法：主成分分析法。旋转法：最大方差正交旋转法。

a. 旋转在 16 次迭代后收敛。

表4-2为总方差分解表。从表中可以看出，大于1的特征根共有8个，因此取8个共同因子。这8个共同因子解释了总体方差的76.620%，即累计贡献率达到76.620%。

表4-3为旋转后的因子载荷矩阵，将表中同一列的因子负荷较大（用下划线标识）的因素归为一类，据此可以解释共同因子的含义。

$f_1$与$f_3$主要表示联盟成果的溢出效应、竞争对手实力增强、技术引进的冲击、社会动荡与不稳定、自然灾害等与联盟市场风险、政治与社会风险有关的因素；

$f_2$主要表示联盟成员间缺乏信任、联盟内知识共享不足等与联盟合作风险有关的因素；

$f_5$主要表示利率汇率股市波动等造成的融资困难、经济下滑、爆发全球或地区性金融危机等与联盟资金风险有关的因素；

$f_6$ 主要表示技术难度与复杂性较大、技术不成熟等与联盟技术风险有关的因素；

$f_4$、$f_7$ 和 $f_8$ 主要表示联盟协调能力不足、联盟利益分配不合理、联盟缺乏长远战略规划、盟约规范性与控制力不足等于联盟管理风险有关的因素。

表 4 – 3 最后一列为变量共同度，由因子载荷矩阵第 $i$ 行元素的平方和组成，记为：

$$h_i^2 = \sum_{j=1}^{m} a_{ij}, i = 1, 2, \cdots, k$$

$h_i^2$ 反映了全部公共因子对变量 $x_i$ 的影响，是公共因子对变量方差所作的贡献，也可以说是变量 $x_i$ 对公共因子的共同依赖度。$h_i^2$ 越接近于 1，表明变量 $x_i$ 的原始信息能被选取的公共因子解释的程度越高，也就是说用这些共同因子来解释该变量就越有效。一般来说，当共同度大于 0.4 时，共同因子就能很好地解释该变量（因素）了，共同度相对较小的根据经验可以剔除。表 4 – 3 同时显示，各变量（因素）的共同度都大于 0.4，说明问卷中设置的各因素对联盟风险的影响是显著的，每一因素的设置是有必要的。

2. 问卷的信度分析

一个量表的信度越高，说明量表越稳定，采用该量表测试或调查的结果就越可靠和有效。对态度量表常用的检验信度的方法为 L. J. Cronbach 所创的 $\alpha$ 系数，其公式为：

$$\alpha = \frac{K}{K-1}\left(1 - \frac{\sum S_i^2}{S^2}\right)$$

其中 $K$ 为量表所包括的总题数，$S^2$ 为测验量表总分的变异量，$S_i^2$ 为每个测验题项得分的变异量。

$\alpha$ 系数取值界于 0—1 之间。一般认为，$\alpha$ 系数值界于 0.65—0.70 间是最小可接受值，$\alpha$ 系数值界于 0.70—0.80 之间相当好，$\alpha$ 系数在 0.80 以上非常好。

应用 SPSS Statistic 17.0 所做的产业技术创新战略联盟风险评估量表总体信度分析和各类别风险评估信度分析结果如表 4 – 4 所示。由表中数据可知，量表总体的 Cronbach's Alpha 系数达到 0.937，表明量表总体具有很高的信度。对于各类别风险的评估所分别进行的信度分析结果显示，

Cronbach's Alpha 值均高于 0.65，多数高于 0.75；同时，删除某一项目后的 Cronbach's Alpha 值也没有太大波动。以上分析结果表明，量表具有较强的可靠性，各题项设置合理，不会影响量表总体信度，不需要进行剔除调整。

表4-4　　产业技术创新战略联盟风险评估量表信度分析结果

| 检验项目 | 变量（因素） | 删除对应项目后的 Cronbach's Alpha 值 | Cronbach's Alpha |
|---|---|---|---|
| 量表总体 | | | 0.937 |
| 管理风险（$C_1$） | 合作伙伴选择失误（$D_{01}$） | 0.849 | 0.866 |
| | 联盟缺乏长远战略规划（$D_{02}$） | 0.869 | |
| | 联盟组织架构设计不合理（$D_{03}$） | 0.863 | |
| | 盟约规范性与控制力不足（$D_{04}$） | 0.872 | |
| | 市场机遇识别不准（$D_{05}$） | 0.859 | |
| | 联盟任务配置不合理（$D_{06}$） | 0.843 | |
| | 联盟利益分配不合理（$D_{07}$） | 0.840 | |
| | 联盟协调能力不足（$D_{08}$） | 0.838 | |
| | 联盟追加投资能力不足（$D_{09}$） | 0.846 | |
| | 技术泄露（$D_{10}$） | 0.851 | |
| | 关键技术人才流失（$D_{11}$） | 0.858 | |
| 合作风险（$C_2$） | 联盟成员目标不一致（$D_{12}$） | 0.864 | 0.872 |
| | 个体差异导致的文化冲突（$D_{13}$） | 0.885 | |
| | 联盟成员资源互补性不足（$D_{14}$） | 0.846 | |
| | 联盟成员投机主义行为（$D_{15}$） | 0.865 | |
| | 联盟成员间缺乏信任（$D_{16}$） | 0.847 | |
| | 知识共享不足（$D_{17}$） | 0.829 | |
| | 信息传递与沟通不足（$D_{18}$） | 0.836 | |
| 技术风险（$C_3$） | 技术不成熟（$D_{19}$） | 0.667 | 0.763 |
| | 技术先进性不足（$D_{20}$） | 0.713 | |
| | 技术难度与复杂性（$D_{21}$） | 0.661 | |
| 政治与社会风险（$C_4$） | 相关扶持政策的变化（$D_{22}$） | 0.588 | 0.667 |
| | 政府监管存在问题（$D_{23}$） | 0.630 | |
| | 社会动荡与不稳定（$D_{24}$） | 0.668 | |
| | 自然灾害（$D_{25}$） | 0.723 | |

续表

| 检验项目 | 变量（因素） | 删除对应项目后的 Cronbach's Alpha 值 | Cronbach's Alpha |
|---|---|---|---|
| 量表总体 | | | 0.937 |
| 资金风险（$C_5$） | 财政投入减弱（$D_{26}$） | 0.736 | 0.759 |
| | 爆发全球或地区性金融危机（$D_{27}$） | 0.682 | |
| | 经济下滑（$D_{28}$） | 0.647 | |
| | 利率、汇率、股市波动等造成的融资困难（$D_{29}$） | 0.739 | |
| 市场风险（$C_6$） | 技术引进的冲击（$D_{30}$） | 0.625 | 0.705 |
| | 市场需求波动（$D_{31}$） | 0.826 | |
| | 竞争对手实力增强（$D_{32}$） | 0.617 | |
| | 联盟成果的溢出效应（$D_{33}$） | 0.609 | |

## 第二节　风险评估方法及模型构建

### 一　联盟风险评估方法的选择——熵权模糊综合评价法

1. 模糊综合评价法

产业技术创新战略联盟风险的评估属于典型多属性综合评价，即通过一定的综合评价函数，将多个评价因素值"合成"为一个整体性的综合评价值。可以用于"合成"的数学方法很多，关键在于要根据决策的需要和被评价系统的特点来选择较为合适的方法，所选择的方法必须有坚实的理论基础，能令人信服，同时必须能够正确地反映评价对象的性质并实现评价目的。[①]

产业技术创新战略联盟风险评估问卷中，针对每一个风险因素的属性，如发生概率、后果严重程度、可控程度以及防控成本等的评价主要依赖有关专家、学者以及联盟人员的主观评价，评语很难用精确的数学语言描述，具有较大的模糊性。因此，本书选择模糊综合评价法作为产业技术创新战略联盟风险评估的主要方法。

模糊综合评价是以模糊数学为基础，应用模糊关系合成的原理，将一

---

① 谈晓勇：《现代综合评价方法与案例精选》，http://wenku.baidu.com/view/e3522bfe0242a8956bece483.html，2005-09。

些不易定量的因素定量化，从多个因素对被评价事物隶属等级状况进行综合性评价的一种方法。其基本原理是：首先确定被评判对象的因素（指标）集和评价（等级）集；再分别确定各个因素的权重及它们的隶属度向量，获得模糊评价矩阵；最后把模糊评判矩阵与因素的权向量进行模糊运算并进行归一化，得到模糊综合评价结果。

模糊综合评价的步骤如下：

（1）建立评价指标。设评价对象有 $n$ 个因素，因素集用符号 $U$ 表示，即 $U = \{u_1, u_2, \cdots, u_n\}$，联盟风险评估问卷的因素共有 33 个，即 $n = 33$。

（2）建立评语集。设有 $k$ 个评价等级，$V = \{v_1, v_2, \cdots, v_k\}$ 为评语集。根据评价因素对风险概率、风险后果程度和可控程度产生的不同影响，可以设立不同的评语集。本书中，所有属性的评语均采用四等级制，即 $k = 4$。风险因素发生概率的评语集 $V_1 = \{$很可能发生，可能发生，发生可能性较小，几乎没有可能发生$\}$；风险因素发生后果严重程度的评语集 $V_2 = \{$很严重后果，较为严重后果，较轻微后果，可忽略后果$\}$；风险可控程度的评语集 $V_3 = \{$完全不可控，控制可能性较小，控制可能性较大，完全可控$\}$。

（3）建立隶属度矩阵。专家参照评价集 $V$ 对各因素进行评价，构造模糊映射 $f: u \to F(V)$，$F(V)$ 是 $V$ 上的模糊判断，得到从 $u$ 到 $V$ 的模糊关系矩阵 $R \in F(u \times V)$。它反映了各评价因子和评价等级之间的关系。设第 $l$ 个风险类别有 $m$ 个因素，则第 $l$ 个风险类别的隶属度矩阵为：

$$M_1 = \begin{bmatrix} r_{11} & r_{12} & \cdots & r_{1k} \\ r_{21} & r_{22} & \cdots & r_{2k} \\ \vdots & \vdots & \vdots & \vdots \\ r_{m1} & r_{m2} & \cdots & r_{mk} \end{bmatrix} = (r_{ij})_{m \times k}$$

（4）进行因素权重计算，得到各因素的权重矩阵，记为 $W_l$。

（5）进行单级模糊评价，分别得到每个因素相应的隶属度 $R_l = W_l \times M_l = (r_1, r_2, \cdots, r_k)$。

（6）考虑所有的因素，得到评价对象总体的隶属度矩阵 $R = [R_1, R_2, \cdots, R_n]^T$。

2. 赋权方法的选择——熵权法

在模糊综合评价过程中，需要对因素权重进行确定。本书采用熵权法来确定因素权重，从而克服了专家赋权的主观性。

熵的概念最先在 1864 年首先由克劳修斯提出，并应用在热力学中。后来在 1948 年由克劳德·艾尔伍德·香农第一次引入到信息论中来。按照信息论基本原理的解释，熵是系统无序程度的一个度量。因素的信息熵越小，该因素提供的信息量越大，在综合评价中所起作用理当越大，权重就应该越高。[①]

如果系统可能处于多种不同的状态（如 $k$ 种），而每种状态出现的概率为 $P_i$（$i = 1, 2, \cdots, k$）时，则该系统的熵就定义为：

$$E = -K \sum_{i=1}^{k} P_i \ln P_i, 0 \leqslant P_i \leqslant 1, \sum_{i=1}^{k} P_i = 1$$

其中，$K$ 为正常数。显然熵有极值性，当系统状态为等概率时，即 $P_i = 1/k$（$i = 1, 2, \cdots, k$）时，熵取得最大值，其最大值为 $E_{\max} = \ln k$。

对于根据专家评价结果得到的各因素隶属度矩阵，在某个因素的评价集中，各等级支持率 $r_{ij}$ 越接近，表明专家的评定结果较分散，此时熵值就会越大，则该因素在综合评价中起的作用越小，权重应越小。而各等级的支持率 $r_{ij}$ 之间的差距越大，熵值越小，则该因素在综合评价中所起的作用越大，权重也应越大。由于熵值越大时，该因素对风险评估的贡献越小，则各因素的权重可以由偏差度 $d_i = 1 - E_i$ 来度量。

## 二 联盟风险评估模型构建

根据风险的定义，风险的大小实质上是不利事件发生的概率和损失严重程度的函数。对于联盟而言，风险发生的概率越大、损失后果越严重，其风险也就越大。以往文献中对于某一对象风险量化评估的研究，也多从风险发生的概率和后果严重程度这两个方面来进行。

本书则认为，对联盟风险的评估，除了考虑上述两个方面之外，还应该将风险因素的可控程度和防控成本也考虑进去，以得到更为全面的评估结果。对风险因素的可控性进行评估，可以对联盟当前的风险状态以及可

---

① 朱顺泉：《基于熵值法与理想点法的上市公司财务状况分析的实证研究》，《统计与信息论坛》2004 年第 2 期。

能的防控效果有更为全面的认识；对于可控性较大的风险因素，应该重点
采取措施予以防控。而对风险因素防控成本的评估，则可以为防控策略的
制定提供参考。防控成本低而且后果影响较为严重的风险因素，是制定联
盟风险防控策略时需要重点考虑的对象。

用 $P$ （$0 \leqslant P \leqslant 1$）表示概率，用 $L$ （$0 \leqslant L \leqslant 1$）表示损失严重程度，下
标 $f$ 表示风险事件发生，下标 $s$ 代表风险事件未发生。显然有 $P_f = 1 - P_s$，
$L_f = 1 - L_s$，风险因子 $K_f$ 实际上是风险事件发生概率和其产生损失后果的
似然估计，因而有：

$$K_f = 1 - P_s L_s = 1 - (1 - P_f)(1 - L_f) = P_f + L_f - P_f L_f \text{①}$$

我们把通过上式计算出来的 $K_f$ 值称为联盟的绝对风险值。$K_f$ 越大，联
盟面临的绝对风险水平就越高。

再考虑风险因素的可控性。假设联盟风险的不可控系数为 $C$ （$0 \leqslant C \leqslant
1$，$C = 1$ 时为风险完全不可控，$C = 0$ 时为风险完全可控），令 $K_f' =
K_f \times C$，则 $K_f'$ 值我们称之为相对风险值。$K_f'$ 值是在绝对风险值 $K_f$ 的基
础上，考虑了风险因素的可控程度。当绝对风险值 $K_f$ 值确定时，$C$ 值越
大，表明联盟风险的不可控程度越大，相应地 $K_f'$ 值也就越大，联盟面
临的相对风险水平越高；反之亦然。

对联盟风险的评估，可以通过计算 $K_f$ 和 $K_f'$ 值的大小，对联盟的绝
对风险和相对风险等级进行评估，并通过比对两个方面的评估结果，对联
盟当前的风险状态以及可能的防控效果有更为全面的把握。

以上所阐述的产业技术创新战略联盟风险评估模型可以由图 4 – 1 来
表示。

本书对联盟风险进行评估的步骤是：

首先由专家给出联盟各风险因素发生概率、后果严重程度、可控程度
以及防控成本评价等级，接着采用模糊综合评价法得到概率隶属度矩阵
$R_p$、后果隶属度矩阵 $R_l$、可控程度隶属度矩阵 $R_c$ 和防控成本隶属度矩阵
$R_s$；并应用熵权法得到各因素的概率权向量 $A_p$、后果权向量 $A_l$ 和可控程度
权向量 $A_c$；最后利用公式 $P_f = A_p R_p B_p^T$、$L_f = A_l R_l B_l^T$、$C = A_c R_c B_c^T$ （$B_p^T$、
$B_l^T$ 和 $B_c^T$ 分别为评价集中各等级的权重）及 $K_f = P_f + L_f - P_f L_f$ 和 $K_f' =$

① 赵恒峰、邱菀华、王新哲：《风险因子的模糊综合评判法》，《系统工程理论与实践》
1997 年第 7 期。

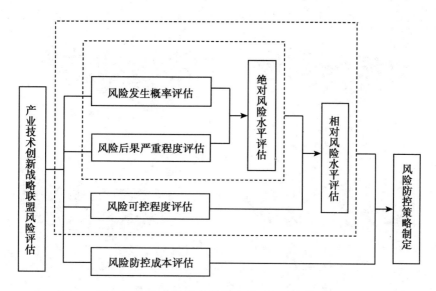

图 4 - 1　产业技术创新战略联盟风险评估模型

$K_f \times C$，计算绝对风险值和相对风险值，并根据风险值的大小对联盟风险水平进行判定。对于风险因素的防控成本，则在应用模糊综合评估法得到每一个风险因素的防控成本系数之后，在制定风险防控策略时予以考虑。风险因素防控成本系数的评估结果及应用将在本书第五章中做详细讨论。

# 第三节　风险评估实例分析

## 一　专家评估结果及分析

本书首先邀请了 15 位对产业技术创新战略联盟的组建、运作与管理有较为丰富经验的专家，从客观研究的角度对这样一种新型技术创新组织模式所存在的潜在风险进行评估。为了确保评估结果的代表性，所邀请的专家有 6 位来自高校，5 位来自研究机构，4 位来自政府科技部门，其所属机构性质、职称、职位层级和性别比例结构如图 4 - 2 所示。

各位专家根据表 4 - 5 中所列评语集，对各风险因素发生的概率、后果严重程度和可控程度进行评价。专家评价结果的统计数据如表 4 - 6 所示。

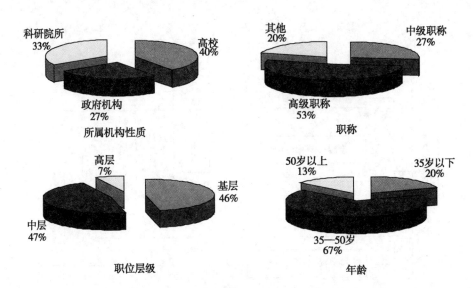

图 4-2    产业技术创新战略联盟风险评估专家组成员比例结构

表 4-5                                风险评估评语集

| 等级 | 发生概率等级 | | | | 后果严重程度等级 | | | | 可控程度等级 | | | |
|---|---|---|---|---|---|---|---|---|---|---|---|---|
|  | 一 | 二 | 三 | 四 | 一 | 二 | 三 | 四 | 一 | 二 | 三 | 四 |
| 描述 | 很可能发生 | 可能发生 | 发生可能性较小 | 几乎没有可能发生 | 很严重后果 | 较为严重后果 | 较轻微后果 | 可忽略后果 | 完全不可控 | 控制可能性较小 | 控制可能性较大 | 完全可控 |

表 4-6                                专家评价结果统计

| 因素 | 发生概率等级 | | | | 后果严重程度等级 | | | | 可控程度等级 | | | |
|---|---|---|---|---|---|---|---|---|---|---|---|---|
|  | 一 | 二 | 三 | 四 | 一 | 二 | 三 | 四 | 一 | 二 | 三 | 四 |
| $D_{01}$ | 1 | 9 | 5 | 0 | 5 | 6 | 4 | 0 | 0 | 1 | 13 | 1 |
| $D_{02}$ | 1 | 7 | 6 | 1 | 5 | 8 | 2 | 0 | 0 | 2 | 6 | 7 |
| $D_{03}$ | 2 | 7 | 6 | 0 | 0 | 6 | 9 | 0 | 0 | 1 | 9 | 5 |
| $D_{04}$ | 4 | 9 | 1 | 1 | 1 | 10 | 4 | 0 | 2 | 3 | 8 | 2 |
| $D_{05}$ | 3 | 10 | 1 | 1 | 5 | 7 | 3 | 0 | 0 | 8 | 7 | 0 |
| $D_{06}$ | 2 | 12 | 1 | 0 | 2 | 9 | 4 | 0 | 0 | 2 | 11 | 2 |
| $D_{07}$ | 6 | 8 | 1 | 0 | 5 | 6 | 4 | 0 | 0 | 4 | 9 | 2 |
| $D_{08}$ | 5 | 10 | 0 | 0 | 0 | 11 | 4 | 0 | 0 | 6 | 8 | 1 |
| $D_{09}$ | 4 | 10 | 1 | 0 | 2 | 8 | 5 | 0 | 0 | 5 | 9 | 1 |

续表

| 因素 | 发生概率等级 | | | | 后果严重程度等级 | | | | 可控程度等级 | | | |
|---|---|---|---|---|---|---|---|---|---|---|---|---|
| | 一 | 二 | 三 | 四 | 一 | 二 | 三 | 四 | 一 | 二 | 三 | 四 |
| $D_{10}$ | 6 | 4 | 5 | 0 | 8 | 4 | 3 | 0 | 0 | 7 | 7 | 1 |
| $D_{11}$ | 5 | 8 | 2 | 0 | 7 | 4 | 3 | 1 | 1 | 8 | 6 | 0 |
| $D_{12}$ | 7 | 7 | 0 | 1 | 5 | 7 | 3 | 0 | 2 | 6 | 7 | 0 |
| $D_{13}$ | 3 | 10 | 2 | 0 | 0 | 5 | 10 | 0 | 1 | 7 | 6 | 1 |
| $D_{14}$ | 5 | 9 | 1 | 0 | 1 | 3 | 11 | 0 | 0 | 5 | 7 | 3 |
| $D_{15}$ | 6 | 8 | 1 | 0 | 3 | 5 | 7 | 0 | 1 | 7 | 6 | 1 |
| $D_{16}$ | 6 | 8 | 1 | 0 | 3 | 9 | 3 | 0 | 0 | 8 | 6 | 1 |
| $D_{17}$ | 5 | 8 | 2 | 0 | 0 | 9 | 6 | 0 | 0 | 2 | 9 | 4 |
| $D_{18}$ | 4 | 9 | 2 | 0 | 2 | 7 | 5 | 1 | 0 | 1 | 10 | 4 |
| $D_{19}$ | 4 | 8 | 3 | 0 | 3 | 6 | 6 | 0 | 3 | 5 | 5 | 2 |
| $D_{20}$ | 4 | 8 | 3 | 0 | 2 | 6 | 7 | 0 | 1 | 8 | 4 | 2 |
| $D_{21}$ | 2 | 10 | 3 | 0 | 1 | 7 | 6 | 1 | 1 | 6 | 6 | 2 |
| $D_{22}$ | 6 | 4 | 5 | 0 | 2 | 8 | 5 | 0 | 6 | 5 | 2 | 2 |
| $D_{23}$ | 2 | 8 | 5 | 0 | 1 | 6 | 8 | 0 | 5 | 3 | 6 | 1 |
| $D_{24}$ | 0 | 3 | 5 | 7 | 6 | 2 | 3 | 4 | 11 | 1 | 1 | 2 |
| $D_{25}$ | 0 | 3 | 9 | 3 | 5 | 5 | 3 | 2 | 10 | 3 | 0 | 2 |
| $D_{26}$ | 6 | 8 | 1 | 0 | 2 | 7 | 5 | 1 | 3 | 6 | 5 | 1 |
| $D_{27}$ | 0 | 10 | 5 | 0 | 8 | 7 | 0 | 0 | 10 | 5 | 0 | 0 |
| $D_{28}$ | 2 | 10 | 3 | 0 | 4 | 8 | 3 | 0 | 8 | 6 | 1 | 0 |
| $D_{29}$ | 5 | 8 | 2 | 0 | 4 | 8 | 2 | 1 | 5 | 9 | 1 | 0 |
| $D_{30}$ | 4 | 8 | 3 | 0 | 3 | 9 | 3 | 0 | 2 | 8 | 4 | 1 |
| $D_{31}$ | 7 | 8 | 0 | 0 | 4 | 11 | 0 | 0 | 4 | 7 | 3 | 1 |
| $D_{32}$ | 5 | 9 | 1 | 0 | 0 | 10 | 5 | 0 | 5 | 6 | 4 | 0 |
| $D_{33}$ | 7 | 5 | 3 | 0 | 1 | 7 | 6 | 1 | 0 | 7 | 6 | 2 |

联盟风险的模糊综合评估步骤如下：

1. 类别层隶属度矩阵计算

首先计算"管理风险"的隶属度矩阵。

管理风险（$C_1$）下面共有 11 个因素，分别为 $D_{01}$、$D_{02}$、$D_{03}$、$D_{04}$、$D_{05}$、$D_{06}$、$D_{07}$、$D_{08}$、$D_{09}$、$D_{10}$ 和 $D_{11}$。将每个因素在概率、后果和可控程度各评价等级上获得的专家赞成数除以专家总数，即得到该因素不同概率等级、后果等级和可控程度等级的支持率，即可得到 $C_1$ 的概率隶属度矩阵 $R_{pC1(11\times4)}$、后果隶属度矩阵 $R_{lC1(11\times4)}$ 和可控程度隶属度矩阵 $R_{cC1(11\times4)}$：

$$R_{pC1} = \begin{bmatrix} 0.067 & 0.600 & 0.333 & 0.000 \\ 0.067 & 0.467 & 0.400 & 0.067 \\ 0.133 & 0.467 & 0.400 & 0.000 \\ 0.267 & 0.600 & 0.067 & 0.067 \\ 0.200 & 0.667 & 0.067 & 0.067 \\ 0.133 & 0.800 & 0.067 & 0.000 \\ 0.400 & 0.533 & 0.000 & 0.000 \\ 0.333 & 0.667 & 0.067 & 0.000 \\ 0.267 & 0.667 & 0.000 & 0.000 \\ 0.400 & 0.267 & 0.333 & 0.000 \\ 0.333 & 0.533 & 0.133 & 0.000 \end{bmatrix} \quad R_{lC1} = \begin{bmatrix} 0.333 & 0.400 & 0.267 & 0.000 \\ 0.333 & 0.533 & 0.133 & 0.000 \\ 0.000 & 0.400 & 0.600 & 0.000 \\ 0.067 & 0.667 & 0.267 & 0.000 \\ 0.333 & 0.467 & 0.200 & 0.000 \\ 0.133 & 0.600 & 0.267 & 0.000 \\ 0.333 & 0.400 & 0.267 & 0.000 \\ 0.000 & 0.733 & 0.267 & 0.000 \\ 0.133 & 0.533 & 0.333 & 0.000 \\ 0.533 & 0.267 & 0.200 & 0.000 \\ 0.467 & 0.267 & 0.200 & 0.067 \end{bmatrix}$$

$$R_{cC1} = \begin{bmatrix} 0.000 & 0.067 & 0.867 & 0.067 \\ 0.000 & 0.133 & 0.400 & 0.467 \\ 0.000 & 0.067 & 0.600 & 0.333 \\ 0.133 & 0.200 & 0.533 & 0.133 \\ 0.000 & 0.533 & 0.467 & 0.000 \\ 0.000 & 0.133 & 0.733 & 0.133 \\ 0.000 & 0.267 & 0.600 & 0.133 \\ 0.000 & 0.400 & 0.533 & 0.067 \\ 0.000 & 0.333 & 0.600 & 0.067 \\ 0.000 & 0.467 & 0.467 & 0.067 \\ 0.067 & 0.533 & 0.400 & 0.000 \end{bmatrix}$$

按照同样的方法可以得到合作风险（$C_2$）的概率隶属度矩阵 $R_{pC2(7\times4)}$、后果隶属度矩阵 $R_{lC2(7\times4)}$ 和可控程度隶属度矩阵 $R_{cC2(7\times4)}$：

$$R_{pC2} = \begin{bmatrix} 0.467 & 0.467 & 0.000 & 0.067 \\ 0.200 & 0.667 & 0.133 & 0.000 \\ 0.333 & 0.600 & 0.067 & 0.000 \\ 0.400 & 0.533 & 0.067 & 0.000 \\ 0.400 & 0.533 & 0.067 & 0.000 \\ 0.333 & 0.533 & 0.133 & 0.000 \\ 0.267 & 0.600 & 0.133 & 0.000 \end{bmatrix} \quad R_{lC2} = \begin{bmatrix} 0.333 & 0.467 & 0.200 & 0.000 \\ 0.000 & 0.333 & 0.667 & 0.000 \\ 0.067 & 0.200 & 0.733 & 0.000 \\ 0.200 & 0.333 & 0.467 & 0.000 \\ 0.200 & 0.600 & 0.200 & 0.000 \\ 0.000 & 0.600 & 0.400 & 0.000 \\ 0.133 & 0.467 & 0.333 & 0.067 \end{bmatrix}$$

$$R_{cC2} = \begin{bmatrix} 0.133 & 0.400 & 0.467 & 0.000 \\ 0.067 & 0.467 & 0.400 & 0.067 \\ 0.000 & 0.333 & 0.467 & 0.200 \\ 0.067 & 0.467 & 0.400 & 0.067 \\ 0.000 & 0.533 & 0.400 & 0.067 \\ 0.000 & 0.133 & 0.600 & 0.267 \\ 0.000 & 0.067 & 0.667 & 0.267 \end{bmatrix}$$

技术风险（$C_3$）的概率隶属度矩阵 $R_{pC3(3 \times 4)}$、后果隶属度矩阵 $R_{lC3(3 \times 4)}$ 和可控程度隶属度矩阵 $R_{cC3(3 \times 4)}$：

$$R_{pC3} = \begin{bmatrix} 0.267 & 0.533 & 0.200 & 0.000 \\ 0.267 & 0.533 & 0.200 & 0.000 \\ 0.133 & 0.667 & 0.200 & 0.000 \end{bmatrix} \quad R_{lC3} = \begin{bmatrix} 0.200 & 0.400 & 0.400 & 0.000 \\ 0.133 & 0.400 & 0.467 & 0.000 \\ 0.067 & 0.467 & 0.400 & 0.067 \end{bmatrix}$$

$$R_{cC3} = \begin{bmatrix} 0.200 & 0.333 & 0.333 & 0.133 \\ 0.067 & 0.533 & 0.267 & 0.133 \\ 0.067 & 0.400 & 0.400 & 0.133 \end{bmatrix}$$

政治与社会风险（$C_4$）的概率隶属度矩阵 $R_{pC4(4 \times 4)}$、后果隶属度矩阵 $R_{lC4(4 \times 4)}$ 和可控程度隶属度矩阵 $R_{cC4(4 \times 4)}$：

$$R_{pC4} = \begin{bmatrix} 0.400 & 0.267 & 0.333 & 0.000 \\ 0.133 & 0.533 & 0.333 & 0.000 \\ 0.000 & 0.200 & 0.333 & 0.467 \\ 0.000 & 0.200 & 0.600 & 0.200 \end{bmatrix} \quad R_{lC4} = \begin{bmatrix} 0.133 & 0.533 & 0.333 & 0.000 \\ 0.067 & 0.400 & 0.533 & 0.000 \\ 0.400 & 0.133 & 0.200 & 0.267 \\ 0.333 & 0.333 & 0.200 & 0.133 \end{bmatrix}$$

$$R_{cC4} = \begin{bmatrix} 0.400 & 0.333 & 0.133 & 0.133 \\ 0.333 & 0.200 & 0.400 & 0.067 \\ 0.733 & 0.067 & 0.067 & 0.133 \\ 0.667 & 0.200 & 0.000 & 0.133 \end{bmatrix}$$

资金风险（$C_5$）的概率隶属度矩阵 $R_{pC5(4\times4)}$、后果隶属度矩阵 $R_{lC5(4\times4)}$ 和可控程度隶属度矩阵 $R_{cC5(4\times4)}$：

$$R_{pC5} = \begin{bmatrix} 0.400 & 0.533 & 0.067 & 0.000 \\ 0.000 & 0.667 & 0.333 & 0.000 \\ 0.133 & 0.667 & 0.200 & 0.000 \\ 0.333 & 0.533 & 0.133 & 0.000 \end{bmatrix} \quad R_{lC5} = \begin{bmatrix} 0.133 & 0.467 & 0.333 & 0.067 \\ 0.533 & 0.467 & 0.000 & 0.000 \\ 0.267 & 0.533 & 0.200 & 0.000 \\ 0.267 & 0.533 & 0.133 & 0.067 \end{bmatrix}$$

$$R_{cC5} = \begin{bmatrix} 0.200 & 0.400 & 0.333 & 0.067 \\ 0.667 & 0.333 & 0.000 & 0.000 \\ 0.533 & 0.400 & 0.067 & 0.000 \\ 0.333 & 0.600 & 0.067 & 0.000 \end{bmatrix}$$

市场风险（$C_6$）的概率隶属度矩阵 $R_{pC6(4\times4)}$、后果隶属度矩阵 $R_{lC6(4\times4)}$ 和可控程度隶属度矩阵 $R_{cC6(4\times4)}$：

$$R_{pC6} = \begin{bmatrix} 0.267 & 0.533 & 0.200 & 0.000 \\ 0.467 & 0.533 & 0.000 & 0.000 \\ 0.333 & 0.600 & 0.067 & 0.000 \\ 0.467 & 0.333 & 0.200 & 0.000 \end{bmatrix} \quad R_{lC6} = \begin{bmatrix} 0.200 & 0.600 & 0.200 & 0.000 \\ 0.267 & 0.733 & 0.000 & 0.000 \\ 0.000 & 0.667 & 0.333 & 0.000 \\ 0.067 & 0.467 & 0.400 & 0.067 \end{bmatrix}$$

$$R_{cC6} = \begin{bmatrix} 0.133 & 0.533 & 0.267 & 0.067 \\ 0.267 & 0.467 & 0.200 & 0.067 \\ 0.333 & 0.400 & 0.267 & 0.000 \\ 0.000 & 0.467 & 0.400 & 0.133 \end{bmatrix}$$

2. 风险因素权系数计算

利用熵权法计算出来的隶属于各类别的风险因素权向量如下：

隶属于管理风险（$C_1$）的风险因素概率权向量 $A_{pC1}$、后果权向量 $A_{lC1}$ 和可控程度权向量 $A_{cC1}$ 分别为：

$A_{pC1} = \begin{bmatrix} 0.100 & 0.057 & 0.074 & 0.069 & 0.081 & 0.142 & 0.094 \\ 0.140 & 0.109 & 0.056 & 0.078 \end{bmatrix}$

$A_{lC1} = \begin{bmatrix} 0.062 & 0.085 & 0.146 & 0.119 & 0.070 & 0.094 & 0.062 \\ 0.165 & 0.085 & 0.077 & 0.036 \end{bmatrix}$

$A_{cC1} = \begin{bmatrix} 0.155 & 0.068 & 0.091 & 0.033 & 0.119 & 0.107 & 0.079 \\ 0.086 & 0.091 & 0.085 & 0.086 \end{bmatrix}$

隶属于合作风险（$C_2$）的风险因素概率权向量 $A_{pC2}$、后果权向量 $A_{lC2}$ 和可控程度权向量 $A_{cC2}$ 分别为：

$$A_{pC2} = \begin{bmatrix} 0.144 & 0.153 & 0.155 & 0.147 & 0.147 & 0.121 & 0.133 \end{bmatrix}$$

$$A_{lC2} = \begin{bmatrix} 0.099 & 0.217 & 0.190 & 0.099 & 0.126 & 0.207 & 0.062 \end{bmatrix}$$

$$A_{cC2} = \begin{bmatrix} 0.137 & 0.105 & 0.118 & 0.105 & 0.175 & 0.159 & 0.202 \end{bmatrix}$$

隶属于技术风险（$C_3$）的风险因素概率权向量 $A_{pC3}$、后果权向量 $A_{lC3}$ 和可控程度权向量 $A_{cC3}$ 分别为：

$$A_{pC3} = \begin{bmatrix} 0.294 & 0.294 & 0.412 \end{bmatrix}$$

$$A_{lC3} = \begin{bmatrix} 0.322 & 0.384 & 0.294 \end{bmatrix}$$

$$A_{cC3} = \begin{bmatrix} 0.123 & 0.482 & 0.395 \end{bmatrix}$$

隶属于政治与社会风险（$C_4$）的风险因素概率权向量 $A_{pC4}$、后果权向量 $A_{lC4}$ 和可控程度权向量 $A_{cC4}$ 分别为：

$$A_{pC4} = \begin{bmatrix} 0.201 & 0.278 & 0.229 & 0.292 \end{bmatrix}$$

$$A_{lC4} = \begin{bmatrix} 0.394 & 0.478 & 0.070 & 0.057 \end{bmatrix}$$

$$A_{cC4} = \begin{bmatrix} 0.086 & 0.113 & 0.402 & 0.399 \end{bmatrix}$$

隶属于资金风险（$C_5$）的风险因素概率权向量 $A_{pC5}$、后果权向量 $A_{lC5}$ 和可控程度权向量 $A_{cC5}$ 分别为：

$$A_{pC5} = \begin{bmatrix} 0.229 & 0.342 & 0.239 & 0.189 \end{bmatrix}$$

$$A_{lC5} = \begin{bmatrix} 0.139 & 0.454 & 0.245 & 0.162 \end{bmatrix}$$

$$A_{cC5} = \begin{bmatrix} 0.077 & 0.388 & 0.260 & 0.275 \end{bmatrix}$$

隶属于市场风险（$C_6$）的风险因素概率权向量 $A_{pC6}$、后果权向量 $A_{lC6}$ 和可控程度权向量 $A_{cC6}$ 分别为：

$$A_{pC6} = \begin{bmatrix} 0.193 & 0.358 & 0.274 & 0.175 \end{bmatrix}$$

$$A_{lC6} = \begin{bmatrix} 0.190 & 0.352 & 0.327 & 0.131 \end{bmatrix}$$

$$A_{cC6} = \begin{bmatrix} 0.222 & 0.156 & 0.269 & 0.354 \end{bmatrix}$$

3. 类别层评价向量的计算

管理风险（$C_1$）的概率评价向量 $r_{pC1}$、后果评价向量 $r_{lC1}$ 以及可控程度评价向量 $r_{cC1}$ 分别为：

$$r_{pC1} = A_{pC1} \times R_{pC1} = \begin{bmatrix} 0.236 & 0.603 & 0.148 & 0.014 \end{bmatrix}$$

$$r_{lC1} = A_{lC1} \times R_{lC1} = \begin{bmatrix} 0.182 & 0.518 & 0.297 & 0.002 \end{bmatrix}$$

$$r_{cC1} = A_{cC1} \times R_{cC1} = \begin{bmatrix} 0.010 & 0.281 & 0.590 & 0.119 \end{bmatrix}$$

合作风险（$C_2$）的概率评价向量 $r_{pC2}$、后果评价向量 $r_{lC2}$ 以及可控程度评价向量 $r_{cC2}$ 分别为：

$$r_{pC2} = A_{pC2} \times R_{pC2} = \begin{bmatrix} 0.343 & 0.563 & 0.084 & 0.010 \end{bmatrix}$$

$$r_{lC2} = A_{lC2} \times R_{lC2} = \begin{bmatrix} 0.099 & 0.418 & 0.479 & 0.004 \end{bmatrix}$$

$$r_{cC2} = A_{cC2} \times R_{cC2} = \begin{bmatrix} 0.032 & 0.320 & 0.503 & 0.145 \end{bmatrix}$$

技术风险（$C_3$）的概率评价向量 $r_{pC3}$、后果评价向量 $r_{lC2}$ 以及可控程度评价向量 $r_{cC3}$ 分别为：

$$r_{pC3} = A_{pC3} \times R_{pC3} = \begin{bmatrix} 0.212 & 0.588 & 0.200 & 0.000 \end{bmatrix}$$

$$r_{lC3} = A_{lC3} \times R_{lC3} = \begin{bmatrix} 0.135 & 0.420 & 0.426 & 0.020 \end{bmatrix}$$

$$r_{cC3} = A_{cC3} \times R_{cC3} = \begin{bmatrix} 0.083 & 0.456 & 0.327 & 0.133 \end{bmatrix}$$

政治与社会风险（$C_4$）的概率评价向量 $r_{pC4}$、后果评价向量 $r_{lC4}$ 以及可控程度评价向量 $r_{cC4}$ 分别为：

$$r_{pC4} = A_{pC4} \times R_{pC4} = \begin{bmatrix} 0.117 & 0.306 & 0.411 & 0.165 \end{bmatrix}$$

$$r_{lC4} = A_{lC4} \times R_{lC4} = \begin{bmatrix} 0.132 & 0.430 & 0.412 & 0.026 \end{bmatrix}$$

$$r_{cC4} = A_{cC4} \times R_{cC4} = \begin{bmatrix} 0.633 & 0.158 & 0.083 & 0.126 \end{bmatrix}$$

资金风险（$C_5$）的概率评价向量 $r_{pC5}$、后果评价向量 $r_{lC5}$ 以及可控程度评价向量 $r_{cC5}$ 分别为：

$$r_{pC5} = A_{pC5} \times R_{pC5} = \begin{bmatrix} 0.187 & 0.611 & 0.202 & 0.000 \end{bmatrix}$$

$$r_{lC5} = A_{lC5} \times R_{lC5} = \begin{bmatrix} 0.369 & 0.494 & 0.117 & 0.020 \end{bmatrix}$$

$$r_{cC5} = A_{cC5} \times R_{cC5} = \begin{bmatrix} 0.504 & 0.429 & 0.061 & 0.005 \end{bmatrix}$$

市场风险（$C_6$）的概率评价向量 $r_{pC6}$、后果评价向量 $r_{lC6}$ 以及可控程度评价向量 $r_{cC6}$ 分别为：

$$r_{pC6} = A_{pC6} \times R_{pC6} = \begin{bmatrix} 0.391 & 0.516 & 0.092 & 0.000 \end{bmatrix}$$

$$r_{lC6} = A_{lC6} \times R_{lC6} = \begin{bmatrix} 0.141 & 0.651 & 0.199 & 0.009 \end{bmatrix}$$

$$r_{cC6} = A_{cC6} \times R_{cC6} = \begin{bmatrix} 0.161 & 0.464 & 0.304 & 0.072 \end{bmatrix}$$

由此可以得到准则"内生风险"的概率隶属度矩阵为：

$$R_{pB1} = \begin{bmatrix} r_{pC1} \\ r_{pC2} \\ r_{pC3} \end{bmatrix} = \begin{bmatrix} 0.236 & 0.603 & 0.148 & 0.014 \\ 0.343 & 0.563 & 0.084 & 0.010 \\ 0.212 & 0.588 & 0.200 & 0.000 \end{bmatrix}$$

"内生风险"的后果隶属度矩阵为：

$$R_{lB1} = \begin{bmatrix} r_{lC1} \\ r_{lC2} \\ r_{lC3} \end{bmatrix} = \begin{bmatrix} 0.182 & 0.518 & 0.297 & 0.002 \\ 0.099 & 0.418 & 0.479 & 0.004 \\ 0.135 & 0.420 & 0.426 & 0.020 \end{bmatrix}$$

"内生风险"的可控程度隶属度矩阵为：

$$R_{cB1} = \begin{bmatrix} r_{cC1} \\ r_{cC2} \\ r_{cC3} \end{bmatrix} = \begin{bmatrix} 0.010 & 0.281 & 0.590 & 0.119 \\ 0.032 & 0.319 & 0.503 & 0.146 \\ 0.083 & 0.456 & 0.327 & 0.133 \end{bmatrix}$$

同样可以得到准则"外生风险"的概率隶属度矩阵为：

$$R_{pB2} = \begin{bmatrix} r_{pC4} \\ r_{pC5} \\ r_{pC6} \end{bmatrix} = \begin{bmatrix} 0.117 & 0.306 & 0.411 & 0.165 \\ 0.187 & 0.611 & 0.202 & 0.000 \\ 0.391 & 0.516 & 0.092 & 0.000 \end{bmatrix}$$

"外生风险"的后果隶属度矩阵为：

$$R_{lB2} = \begin{bmatrix} r_{lC4} \\ r_{lC5} \\ r_{lC6} \end{bmatrix} = \begin{bmatrix} 0.132 & 0.430 & 0.412 & 0.026 \\ 0.369 & 0.494 & 0.117 & 0.020 \\ 0.141 & 0.651 & 0.199 & 0.009 \end{bmatrix}$$

"外生风险"的可控程度隶属度矩阵为：

$$R_{cB2} = \begin{bmatrix} r_{cC4} \\ r_{cC5} \\ r_{cC6} \end{bmatrix} = \begin{bmatrix} 0.633 & 0.158 & 0.083 & 0.126 \\ 0.504 & 0.429 & 0.061 & 0.005 \\ 0.161 & 0.464 & 0.304 & 0.072 \end{bmatrix}$$

4. 类别层权系数计算

利用熵权法计算出来的隶属于准则层"内生风险"和"外生风险"的各类别风险权向量如下：

隶属于内生风险（$B_1$）的管理风险、合作风险和技术风险的概率权向量 $A_{pB1}$、后果权向量 $A_{lB1}$ 和可控程度权向量 $A_{cB1}$ 分别为：

$$A_{pB1} = \begin{bmatrix} 0.315 & 0.350 & 0.335 \end{bmatrix}$$
$$A_{lB1} = \begin{bmatrix} 0.331 & 0.384 & 0.285 \end{bmatrix}$$
$$A_{cB1} = \begin{bmatrix} 0.470 & 0.320 & 0.210 \end{bmatrix}$$

隶属于外生风险（$B_2$）的政治与社会风险、资金风险和市场风险的概率权向量 $A_{pB2}$、后果权向量 $A_{lB2}$ 和可控程度权向量 $A_{cB2}$ 分别为：

$$A_{pB2} = \begin{bmatrix} 0.108 & 0.441 & 0.451 \end{bmatrix}$$
$$A_{lB2} = \begin{bmatrix} 0.268 & 0.309 & 0.424 \end{bmatrix}$$
$$A_{cB2} = \begin{bmatrix} 0.337 & 0.479 & 0.184 \end{bmatrix}$$

5. 准则层评价向量的计算

内生风险（$B_1$）的概率评价向量 $r_{pB1}$、后果评价向量 $r_{lB1}$ 以及可控程度评价向量 $r_{cB1}$ 分别为：

$$r_{pB1} = A_{pB1} \times R_{pB1} = [\,0.265 \quad 0.584 \quad 0.143 \quad 0.008\,]$$
$$r_{lB1} = A_{lB1} \times R_{lB1} = [\,0.137 \quad 0.452 \quad 0.404 \quad 0.008\,]$$
$$r_{cB1} = A_{cB1} \times R_{cB1} = [\,0.033 \quad 0.330 \quad 0.507 \quad 0.130\,]$$

外生风险（$B_2$）的概率评价向量 $r_{pB2}$、后果评价向量 $r_{lB2}$ 以及可控程度评价向量 $r_{cB2}$ 分别为：

$$r_{pB2} = A_{pB2} \times R_{pB2} = [\,0.272 \quad 0.535 \quad 0.175 \quad 0.018\,]$$
$$r_{lB2} = A_{lB2} \times R_{lB2} = [\,0.209 \quad 0.544 \quad 0.231 \quad 0.017\,]$$
$$r_{cB2} = A_{cB2} \times R_{cB2} = [\,0.484 \quad 0.344 \quad 0.113 \quad 0.058\,]$$

则目标层联盟风险的概率隶属度矩阵 $R_p$、后果隶属度矩阵 $R_l$ 以及可控程度隶属度矩阵 $R_c$ 分别为：

$$R_p = \begin{bmatrix} r_{pB1} \\ r_{pB2} \end{bmatrix} = \begin{bmatrix} 0.265 & 0.584 & 0.143 & 0.008 \\ 0.272 & 0.535 & 0.175 & 0.018 \end{bmatrix}$$

$$R_l = \begin{bmatrix} r_{lB1} \\ r_{lB2} \end{bmatrix} = \begin{bmatrix} 0.137 & 0.452 & 0.404 & 0.008 \\ 0.209 & 0.544 & 0.231 & 0.017 \end{bmatrix}$$

$$R_c = \begin{bmatrix} r_{cB1} \\ r_{cB2} \end{bmatrix} = \begin{bmatrix} 0.033 & 0.330 & 0.507 & 0.130 \\ 0.484 & 0.344 & 0.113 & 0.058 \end{bmatrix}$$

6. 准则层熵权值计算

利用熵权法计算出来的准则层概率权向量 $A_p$、后果权向量 $A_l$ 和可控程度权向量 $A_c$ 分别为：

$$A_p = [\,0.558 \quad 0.442\,]; A_l = [\,0.522 \quad 0.478\,]; A_c = [\,0.539 \quad 0.461\,]$$

7. 目标层评价值计算

设评语集中各等级的权向量为：

$$B_p = B_l = B_c = [\,7/16 \quad 5/16 \quad 3/16 \quad 1/16\,]$$

则联盟发生风险的概率为：

$$P_f = A_p R_p B_p^T = [\,0.558 \quad 0.442\,] \times \begin{bmatrix} 0.265 & 0.584 & 0.143 & 0.008 \\ 0.272 & 0.535 & 0.175 & 0.018 \end{bmatrix} \times$$

$$\begin{bmatrix} 7/16 \\ 5/16 \\ 3/16 \\ 1/16 \end{bmatrix} = 0.323$$

联盟风险的后果影响程度为：

$$L_f = A_lR_lB_l^T = \begin{bmatrix} 0.522 & 0.478 \end{bmatrix} \times \begin{bmatrix} 0.137 & 0.452 & 0.404 & 0.008 \\ 0.209 & 0.544 & 0.231 & 0.017 \end{bmatrix} \times$$

$$\begin{bmatrix} 7/16 \\ 5/16 \\ 3/16 \\ 1/16 \end{bmatrix} = 0.291$$

由此可计算出联盟的绝对风险值为：

$$\begin{aligned} K_f &= 1 - P_sL_s \\ &= 1 - (1 - P_f)(1 - L_f) \\ &= P_f + L_f - P_fL_f \\ &= 0.323 + 0.291 - 0.323 * 0.291 \\ &= 0.520 \end{aligned}$$

根据本书的算法，$K_f$ 的精确取值范围为 0.1211 ~ 0.6836（当风险因素的概率评估和后果评估均为第四等级时为极小值，当风险因素概率评估和后果评估均为第一等级时为极大值）。为简便起见，可将 $K_f$ 取值范围划定为 0.1 ~ 0.7。当 $K_f \leqslant 0.3$ 时，风险水平较低；当 $0.3 < K_f \leqslant 0.5$ 时，风险水平为中等；当 $K_f > 0.5$ 时，风险水平较高。

根据本例中绝对风险值 $K_f$ 的计算结果，由于 $K_f = 0.520 > 0.5$，可知根据专家意见，联盟的绝对风险位于较高水平。

接下来考虑联盟风险的可控程度。不可控系数 C 为：

$$C = AcRcBc^T = \begin{bmatrix} 0.539 & 0.461 \end{bmatrix} \times \begin{bmatrix} 0.033 & 0.330 & 0.507 & 0.130 \\ 0.484 & 0.344 & 0.113 & 0.058 \end{bmatrix} \times$$

$$\begin{bmatrix} 7/16 \\ 5/16 \\ 3/16 \\ 1/16 \end{bmatrix} = 0.278$$

则有

$$K_f{'} = K_f \times C = 0.520 \times 0.278 = 0.145$$

由于 $K_f{'} < 0.3$，此时联盟的相对风险处于较低水平。以上分析结果表明，如果对一些可以防控的风险因素进行调整、改进或消除，则联盟的风险水平可以大大降低。

按照同样的方法，可以分别计算出准则层、类别层以及各风险因素的绝对风险值和相对风险值，如表 4 – 7、4 – 8 以及 4 – 9 所示。

由表 4 – 7 中数据可以看出，内生风险的绝对风险值为 0.513，外生风险的绝对风险值为 0.528，外生风险度略高于内生风险度。再考虑风险的可控程度，由于内生风险主要是联盟内部的因素引起的，可控程度相对较高，不可控系数为 0.221；而外生风险更多是外部环境因素所造成，可控程度较低，其不可控系数为 0.344，高于内生风险。经过不可控系数的修正，内生风险的相对风险值变为 0.113，降低幅度较大，而外生风险的相对风险值变为 0.182，二者有了较大的差距。

表 4 – 7　　　　　　　　准则层风险值表（专家意见）

| | 发生风险概率 | 后果严重程度 | 不可控系数 | 绝对风险值 | 相对风险值 |
|---|---|---|---|---|---|
| | $P_f$ | $L_f$ | $C$ | $K_f$ | $K_f' = K_f \times C$ |
| 内生风险 | 0.326 | 0.277 | 0.221 | 0.513 | 0.113 |
| 外生风险 | 0.320 | 0.306 | 0.344 | 0.528 | 0.182 |

表 4 – 8　　　　　　　　类别层风险值表（专家意见）

| | 发生风险概率 | 后果严重程度 | 不可控系数 | 绝对风险值 | 相对风险值 |
|---|---|---|---|---|---|
| | $P_f$ | $L_f$ | $C$ | $K_f$ | $K_f' = K_f \times C$ |
| 管理风险 | 0.320 | 0.298 | 0.210 | 0.523（3） | 0.110（6） |
| 合作风险 | 0.342 | 0.264 | 0.217 | 0.516（4） | 0.112（5） |
| 技术风险 | 0.314 | 0.271 | 0.249 | 0.500（5） | 0.124（4） |
| 政治与社会风险 | 0.234 | 0.271 | 0.350 | 0.442（6） | 0.155（2） |
| 资金风险 | 0.310 | 0.339 | 0.367 | 0.544（2） | 0.200（1） |
| 市场风险 | 0.350 | 0.303 | 0.277 | 0.547（1） | 0.152（3） |

表 4 – 8 所示为六个类风险评估的相关数据，括号中的数字代表排名情况。可以看出，在六大类风险中，绝对风险值排名前三位的分别是市场风险、资金风险和管理风险。考虑各类别风险的可控程度，并用不可控系数进行修正之后，相对风险值排名前三位的变为资金风险、政治与社会风险以及市场风险，这三类风险都属于外生风险，而隶属于内生风险的管理风险则排到了第六位。可见，在专家看来，在联盟运行过程中，尽管管理

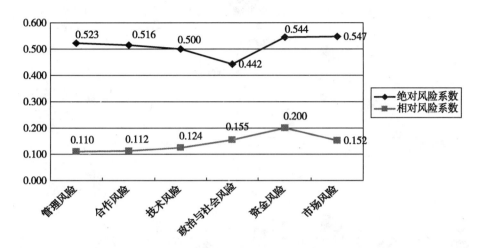

**图4-3　各类别风险的绝对风险值与相对风险值（专家意见）**

风险发生概率较高，后果较为严重，因而绝对风险相对较高，但如果采取一定措施进行改进和完善，管理问题给联盟运行带来的风险性是可以大大降低的。而外生风险由于不可控性较高，一旦出现，会给联盟运行带来较大的影响。图4-3为各类别风险的绝对风险值与相对风险值高低分布的折线图。

表4-9为因素层风险值的相关数据，图4-4为各风险因素绝对风险值与相对风险值高低分布图。从图表中数据可知，33个风险因素中，绝对风险值排名前5位的因素为：市场需求波动、联盟成员目标不一致、联盟利益分配不合理、技术泄露、联盟成员间缺乏信任（见表格中相关列加黑数字数据）。

考虑风险因素的可控程度之后，相对风险值排名前5位的因素变为：爆发全球或地区性金融危机、经济下滑、利率、汇率、股市波动等造成的融资困难、市场需求波动、竞争对手实力增强（见表格中相关列加黑数字数据），这5个风险因素全部都为外生风险，联盟对于这些风险因素的可控性相对较弱。

从表4-9中同时可以看出，可控程度由大到小（即不可控系数由小到大）排名前5位的因素为：联盟缺乏长远战略规划、联盟组织架构设计不合理、信息传递与沟通不足、知识共享不足、合作伙伴选择失误（见表格中相关列加黑数字数据）。

表 4 – 9　　　　　　　　　　因素层风险值表（专家意见）

| | 发生风险概率 | 后果严重程度 | 不可控系数 | 绝对风险系数 | 相对风险系数 |
|---|---|---|---|---|---|
| | $P_f$ | $L_f$ | $C$ | $K_f$ | $K_f' = K_f \times C$ |
| 合作伙伴选择失误 | 0.279 | 0.321 | **0.188** | 0.510 | 0.096 |
| 联盟缺乏长远战略规划 | 0.254 | 0.338 | **0.146** | 0.506 | 0.074 |
| 联盟组织架构设计不合理 | 0.279 | 0.238 | **0.154** | 0.451 | 0.069 |
| 盟约规范性与控制力不足 | 0.321 | 0.288 | 0.229 | 0.517 | 0.118 |
| 市场机遇识别不准 | 0.313 | 0.329 | 0.254 | 0.539 | 0.137 |
| 联盟任务配置不合理 | 0.321 | 0.296 | 0.188 | 0.522 | 0.098 |
| 联盟利益分配不合理 | 0.354 | 0.321 | 0.204 | **0.561** | 0.115 |
| 联盟协调能力不足 | 0.354 | 0.279 | 0.229 | 0.534 | 0.122 |
| 联盟追加投资能力不足 | 0.338 | 0.288 | 0.221 | 0.529 | 0.117 |
| 技术泄露 | 0.321 | 0.354 | 0.238 | **0.561** | 0.134 |
| 关键技术人才流失 | 0.338 | 0.329 | 0.271 | 0.556 | 0.151 |
| 联盟成员目标不一致 | 0.354 | 0.329 | 0.271 | **0.567** | 0.154 |
| 个体差异导致的文化冲突 | 0.321 | 0.229 | 0.254 | 0.476 | 0.121 |
| 联盟成员资源互补性不足 | 0.346 | 0.229 | 0.204 | 0.496 | 0.101 |
| 联盟成员投机主义行为 | 0.354 | 0.279 | 0.254 | 0.534 | 0.136 |
| 联盟成员间缺乏信任 | 0.354 | 0.313 | 0.246 | **0.556** | 0.137 |
| 知识共享不足 | 0.338 | 0.263 | **0.171** | 0.512 | 0.088 |
| 信息传递与沟通不足 | 0.329 | 0.271 | **0.163** | 0.511 | 0.083 |
| 技术不成熟 | 0.321 | 0.288 | 0.263 | 0.517 | 0.136 |
| 技术先进性不足 | 0.321 | 0.271 | 0.254 | 0.505 | 0.128 |
| 技术难度与复杂性 | 0.304 | 0.254 | 0.238 | 0.481 | 0.114 |
| 相关扶持政策的变化 | 0.321 | 0.288 | 0.313 | 0.517 | 0.162 |
| 政府监管存在问题 | 0.288 | 0.254 | 0.288 | 0.469 | 0.135 |
| 社会动荡与不稳定 | 0.154 | 0.271 | 0.363 | 0.383 | 0.139 |
| 自然灾害 | 0.188 | 0.296 | 0.363 | 0.428 | 0.155 |
| 财政投入减弱 | 0.354 | 0.271 | 0.279 | 0.529 | 0.148 |
| 爆发全球或地区性金融危机 | 0.271 | 0.379 | 0.396 | 0.547 | **0.217** |
| 经济下滑 | 0.304 | 0.321 | 0.371 | 0.527 | **0.196** |
| 利率、汇率、股市波动等造成的融资困难 | 0.338 | 0.313 | 0.346 | 0.545 | **0.189** |
| 技术引进的冲击 | 0.321 | 0.313 | 0.279 | 0.534 | 0.149 |
| 市场需求波动 | 0.371 | 0.346 | 0.304 | **0.589** | **0.179** |
| 竞争对手实力增强 | 0.346 | 0.271 | 0.321 | 0.523 | **0.168** |
| 联盟成果的溢出效应 | 0.346 | 0.254 | 0.229 | 0.512 | 0.117 |

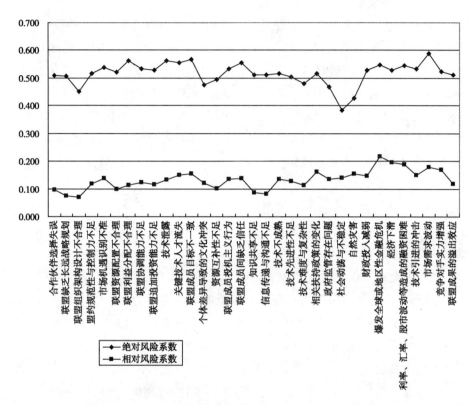

图 4－4　各风险因素绝对风险值与相对风险值（专家意见）

| | | 后果严重程度 | | | |
|---|---|---|---|---|---|
| | | 可忽略后果 | 较轻微后果 | 较为严重后果 | 很严重后果 |
| 发生概率 | 很可能发生 | 中 | 中 | 高 | 高 |
| | 可能发生 | 中 | 中 | 高 | 高 |
| | 发生可能性较小 | 低 | 低 | 中 | 中 |
| | 几乎没有可能发生 | 低 | 低 | 中 | 中 |

图 4－5　风险矩阵示意图

　　除了直接计算风险因素的风险值外，本书还利用风险矩阵来对风险因素的等级状态进行直观描述。风险矩阵通常是从发生概率和后果影响程度两个维度来描述风险因素，并根据风险因素在风险矩阵中所处的位置和风险等级，进行具体分析并制定防控措施。根据本书对风险因素发生概率和后果严重程度等级的划分，风险矩阵示意图如图 4-5 所示。图中深灰色阴影区域为高风险区，浅灰色阴影区域为中风险区，白色区域为低风险区。接下来需要确定风险因素发生概率四个等级的取值范围。根据本书对于风险因素风险值的算法，发生概率为"很可能发生"所对应的风险值为 0.4375（假设所有的被调查者对于某个风险因素发生概率的评估都是最高等级——很可能发生），这是对于风险因素发生概率进行评估所能得到的最大值，同理可以得到"可能发生"等级对应的风险值为 0.3125，"发生可能性较小"等级对应的风险值为 0.1875，"几乎没有可能发生"等级对应的风险值为 0.0625（该数值为风险因素发生概率评价所能得到的最小值）。以上述数值为基准，可以确定：

"很可能发生"等级的取值范围为：$0.375 < P_f \leq 0.4375$；

"可能发生"等级的取值范围为：$0.25 < P_f \leq 0.375$；

"发生可能性较小"等级的取值范围为：$0.125 < P_f \leq 0.25$；

"几乎没有可能发生"等级的取值范围为：$0.0625 \leq P_f \leq 0.125$。

同理可以确定后果严重程度四个等级的取值范围为：

"很严重后果"等级的取值范围为：$0.375 < L_f \leq 0.4375$；

"较为严重后果"等级的取值范围为：$0.25 < L_f \leq 0.375$；

"较轻微后果"等级的取值范围为：$0.125 < L_f \leq 0.25$；

"可忽略后果"等级的取值范围为：$0.0625 \leq L \leq 0.125$。

| | | 后果严重程度 | | | |
| --- | --- | --- | --- | --- | --- |
| | | 可忽略后果 $0.0625 \leq L_f \leq 0.125$ | 较轻微后果 $0.125 < L_f \leq 0.25$ | 较为严重后果 $0.25 < L_f \leq 0.375$ | 很严重后果 $0.375 < L_f \leq 0.4375$ |
| 发生概率 | 很可能发生 $0.375 < P_f \leq 0.4375$ | | | | |
| | 可能发生 $0.25 < P_f \leq 0.375$ | | 3 | 27 | 1 |
| | 发生可能性较小 $0.125 < P_f \leq 0.25$ | | | 2 | |
| | 几乎没有可能发生 $0.0625 \leq P_f \leq 0.125$ | | | | |

图 4 - 6　产业技术创新战略联盟风险矩阵（专家意见）

利用前文计算得到的联盟风险因素发生概率和后果严重程度评估值，可以绘制出产业技术创新战略联盟风险矩阵如图 4 - 6 所示。从图中可以看出，位于高风险区的风险因素达到 28 个，位于中等风险区的风险因素有 5 个，没有位于低风险区的风险因素。可见在专家看来，产业技术创新战略联盟这种技术创新组织形式面临的高风险因素较多，需要引起足够的关注。

## 二　联盟成员评估结果及分析

在专家意见调查的基础上，笔者走访了维生素联盟、抗生素联盟、长三角科学仪器联盟、高性能产业用纺织材料联盟等国内多家联盟的参与企业、大学和研究机构，邀请参与联盟实际运作的人员根据自己的了解与认识，对产业技术创新战略联盟运行过程中存在的潜在风险进行评估。调查共发放问卷150份，回收有效问卷112份，回收率为74.7%。图4-6为112份有效问卷的填写者所属机构性质、职称、联盟中从事的工作性质、年龄以及性别比例结构。

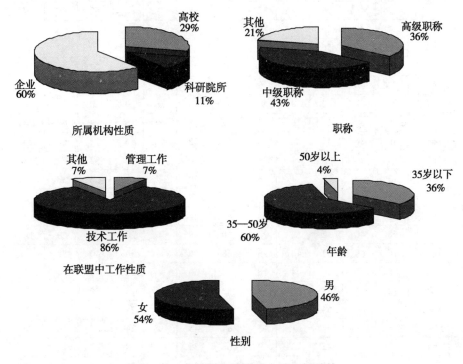

图4-7　参与调查的联盟人员比例结构

各位受访人员根据表4-5中所列评语集，对联盟各风险因素发生的概率、后果严重程度、可控程度及防控成本进行评价。前三项评价结果的统计数据如表4-10所示。

表 4 – 10　　　　　　　　　　　联盟成员评估结果统计

| 因素 | 发生概率等级 | | | | 后果严重程度等级 | | | | 可控程度等级 | | | |
|---|---|---|---|---|---|---|---|---|---|---|---|---|
| | 一 | 二 | 三 | 四 | 一 | 二 | 三 | 四 | 一 | 二 | 三 | 四 |
| $D_{01}$ | 28 | 36 | 40 | 8 | 4 | 64 | 40 | 4 | 0 | 28 | 72 | 12 |
| $D_{02}$ | 12 | 68 | 24 | 8 | 32 | 0 | 20 | 60 | 4 | 16 | 88 | 4 |
| $D_{03}$ | 0 | 36 | 76 | 0 | 4 | 48 | 40 | 20 | 0 | 12 | 84 | 16 |
| $D_{04}$ | 4 | 44 | 52 | 12 | 0 | 84 | 28 | 0 | 4 | 36 | 40 | 32 |
| $D_{05}$ | 12 | 76 | 16 | 8 | 36 | 60 | 12 | 4 | 0 | 36 | 76 | 0 |
| $D_{06}$ | 8 | 72 | 20 | 12 | 0 | 84 | 20 | 8 | 0 | 32 | 52 | 28 |
| $D_{07}$ | 32 | 48 | 24 | 8 | 8 | 52 | 48 | 4 | 0 | 36 | 40 | 36 |
| $D_{08}$ | 20 | 68 | 12 | 12 | 20 | 60 | 28 | 4 | 12 | 16 | 60 | 24 |
| $D_{09}$ | 44 | 48 | 12 | 8 | 20 | 64 | 24 | 4 | 20 | 28 | 44 | 20 |
| $D_{10}$ | 44 | 16 | 40 | 12 | 60 | 44 | 8 | 0 | 20 | 24 | 64 | 4 |
| $D_{11}$ | 40 | 48 | 20 | 4 | 32 | 72 | 8 | 0 | 0 | 52 | 60 | 0 |
| $D_{12}$ | 24 | 40 | 40 | 8 | 8 | 52 | 48 | 4 | 20 | 12 | 76 | 4 |
| $D_{13}$ | 8 | 32 | 56 | 16 | 4 | 20 | 76 | 12 | 0 | 8 | 92 | 12 |
| $D_{14}$ | 4 | 64 | 40 | 4 | 0 | 80 | 28 | 4 | 4 | 24 | 60 | 24 |
| $D_{15}$ | 20 | 40 | 20 | 32 | 0 | 44 | 68 | 0 | 0 | 48 | 48 | 16 |
| $D_{16}$ | 0 | 64 | 40 | 8 | 20 | 72 | 20 | 0 | 0 | 40 | 68 | 4 |
| $D_{17}$ | 28 | 32 | 16 | 36 | 4 | 32 | 68 | 8 | 16 | 12 | 60 | 24 |
| $D_{18}$ | 16 | 36 | 48 | 12 | 0 | 52 | 52 | 8 | 16 | 12 | 64 | 20 |
| $D_{19}$ | 24 | 36 | 48 | 4 | 28 | 40 | 36 | 8 | 0 | 32 | 52 | 28 |
| $D_{20}$ | 12 | 76 | 20 | 4 | 8 | 80 | 20 | 4 | 0 | 32 | 80 | 0 |
| $D_{21}$ | 32 | 32 | 48 | 0 | 32 | 0 | 56 | 24 | 16 | 28 | 68 | 0 |
| $D_{22}$ | 32 | 68 | 8 | 4 | 8 | 80 | 24 | 0 | 8 | 64 | 32 | 8 |
| $D_{23}$ | 28 | 40 | 32 | 12 | 20 | 40 | 48 | 4 | 20 | 60 | 20 | 12 |
| $D_{24}$ | 16 | 4 | 52 | 40 | 16 | 68 | 20 | 8 | 36 | 40 | 32 | 4 |
| $D_{25}$ | 8 | 16 | 44 | 44 | 16 | 32 | 60 | 4 | 28 | 48 | 24 | 12 |
| $D_{26}$ | 12 | 56 | 42 | 2 | 8 | 62 | 42 | 0 | 5 | 60 | 47 | 0 |
| $D_{27}$ | 8 | 36 | 64 | 4 | 12 | 72 | 28 | 0 | 24 | 84 | 4 | 0 |
| $D_{28}$ | 3 | 59 | 49 | 1 | 13 | 84 | 15 | 0 | 24 | 52 | 36 | 0 |
| $D_{29}$ | 7 | 58 | 45 | 2 | 9 | 68 | 35 | 0 | 8 | 92 | 12 | 0 |
| $D_{30}$ | 28 | 76 | 4 | 4 | 4 | 76 | 20 | 12 | 16 | 36 | 52 | 8 |
| $D_{31}$ | 12 | 52 | 48 | 0 | 0 | 44 | 64 | 4 | 4 | 36 | 72 | 0 |
| $D_{32}$ | 48 | 52 | 8 | 4 | 20 | 60 | 28 | 4 | 16 | 52 | 36 | 8 |
| $D_{33}$ | 44 | 40 | 28 | 0 | 16 | 84 | 8 | 4 | 16 | 28 | 60 | 8 |

由于联盟风险模糊综合评估计算步骤与专家评估完全一致，此处略去

具体计算过程，仅给出联盟成员评估的主要结果。

通过对风险评估原始数据的计算，联盟发生风险的概率为：

$$P_f = A_p R_p B_p^T = \begin{bmatrix} 0.450 & 0.550 \end{bmatrix} \times \begin{bmatrix} 0.128 & 0.476 & 0.337 & 0.059 \\ 0.189 & 0.454 & 0.308 & 0.024 \end{bmatrix} \times$$

$$\begin{bmatrix} 7/16 \\ 5/16 \\ 3/16 \\ 1/16 \end{bmatrix} = 0.278$$

联盟风险的后果严重程度为：

$$L_f = A_l R_l B_l^T = \begin{bmatrix} 0.394 & 0.606 \end{bmatrix} \times \begin{bmatrix} 0.099 & 0.485 & 0.355 & 0.061 \\ 0.094 & 0.583 & 0.269 & 0.023 \end{bmatrix} \times$$

$$\begin{bmatrix} 7/16 \\ 5/16 \\ 3/16 \\ 1/16 \end{bmatrix} = 0.271$$

由此可计算出联盟的绝对风险值为：

$$\begin{aligned} K_f &= 1 - P_s L_s \\ &= 1 - (1 - P_f)(1 - L_f) \\ &= P_f + L_f - P_f L_f \\ &= 0.278 + 0.271 - 0.278 \times 0.271 \\ &= 0.474 \end{aligned}$$

根据绝对风险值 $K_f$ 的计算结果，由于 $0.3 < K_f < 0.5$，可知在联盟成员看来，联盟的绝对风险位于中等水平。

接下来计算联盟风险的可控程度。

由于不可控系数 $C$ 为：

$$C = A_c R_c B_c^T = \begin{bmatrix} 0.545 & 0.455 \end{bmatrix} \times \begin{bmatrix} 0.040 & 0.247 & 0.628 & 0.085 \\ 0.109 & 0.539 & 0.322 & 0.029 \end{bmatrix} \times$$

$$\begin{bmatrix} 7/16 \\ 5/16 \\ 3/16 \\ 1/16 \end{bmatrix} = 0.245$$

则有

$$K_f' = K_f \times C = 0.474 \times 0.245 = 0.116$$

由于 $K_f' < 0.3$，此时联盟的相对风险处于较低水平。也就是说，如果对一些可以防控的风险因素进行调整、改进或消除，则联盟的风险水平可以大大降低。

准则层、类别层以及各风险因素的绝对风险值和相对风险值，如表 4-11、4-12 以及 4-13 所示。

表 4-11　　　　　　　　准则层风险值表（联盟成员评估）

|  | 发生风险概率 | 后果严重程度 | 不可控系数 | 绝对风险值 | 相对风险值 |
|---|---|---|---|---|---|
|  | $P_f$ | $L_f$ | $C$ | $K_f$ | $K_f' = K_f \times C$ |
| 内生风险 | 0.272 | 0.265 | 0.218 | 0.465 | 0.101 |
| 外生风险 | 0.283 | 0.284 | 0.278 | 0.487 | 0.135 |

由表 4-11 中数据可以看出，内生风险和外生风险的绝对风险值分别为 0.465 和 0.487。经过不可控系数的修正，内生风险的相对风险值变为 0.101，而外生风险的相对风险值变为 0.135，均有了较大程度的降低。相比而言，内生风险由于可控性相对较大，降低的程度更为明显。

表 4-12　　　　　　　　类别层风险值表（联盟成员评估）

|  | 发生风险概率 | 后果严重程度 | 不可控系数 | 绝对风险值 | 相对风险值 |
|---|---|---|---|---|---|
|  | $P_f$ | $L_f$ | $C$ | $K_f$ | $K_f' = K_f \times C$ |
| 管理风险 | 0.274 | 0.288 | 0.214 | 0.483 (2) | 0.103 (5) |
| 合作风险 | 0.252 | 0.250 | 0.212 | 0.439 (6) | 0.093 (6) |
| 技术风险 | 0.291 | 0.269 | 0.226 | 0.482 (3) | 0.109 (4) |
| 政治与社会风险 | 0.254 | 0.282 | 0.284 | 0.464 (5) | 0.132 (2) |
| 资金风险 | 0.260 | 0.292 | 0.297 | 0.476 (4) | 0.141 (1) |
| 市场风险 | 0.319 | 0.275 | 0.247 | 0.506 (1) | 0.125 (3) |

表 4-12 所示为各类别风险的相关数据，括号中的数字代表排名情况。可以看出，在六大类风险中，绝对风险值排名前三位的分别是市场风险、管理风险和技术风险。再考虑各类别风险的可控程度、并用不可控系数进行修正之后，相对风险值排名前三位的变为资金风险、政治与社会风险以及市场风险这三类外生风险，而隶属于内生风险的管理风险则排到了第五位。这个结果与专家意见调查的结果有很高的相似性，也揭示了外生风险控制的难度。

表 4 – 13　　　　　　　　因素层风险值表（联盟成员评估）

| | 发生风险概率 | 后果严重程度 | 不可控系数 | 绝对风险值 | 相对风险值 |
|---|---|---|---|---|---|
| | $P_f$ | $L_f$ | $C$ | $K_f$ | $K_f' = K_f \times C$ |
| 合作伙伴选择失误 | 0.281 | 0.263 | 0.205 | 0.470 | 0.096 |
| 联盟缺乏长远战略规划 | 0.281 | 0.192 | 0.210 | 0.419 | 0.088 |
| 联盟组织架构设计不合理 | 0.228 | 0.228 | **0.183** | 0.404 | 0.074 |
| 盟约规范性与控制力不足 | 0.232 | 0.281 | 0.201 | 0.448 | 0.090 |
| 市场机遇识别不准 | 0.290 | 0.330 | 0.228 | 0.524 | 0.120 |
| 联盟任务配置不合理 | 0.272 | 0.272 | **0.192** | 0.470 | 0.090 |
| 联盟利益分配不合理 | 0.304 | 0.259 | **0.188** | **0.542** | 0.102 |
| 联盟协调能力不足 | 0.295 | 0.295 | 0.205 | 0.503 | 0.103 |
| 联盟追加投资能力不足 | 0.330 | 0.299 | 0.241 | 0.530 | 0.128 |
| 技术泄露 | 0.290 | 0.371 | 0.254 | **0.553** | 0.140 |
| 关键技术人才流失 | 0.326 | 0.339 | 0.246 | **0.554** | 0.136 |
| 联盟成员目标不一致 | 0.277 | 0.259 | 0.241 | 0.464 | 0.112 |
| 个体差异导致的文化冲突 | 0.223 | 0.205 | **0.183** | 0.382 | 0.070 |
| 联盟成员资源互补性不足 | 0.263 | 0.272 | 0.196 | 0.463 | 0.091 |
| 联盟成员投机主义行为 | 0.241 | 0.237 | 0.223 | 0.421 | 0.094 |
| 联盟成员间缺乏信任 | 0.250 | 0.313 | 0.228 | 0.485 | 0.111 |
| 知识共享不足 | 0.246 | 0.223 | 0.210 | 0.414 | 0.087 |
| 信息传递与沟通不足 | 0.250 | 0.237 | 0.214 | 0.428 | 0.092 |
| 技术不成熟 | 0.277 | 0.286 | **0.192** | 0.484 | 0.093 |
| 技术先进性不足 | 0.295 | 0.290 | 0.223 | 0.499 | 0.111 |
| 技术难度与复杂性 | 0.295 | 0.232 | 0.254 | 0.459 | 0.116 |
| 相关扶持政策的变化 | 0.330 | 0.295 | 0.268 | 0.528 | **0.141** |
| 政府监管存在问题 | 0.281 | 0.272 | 0.286 | 0.477 | 0.136 |
| 社会动荡与不稳定 | 0.183 | 0.290 | 0.308 | 0.420 | 0.129 |
| 自然灾害 | 0.174 | 0.254 | 0.290 | 0.384 | 0.111 |
| 财政投入减弱 | 0.275 | 0.275 | 0.266 | 0.474 | 0.126 |
| 爆发全球或地区性金融危机 | 0.241 | 0.295 | 0.335 | 0.465 | **0.156** |
| 经济下滑 | 0.259 | 0.310 | 0.299 | 0.489 | **0.146** |
| 利率、汇率、股市波动等造成的融资困难 | 0.266 | 0.283 | 0.308 | 0.474 | **0.146** |
| 技术引进的冲击 | 0.330 | 0.268 | 0.254 | 0.510 | 0.129 |
| 市场需求波动 | 0.272 | 0.232 | 0.237 | 0.441 | 0.104 |
| 竞争对手实力增强 | 0.348 | 0.295 | 0.272 | **0.540** | **0.147** |
| 联盟成果的溢出效应 | 0.330 | 0.313 | 0.246 | **0.540** | 0.133 |

表4－13为因素层风险值的相关数据，从表中数据可知，33个风险因素中，绝对风险值由高到低排名前5位的因素为：关键技术人才流失、技术泄露、联盟利益分配不合理、竞争对手实力增强、联盟成果的溢出效应（见表格中相关列中加黑数字数据）。

考虑风险因素的可控程度之后，相对风险值由高到低排名前5位的因素变为：爆发全球或地区性金融危机、竞争对手实力增强、经济下滑、利率汇率股市波动等造成的融资困难以及相关扶持政策的变化（见表格中相关列中加黑数字数据），这5个风险因素均都为外生风险。

而可控程度排名前5位（不可控系数由小到大前5位）的因素为：联盟组织架构设计不合理、个体差异导致的文化冲突、联盟利益分配不合理、联盟任务配置不合理、技术不成熟（见表格中相关列中加黑数字数据）。

根据联盟成员风险因素评估结果绘制的风险矩阵如图4－8所示。可以看出，位于高风险区的风险因素有20个，位于中风险区的风险因素有8个，位于低风险区的风险因素有5个，高风险区的风险因素比例占到近60.6%。

| | | 后果严重程度 | | | |
|---|---|---|---|---|---|
| | | 可忽略后果 $0.0625 \leq L_f \leq 0.125$ | 较轻微后果 $0.125 < L_f \leq 0.25$ | 较为严重后果 $0.25 < L_f \leq 0.375$ | 很严重后果 $0.375 < L_f \leq 0.4375$ |
| 发生概率 | 很可能发生 $0.375 < P_f \leq 0.4375$ | | | | |
| | 可能发生 $0.25 < P_f \leq 0.375$ | | 3 | 20 | |
| | 发生可能性较小 $0.125 < P_f \leq 0.25$ | | 5 | 5 | |
| | 几乎没有可能发生 $0.0625 \leq P_f \leq 0.125$ | | | | |

图4－8　产业技术创新战略联盟风险矩阵（联盟成员）

## 三　专家与联盟成员评估结果比较分析

本书接下来将专家和联盟成员两个群体的评估结果放到一起进行比较分析。

表4－14为联盟风险总体水平总体评估结果的比较。可以看出，由专家评估得出的联盟绝对风险值和相对风险值都明显高于联盟成员评估的结

果，表明在对联盟风险水平的总体评估上，专家站在旁观者的角度，对联盟这种新型技术创新合作组织运行风险的评估相对悲观，而联盟内部成员则给出了一个相对乐观的判断。

表4-14　　　　　　　　　　联盟风险水平总体评估结果比较

|  | 绝对风险值 | 相对风险值 |
|---|---|---|
| 专家意见 | 0.520 | 0.145 |
| 联盟成员评估结果 | 0.474 | 0.116 |

表4-15联盟准则层风险评估结果的比较。表中数据显示，无论是站在专家的角度，还是在联盟的自身评估中，在不考虑风险因素可控程度的前提下，联盟的内生风险和外生风险几乎具有同等的水平，但从具体数据上，内生风险要略低于外生风险。但在考虑了风险因素的可控程度之后，内生风险由于具有较大的可控性，其风险程度与外生风险相比，降低的幅度较大。

表4-15　　　　　　　　　　联盟准则层风险评估结果比较

|  | 内生风险 | | 外生风险 | |
|---|---|---|---|---|
|  | 绝对风险值 | 相对风险值 | 绝对风险值 | 相对风险值 |
| 专家意见 | 0.513 | 0.113 | 0.528 | 0.182 |
| 联盟成员评估结果 | 0.465 | 0.101 | 0.487 | 0.135 |

表4-16和图4-9是类别层风险评估结果的比较。可以看出，在不考虑风险因素可控性的前提下，专家在联盟的管理风险、合作风险、资金风险和市场风险四个方面的评估都明显高于联盟成员。联盟成员在技术风险方面的评估与专家意见较为接近，只是略低，但在政治与社会风险方面的评估要高于专家意见。

表4-16　　　　　　　　　　类别层风险评估结果比较

|  | 管理风险 | | 合作风险 | | 技术风险 | | 政治与社会风险 | | 资金风险 | | 市场风险 | |
|---|---|---|---|---|---|---|---|---|---|---|---|---|
|  | 绝对风险 | 相对风险 | 绝对风险 | 相对风险 | 绝对风险 | 相对风险 | 绝对风险 | 相对风险 | 绝对风险 | 相对风险 | 绝对风险 | 相对风险 |
| 专家意见 | 0.523 | 0.110 | 0.516 | 0.112 | 0.500 | 0.124 | 0.442 | 0.155 | 0.544 | 0.200 | 0.547 | 0.152 |
| 联盟成员评估结果 | 0.483 | 0.103 | 0.439 | 0.093 | 0.482 | 0.109 | 0.464 | 0.132 | 0.476 | 0.141 | 0.506 | 0.125 |

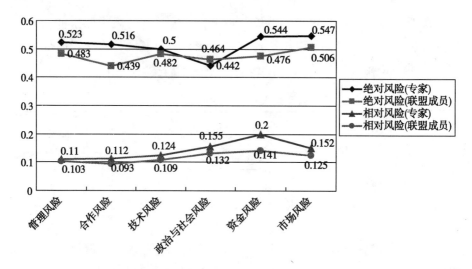

**图 4 - 9　类别层风险评估结果比较**

图 4 - 10 为因素层绝对风险和相对风险评估结果的比较。从图中联盟 33 个风险因素绝对风险值和相对风险值两组曲线的分布可以看出，专家和联盟成员对于联盟各风险因素风险值的评估尽管在每一个具体数值上有

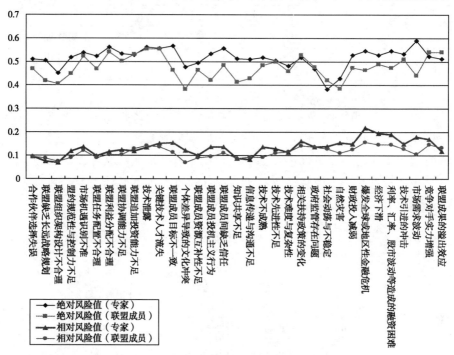

**图 4 - 10　风险因素绝对风险和相对风险评估结果比较**

所不同，但总体变化趋势基本一致。尤其是相对风险，曲线接近重合的部分较多，表明两个群体的评估结果有较大的一致性。

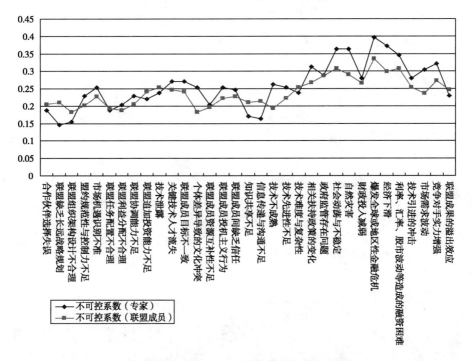

**图 4-11　风险因素可控程度评估结果比较**

图 4-11 为风险因素可控程度评估结果比较。对每一个风险因素可控性的评估，专家意见与联盟成员的观点虽有一定差异，但差距并不大。而且从变化趋势上看，曲线后半段均有所上升，表明无论是专家还是联盟成员，均认为外生因素的不可控性相对较大。

表 4-17 分别列出了专家、联盟成员在绝对风险、相对风险以及风险因素可控程度评估三个指标上排名前 5 位的因素。

在绝对风险评估排名前 5 位的风险因素中，相比而言，专家显然更关注联盟在合作方面的风险，如联盟成员目标不一致、联盟成员间缺乏信任等，而联盟成员则更关注人才流失、技术泄露以及竞争对手实力增强等因素。这或许是因为，尽管成员目标不一致、相互之间缺乏信任固然是影响联盟运行的重要风险因素，但联盟在实际组建过程中，目标不一致和相互之间不信任的成员不会加入进来，或者是即使初期进入联盟，但也不可能形成紧密的合作关系，因此在联盟的正常运作中，他们并不认为这两个因素会起到十分重要的影响作用。同时我们还可以看到，在绝对风险评估排名前5位的风险因素中，都出现了"联盟利益分配不合理"这一因素，表明这是一个公认的会影响联盟运行的重要风险因素。

表4–17　　联盟因素层风险评估结果比较（排名前5位的风险因素）

| | 专家意见 | 联盟成员评估 |
|---|---|---|
| 绝对风险 | 1. 市场需求波动<br>2. 联盟成员目标不一致<br>3. 联盟利益分配不合理<br>4. 技术泄露<br>5. 联盟成员间缺乏信任 | 1. 关键技术人才流失<br>2. 技术泄露<br>3. 联盟利益分配不合理<br>4. 竞争对手实力增强<br>5. 联盟成果的溢出效应 |
| 相对风险 | 1. 爆发全球或地区性金融危机<br>2. 经济下滑<br>3. 利率、汇率、股市波动等造成的融资困难<br>4. 市场需求波动<br>5. 竞争对手实力增强 | 1. 爆发全球或地区性金融危机<br>2. 竞争对手实力增强<br>3. 经济下滑<br>4. 利率、汇率、股市波动等造成的融资困难<br>5. 相关扶持政策的变化 |
| 可控程度 | 1. 联盟缺乏长远战略规划<br>2. 联盟组织架构设计不合理<br>3. 信息传递与沟通不足<br>4. 知识共享不足<br>5. 合作伙伴选择失误 | 1. 联盟组织架构设计不合理<br>2. 个体差异导致的文化冲突<br>3. 联盟利益分配不合理<br>4. 联盟任务配置不合理<br>5. 技术不成熟 |

另外，尽管"市场需求波动"和"竞争对手实力增强"同属于市场风险类别，但可以看到，根据专家意见，"市场需求波动"排在绝对风险值最高的位置，而联盟成员绝对风险值排名前5位的因素中却没有这个因素，但却包含了"竞争对手实力增强"这一风险因素。究其原因，也许是因为专家更关注宏观的市场变化给联盟带来的影响，而联盟自身则更关注具体的竞争对手的动向吧。

在相对风险值一栏可以看到，在考虑了风险因素的可控程度之后，无论专家意见还是联盟成员的评估结果，风险值排名前5位的因素均为外生因素，且有较大重合。这个结果也再度表明了外生风险因素不易控制性。

在可控程度方面，尽管专家意见和联盟成员的观点有一定差异，但可以看出，具有较大可控性的因素绝大部分均为管理类风险因素。因此，规范联盟内部管理，始终是降低联盟风险的有效途径。

对产业技术创新战略联盟风险评估的实证研究，一方面验证了评估模型及方法的可行性，另一方面通过比对专家和联盟成员两个群体的评估结果，也对联盟目前所面临的风险状况有了一定程度的揭示。本章所构建的联盟风险评估模型及方法，不仅可以用于对联盟这类技术创新合作组织风险的总体评估，也可以用于针对某一个具体联盟的风险评估及风险管理。

# 第四节　本章小结

本章主要内容为产业技术创新战略联盟风险管理的第二个核心环节——风险评估。首先以联盟风险因素体系框架为依据设计了联盟风险评估调查问卷，并利用因子分析对问卷进行了信度和效度检验。检验结果显示，问卷题项设置合理，量表信度高，具有较强的可靠性。本章阐述了评价方法选择的原则和选择熵权模糊综合评价方法的缘由，并构建了产业技术创新战略联盟风险评估模型。认为联盟风险评估可以风险发生概率、后果严重程度、可控性以及防控成本四个方面来综合评估。其中由风险发生概率和后果严重程度可以得到联盟的绝对风险值；再在绝对风险值的基础上考虑风险因素的可控性，则可以得到联盟的相对风险值。通过比对两个方面的评估结果，可以对联盟当前的风险状态以及可能的防控效果有全面的认识。本章以专家调查问卷、联盟内部调查问卷为依据，对联盟风险评估进行了实例研究，分析了绝对风险评估和相对风险评估结果的差异，对评估对象整体风险等级以及准则层、类别层和因素层的风险评估结果进行了计算与分析，并应用风险矩阵对联盟风险因素的等级划分进行了直观描述。本章对产业技术创新战略联盟风险评估模型及方法的探讨，可以为联盟整体以及单个联盟的风险评估实践提供参考。

# 第五章

# 产业技术创新战略联盟
# 风险应对研究

风险应对是产业技术创新战略联盟风险管理核心过程的第三个环节，也是最终环节，是以风险评估结果为依据制定风险应对策略与防范措施的过程。本章设计了联盟风险因素应对策略的选择流程与选择方法、风险监控策略以及风险管理支撑策略，并针对重点风险因素的防范进行了研究。

## 第一节　联盟风险应对策略的选择

### 一　联盟风险应对的目标

风险应对是在风险分析以及风险评估的基础上，通过风险预警、风险处理和风险监控等方式对联盟已经发生的和尚未发生的潜在风险的处置。

风险应对的总体目标，是以最合理的方式和最低的成本，降低或消除各种风险，减少或避免风险给联盟带来的损失，使联盟的运行保持有序、稳定和高效的状态。

具体来讲，风险应对的目标又包括损失发生之前的目标和损失发生之后的目标。

1. 损失发生之前的目标

在风险所造成的损失发生之前，风险应对的主要目标是尽可能避免风险的发生。消除了各种潜在的风险，也就避免了损失的出现。这首先需要树立风险意识，对联盟运行中可能发生的各种风险有清晰的认识，并采取相应措施预先进行防范。主要措施包括：正确选择合作伙伴，并通过完善的盟约对伙伴行为进行规范；科学合理制定联盟发展规划，完善联盟组织架构；在准确识别市场机遇的基础上，科学论证合作研发项目的可行性和市场前景；制定合理的利益分配机制和知识产权保护机制；建立顺畅的联盟成员沟通渠道；积极争取政府部门在资金和财税政策方面的支持；加强对竞争对手动向的监测等等。

2. 损失发生之后的目标

在风险所造成的损失发生之后，风险应对的主要目标是尽量挽救和补偿损失给联盟运行带来的影响，使联盟能够尽快恢复正常运行，并尽可能达到预期的绩效。主要措施是：根据风险损失发生的具体类型（损失可能来自技术人才流失、资金短缺、政策调整、技术泄露、合作伙伴退出等方面）和严重程度，启动相关应急预案，弥补损失，使联盟的正常运行得以逐步恢复，避免出现绩效无法达成、联盟运行停滞乃至解体的状况。

## 二　联盟风险基本应对策略

针对产业技术创新战略联盟的每一个潜在风险因素，本书借鉴相关文献资料，并结合前文分析和实地调研，给出了指导性应对策略，如表5－1所示。

表5－1　　　　　　产业技术创新战略联盟风险应对策略总表

| 风险准则层 | 风险类别层 | 风险因素 | 风险应对策略 |
|---|---|---|---|
| 内生风险 | 管理风险 | 合作伙伴选择失误 | 在联盟组建之初，建立科学的合作伙伴选择机制，对潜在合作伙伴的技术能力、管理水平、文化背景、加盟动机、资源互补性等方面进行全面考察与评价，以做出正确选择。在联盟运行过程中，建立联盟成员监督与退出机制，对于不能和其他成员进行良好合作的成员，实行主动退出或被动淘汰。 |
| | | 联盟缺乏长远战略规划 | 联盟组建之时，就应该在充分调研和讨论的基础上设计出联盟未来发展的战略目标和分阶段长远规划，为联盟的发展指明方向，以避免联盟在运行过程中过于注重短期效益，或由于其他因素干扰偏离原有发展轨道。 |
| | | 联盟组织架构设计不合理 | 科学设计联盟组织架构，既要保证对联盟成员的有效管理，同时也要具有一定柔性，对环境变化要有较强的适应能力；在管理机构人员安排和权责分配方面明确、清晰、高效。 |
| | | 盟约规范性与控制力不足 | 在联盟成员共同签署的合作协议中，对合作内容、形式、任务、责权利等进行明确规定，对未来可能发生的风险做出预见并制定预案。 |
| | | 市场机遇识别不准 | 提高市场需求和竞争对手动态等方面的信息收集和分析能力，加强对市场变化的前瞻性预测能力，采用科学的方法和工具对备选研发方案进行综合评估和遴选，以降低市场不确定性给研发活动带来的风险。 |

| 风险准则层 | 风险类别层 | 风险因素 | 风险应对策略 |
|---|---|---|---|
| 内生风险 | 管理风险 | 联盟任务配置不合理 | 在合作进行项目研究时，联盟管理机构应该根据联盟成员的能力、水平、优势、资源条件等特征，合理进行子课题划分、经费分配、进度安排、人员调配等，做到任务与资源配置均衡合理，以调动联盟成员工作的积极性，促进合作目标的达成。 |
| | | 联盟利益分配不合理 | 设计公平的联盟成员利益分配机制，建立基于联盟成员资源投入、贡献、承担的责任与风险大小的利益分配方案。 |
| | | 联盟协调能力不足 | 选择在行业中具有较大影响力和话语权的机构担任联盟理事长，利用其权威来加强联盟内部不同个体之间的协调。 |
| | | 联盟追加投资能力不足 | 对于可能高出预期的研发成本支出，联盟要提前准备好应对措施，在资金来源、额度等方面做好事先计划与安排。 |
| | | 技术泄露 | 建立严密的核心技术和知识产权保护制度，监控有可能导致技术泄露的一切渠道，对于有技术泄露行为的个人或机构，制定严格的惩戒措施。 |
| | | 关键技术人才流失 | 实施人性化管理，尊重、保护技术人才，有效激发技术人才的创造力和工作热情，采取一切手段消除技术人才在工作和生活上的后顾之忧。 |
| | 合作风险 | 联盟成员目标不一致 | 在选择合作伙伴时要充分评估其加盟动机与联盟目标的一致性；对于持有投机性目标或与联盟目标高度不一致的联盟成员，在矛盾不可调和的情况下，应有相应的退出或淘汰机制。 |
| | | 个体差异导致的文化冲突 | 在选择合作伙伴时要充分了解各自文化背景是否具有相容性；当文化冲突发生时，联盟管理机构要采取有效措施从中进行调和；培育联盟文化，增强联盟的凝聚力和向心力。 |
| | | 联盟成员资源互补性不足 | 在选择合作伙伴时需要全面评估其在技术优势、核心能力等方面与其他成员之间的互补性，不具备互补性资源的机构应谨慎考虑。 |
| | | 联盟成员投机主义行为 | 在加入联盟时全面评估其动机，有投机倾向的机构应审慎准许其进入；制定严密的盟约规范和约束联盟成员的行为；一旦发现有损害联盟其他成员或联盟整体利益的行为，采取相应的惩戒措施。 |
| | | 联盟成员间缺乏信任 | 尽可能选择彼此有一定相互了解，或者一定合作基础的机构作为合作伙伴；对于较为陌生的成员，在联盟内部建立开放的沟通平台，以增进彼此间的了解与信任；以制度化的方式规范联盟成员间的竞争与合作关系。 |
| | | 知识共享不足 | 打造联盟内部便利的知识共享平台；通过建立核心技术和知识产权保护制度，以及相应的激励机制，消除知识发送方传播知识的顾虑；通过培训、引导等方式，提高知识接收方对于新知识、新技术的接受能力。 |
| | | 信息传递与沟通不足 | 在联盟内部建立多样化沟通渠道，利用网络、电子邮件、办公自动化系统以及其他多种形式的新媒体进行信息传递，通过定期举行会议的形式建立面对面交流平台。 |

续表

| 风险准则层 | 风险类别层 | 风险因素 | 风险应对策略 |
|---|---|---|---|
| 内生风险 | 技术风险 | 技术不成熟 | 在制定研发方案时对技术的成熟性进行评估，技术不成熟的项目可考虑暂缓实施；或者制定技术备选方案，以及借助外部力量攻克技术难关等。 |
| | | 技术先进性不足 | 尽可能将行业内的优势技术力量集中到联盟中来，以确保研发活动所采用技术的先进性，以及开发出来的新产品与新技术的市场竞争力。 |
| | | 技术难度与复杂性较大 | 对合作研发活动所面临的技术不确定性做好充分准备，集中联盟内优势技术力量攻克技术难题，同时事先拟定好技术备选方案。 |
| 外生风险 | 政治与社会风险 | 相关扶持政策的变化 | 与政府部门保持良好沟通，积极争取政策支持；及时关注国家政策的变化动向，增强预见能力，对可能带来的不利影响做好充分准备。 |
| | | 政府监管存在问题 | 规范联盟自身行为，在政策允许的范围内良性发展；加强与政府部门沟通，争取对自己有利的政府监管环境。 |
| | | 社会动荡与不稳定 | 增加预见能力，对可能带来的不利影响做好应对措施，利用保险转移策略转移风险，必要时终止联盟活动进行风险回避。 |
| | | 自然灾害 | |
| | 资金风险 | 财政投入减弱 | 与政府部门保持良好沟通，积极争取财政支持；制定必要的资金储备和筹措方案，以应对财政投入减少带来的不利影响。 |
| | | 爆发全球或地区性金融危机 | 了解国际和国内金融政策的变化，寻找联盟生存的有利空间；利用金融工具规避危机带来的风险。 |
| | | 经济下滑 | 对经济下滑所引起的市场萎缩做好充分准备，积极筹措资金，加大现金持有量，以应对流动性不足给联盟带来的资金风险。 |
| | | 利率、汇率、股市波动等造成的融资困难 | 积极筹措资金，增加现金储备，以避免资金链的断裂；利用各种金融工具减缓风险。 |
| | 市场风险 | 技术引进的冲击 | 密切跟踪国外技术发展动向，学习、吸收国外先进技术，努力跟上技术发展的步伐，力争具备在技术的经济性、实用性和先进性方面与国外技术抗衡的实力。 |
| | | 市场需求波动 | 关注市场需求变化趋势，认真进行市场需求分析，及时调整产品或技术研发方向，以适应市场需求的变化。 |
| | | 竞争对手实力增强 | 密切关注竞争对手动向，制定针对性防范措施，在预测正面对抗效果不佳的情况下，可以采取迂回进攻战术，通过攻击竞争对手的薄弱环节来占得市场竞争的先机。 |
| | | 联盟成果的溢出效应 | 培育联盟自身的核心竞争力，加强对核心技术机密的保护，加快技术与产品更新的步伐，力争在行业中始终处于领先地位。 |

### 三　联盟风险应对策略选择流程

风险应对的根本目标是改变风险，使得风险由大变小或彻底消失。改变风险的途径有两种，一种是通过对损失加以改变来达到风险控制的目的，另一种则不改变损失（保持损失不变）而直接改变风险。[①] 第一种途径包括损失控制和风险回避，第二种途径主要是风险集中和风险转移。

本书在对风险应对策略进行分析、并参考其他学者研究成果的基础上，[②] 设计了产业技术创新战略联盟风险应对策略的选择流程，如图 5 - 1 所示。该流程简要说明如下：

（1）首先是对产业技术创新战略联盟风险因素的识别，准确识别出有可能导致联盟损失的若干风险因素；

（2）接下来对每一个风险因素的可控性进行判断，如果该风险因素可控，则继续判断其风险控制成本是否小于风险忽略的损失，如果是，则采取损失预防与控制措施，也可以由联盟成员分担风险；

（3）如果风险因素不可控，或者风险控制成本大于风险忽略的损失，则判断该风险因素是否可转移；如果可以转移，再进一步判断其风险转移成本是否小于风险忽略的损失。如果是，则采取风险转移策略，如果风险转移成本过高，则只能采取损失控制策略；

（4）对于不能够转移的风险因素，则判断该风险是否可以回避；如果风险可以回避，但由于风险回避也就意味着放弃收益，所以还要判断一下这种损失是否小于风险忽略的损失；如果风险回避的损失较小，则采取风险回避策略；如果风险不可回避，或者风险回避的损失大于风险忽略的损失，则只能采取损失预防与控制措施，或者由联盟成员分担风险。

---

[①] 顾孟迪、雷鹏：《风险管理》，清华大学出版社 2005 年版，第 52—57 页。

[②] 张青山、游金：《企业动态联盟风险转移机制研究》，《管理评论》2005 年第 17 期；张青山、曹智安：《企业动态联盟风险的防范与预控研究》，《管理科学》2004 年第 6 期；兰荣娟：《动态联盟风险识别、评估及防控研究》，博士学位论文，北京交通大学，2009 年。

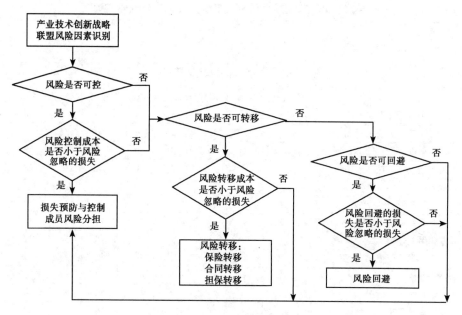

图 5 - 1  产业技术创新战略联盟风险应对策略选择流程

# 第二节  联盟风险应对策略的"风险值—防控成本"分析

## 一  联盟风险因素的防控成本分析

风险防控成本的大小是制定风险应对策略时必须考虑的因素。风险管理者需要对防控风险因素所要付出的成本进行预估，该成本的大小与风险是否需要防控、风险防控能够达到的效果和应该采取何种措施进行防控密切相关。当对该风险因素进行防控的成本过高，甚至高于风险忽略所带来的损失时，也许风险被动自留、联盟成员分担以及进行损失控制可能是更好的选择。

表 5 - 2 所示为专家意见和联盟成员风险因素防控成本评价结果统计汇总表。

表5-2　　　专家意见和联盟成员风险因素防控成本评价问卷统计

| | 专家意见 | | | | 联盟成员 | | | |
|---|---|---|---|---|---|---|---|---|
| | 一 | 二 | 三 | 四 | 一 | 二 | 三 | 四 |
| | 防控成本很高 | 防控成本较高 | 防控成本较低 | 防控成本很低 | 防控成本很高 | 防控成本较高 | 防控成本较低 | 防控成本很低 |
| 合作伙伴选择失误 | 1 | 5 | 5 | 4 | 4 | 28 | 72 | 8 |
| 联盟缺乏长远战略规划 | 1 | 2 | 10 | 2 | 4 | 40 | 56 | 12 |
| 联盟组织架构设计不合理 | 0 | 2 | 10 | 3 | 0 | 16 | 64 | 32 |
| 盟约规范性与控制力不足 | 2 | 4 | 7 | 2 | 0 | 24 | 60 | 28 |
| 市场机遇识别不准 | 3 | 10 | 1 | 1 | 4 | 60 | 40 | 8 |
| 联盟任务配置不合理 | 1 | 3 | 10 | 1 | 20 | 24 | 48 | 20 |
| 联盟利益分配不合理 | 2 | 4 | 8 | 1 | 8 | 24 | 44 | 36 |
| 联盟协调能力不足 | 1 | 7 | 5 | 2 | 16 | 8 | 56 | 32 |
| 联盟追加投资能力不足 | 1 | 8 | 5 | 1 | 44 | 36 | 28 | 4 |
| 技术泄露 | 3 | 8 | 4 | 0 | 48 | 32 | 32 | 0 |
| 关键技术人才流失 | 4 | 7 | 4 | 0 | 4 | 56 | 48 | 4 |
| 联盟成员目标不一致 | 5 | 4 | 6 | 0 | 16 | 16 | 48 | 32 |
| 个体差异导致的文化冲突 | 1 | 5 | 8 | 1 | 0 | 8 | 88 | 16 |
| 联盟成员资源互补性不足 | 2 | 6 | 6 | 1 | 0 | 36 | 72 | 4 |
| 联盟成员投机主义行为 | 2 | 6 | 7 | 0 | 20 | 28 | 48 | 16 |
| 联盟成员间缺乏信任 | 2 | 8 | 4 | 1 | 0 | 56 | 36 | 20 |
| 知识共享不足 | 0 | 5 | 8 | 2 | 0 | 20 | 68 | 24 |
| 信息传递与沟通不足 | 1 | 2 | 10 | 2 | 0 | 20 | 76 | 16 |
| 技术不成熟 | 3 | 8 | 4 | 0 | 28 | 36 | 40 | 8 |
| 技术先进性不足 | 3 | 5 | 7 | 0 | 12 | 80 | 16 | 4 |
| 技术难度与复杂性 | 3 | 7 | 5 | 0 | 20 | 76 | 16 | 0 |
| 相关扶持政策的变化 | 5 | 4 | 5 | 1 | 8 | 20 | 80 | 4 |
| 政府监管存在问题 | 4 | 4 | 6 | 1 | 20 | 32 | 56 | 4 |
| 社会动荡与不稳定 | 9 | 0 | 2 | 4 | 40 | 16 | 32 | 24 |
| 自然灾害 | 8 | 1 | 4 | 2 | 40 | 16 | 28 | 28 |
| 财政投入减弱 | 4 | 5 | 4 | 2 | 4 | 52 | 36 | 20 |
| 爆发全球或地区性金融危机 | 9 | 5 | 1 | 0 | 28 | 72 | 12 | 0 |
| 经济下滑 | 10 | 3 | 2 | 0 | 12 | 52 | 48 | 0 |
| 利率、汇率、股市波动等造成的融资困难 | 9 | 5 | 1 | 0 | 16 | 80 | 16 | 0 |
| 技术引进的冲击 | 3 | 8 | 2 | 2 | 24 | 72 | 8 | 8 |
| 市场需求波动 | 5 | 9 | 0 | 1 | 12 | 64 | 28 | 8 |
| 竞争对手实力增强 | 3 | 8 | 3 | 1 | 20 | 48 | 40 | 4 |
| 联盟成果的溢出效应 | 0 | 10 | 3 | 2 | 20 | 60 | 28 | 4 |

　　根据风险因素防控成本评价结果的统计数据，应用熵权模糊综合评估方法，计算出每一个风险因素的防控成本系数（计算过程略）。该系数也是一个取值范围介于0—1之间的数，越接近于1，表明该风险因素防控成本越高；越接近于0，表明该风险因素防控成本越低。计算结果如表5-3所示。

表5-3　　　　　　　　风险因素绝对风险值与防控成本系数评估结果

| 风险准则层 | 风险类别层 | 风险因素 | 专家意见 | | 联盟成员 | |
|---|---|---|---|---|---|---|
| | | | 绝对风险系数 | 防控成本系数 | 绝对风险系数 | 防控成本系数 |
| | | | $K_f$ | $S$ | $K_f$ | $S$ |
| 内生风险 | 管理风险 | 合作伙伴选择失误 | 0.510 | 0.213 | 0.470 | 0.219 |
| | | 联盟缺乏长远战略规划 | 0.506 | 0.204 | 0.419 | 0.228 |
| | | 联盟组织架构设计不合理 | 0.451 | 0.179 | 0.404 | 0.170 |
| | | 盟约规范性与控制力不足 | 0.517 | 0.238 | 0.448 | 0.183 |
| | | 市场机遇识别不准 | 0.539 | 0.313 | 0.524 | 0.254 |
| | | 联盟任务配置不合理 | 0.522 | 0.221 | 0.470 | 0.237 |
| | | 联盟利益分配不合理 | 0.561 | 0.246 | 0.542 | 0.192 |
| | | 联盟协调能力不足 | 0.534 | 0.246 | 0.503 | 0.196 |
| | | 联盟追加投资能力不足 | 0.529 | 0.263 | 0.530 | 0.321 |
| | | 技术泄露 | 0.561 | 0.304 | 0.553 | 0.330 |
| | | 关键技术人才流失 | 0.556 | 0.313 | 0.554 | 0.254 |
| | 合作风险 | 联盟成员目标不一致 | 0.567 | 0.304 | 0.464 | 0.205 |
| | | 个体差异导致的文化冲突 | 0.476 | 0.238 | 0.382 | 0.179 |
| | | 联盟成员资源互补性不足 | 0.496 | 0.263 | 0.463 | 0.223 |
| | | 联盟成员投机主义行为 | 0.534 | 0.271 | 0.421 | 0.246 |
| | | 联盟成员间缺乏信任 | 0.556 | 0.279 | 0.485 | 0.228 |
| | | 知识共享不足 | 0.512 | 0.213 | 0.414 | 0.183 |
| | | 信息传递与沟通不足 | 0.511 | 0.204 | 0.428 | 0.192 |
| | 技术风险 | 技术不成熟 | 0.517 | 0.304 | 0.484 | 0.281 |
| | | 技术先进性不足 | 0.505 | 0.279 | 0.499 | 0.299 |
| | | 技术难度与复杂性较大 | 0.481 | 0.296 | 0.459 | 0.317 |

续表

| 风险准则层 | 风险类别层 | 风险因素 | 专家意见 | | 联盟成员 | |
|---|---|---|---|---|---|---|
| | | | 绝对风险系数 | 防控成本系数 | 绝对风险系数 | 防控成本系数 |
| | | | $K_f$ | $S$ | $K_f$ | $S$ |
| 外生风险 | 政治与社会风险 | 相关扶持政策的变化 | 0.517 | 0.296 | 0.528 | 0.223 |
| | | 政府监管存在问题 | 0.469 | 0.279 | 0.477 | 0.263 |
| | | 社会动荡与不稳定 | 0.383 | 0.304 | 0.420 | 0.268 |
| | | 自然灾害 | 0.428 | 0.313 | 0.384 | 0.263 |
| | 资金风险 | 财政投入减弱 | 0.529 | 0.279 | 0.474 | 0.232 |
| | | 爆发全球或地区性金融危机 | 0.547 | 0.379 | 0.465 | 0.330 |
| | | 经济下滑 | 0.527 | 0.379 | 0.489 | 0.272 |
| | | 利率、汇率、股市波动等造成的融资困难 | 0.545 | 0.379 | 0.474 | 0.313 |
| | 市场风险 | 技术引进的冲击 | 0.534 | 0.288 | 0.510 | 0.313 |
| | | 市场需求波动 | 0.589 | 0.338 | 0.441 | 0.277 |
| | | 竞争对手实力增强 | 0.523 | 0.296 | 0.540 | 0.281 |
| | | 联盟成果的溢出效应 | 0.512 | 0.254 | 0.540 | 0.295 |
| 均值 | | | 0.518 | 0.278 | 0.474 | 0.251 |

表 5－4 列出了根据调查数据计算得到的防控成本较高和较低的风险因素。总体来看，防控成本较高的风险因素主要为外生因素，而防控成本较低的因素主要为内生因素中的管理风险和合作风险。尽管站在不同角度，对于风险因素防控成本高低的看法有所不同，但无论是专家意见，还是联盟自身，对某些风险因素防控成本大小的观点仍然有趋同的一面，如表 5－4 中阴影覆盖的那些风险因素。

表 5－4　　　　　　　　　防控成本较高与较低的风险因素

| | 专家意见 | 联盟成员 |
|---|---|---|
| 防控成本较高的因素（由高到低排名 1—5 位因素） | 利率、汇率、股市波动等造成的融资困难；<br>经济下滑；<br>爆发全球或地区性金融危机；<br>市场需求波动；<br>自然灾害。 | 技术泄露；<br>爆发全球或地区性金融危机；<br>联盟追加投资能力不足；<br>技术难度与复杂性较大；<br>利率、汇率、股市波动等造成的融资困难。 |

续表

| | 专家意见 | 联盟成员 |
|---|---|---|
| 防控成本较低的因素（排名倒数1—5位的因素） | 联盟组织架构设计不合理；联盟缺乏长远战略规划；信息传递与沟通不足；合作伙伴选择失误；知识共享不足。 | 联盟组织架构设计不合理；个体差异导致的文化冲突；知识共享不足；盟约规范性与控制力不足；信息传递与沟通不足。 |

## 二　联盟风险应对策略的"风险值—防控成本"四分图分析法

接下来，本书尝试用"风险值—防控成本"四分图来对风险因素的应对策略进行分析，根据专家意见以及联盟成员的评估数据绘制的四分图分别如图5-2、5-3所示。图的横坐标为风险因素的风险值（绝对风险值），纵坐标为风险因素的防控成本系数，纵、横坐标的分割线分别为33个风险因素防控成本系数和绝对风险值的平均值，由此将坐标平面划分为了四个区域。对于落入四分图不同区域的风险因素，可以考虑采取不同的应对策略。

落入风险值高、防控成本低的区域的风险因素，应对策略是"重点防控"。因为在这个区域的风险因素，绝对风险值高，但防控成本相对较低，只要采取恰当措施，即可防止和控制风险的发生，从而消除风险发生给联盟带来的重大损失。

落入风险值低、防控成本也低的区域的风险因素，应对策略是"积极消除"。这个区域的风险因素尽管风险值相对较低，但风险防控需要付出的代价也低，应该积极进行防控，尽可能消除影响联盟运行的风险因素。

落入风险值高、防控成本也高的区域的风险因素，应对策略是"监测、减轻和消除"。这个区域的风险因素风险度较高，一旦发生有可能会给联盟带来较大损失，虽然其防控成本较高，但需要密切监测这些因素的变化，尽可能采取有效措施减轻乃至消除隐患。

落入风险值低、但防控成本高的区域的风险因素，应对策略是"转移、减轻和分担"。这些风险因素主要是外生因素，其发展变化情况不以联盟意志为转移，彻底消除其影响难度很大，成本很高，但是也可以采取风险转移、风险损失控制和风险分担的方法，尽量降低风险发生之后对联盟的影响。

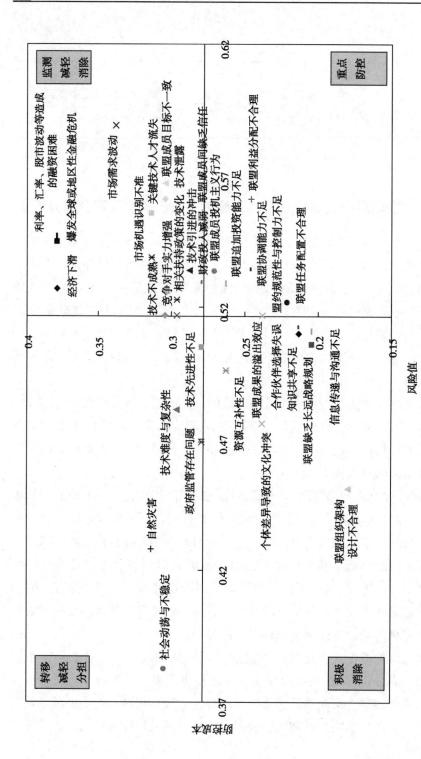

图5-2 联盟风险因素的"风险值—防控成本"分析（专家意见）

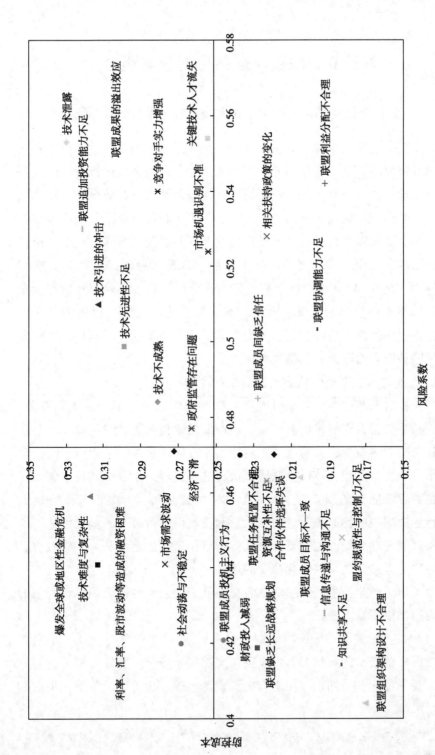

图5-3 联盟风险因素的"风险值—防控成本"分析（联盟成员）

# 第三节　联盟风险的应对策略组合

## 一　基于修正的 Sharpley 值的联盟成员利益分配策略

产业技术创新战略联盟组建的目的，是联盟成员期望通过合作研发获得比单独研发更高的收益。因此，产业技术创新战略联盟运行过程中收益分配机制设计合理与否，是影响联盟成员之间能否实现有效合作、整个联盟能否良性运行和持续发展的关键。[①] 而一旦出现联盟利益分配不合理的情况，将会给联盟运行带来很大风险，甚至导致联盟的解体。这个结论已在第四章的分析中有所体现，而在本章的"风险值—防控成本"分析图（图 5-2、图 5-3）中，"联盟利益分配不合理"这一风险因素也都分布在需要"重点防控"的区域。因此，本书将就这一问题进行更为具体的分析，探讨如何制定合理的利益分配方式，建立科学的分配模型，以降低乃至消除该因素给联盟运行带来的风险。

1. 产业技术创新战略联盟利益分配的原则

产业技术创新战略联盟运行所产生的利益包括有形部分和无形部分。有形收益主要指合作研发的新产品、新产品的销售利润、专利以及专利技术转让获得的收益等，无形收益主要指由于联盟提供了一个知识交流与学习的平台，使得联盟整体以及联盟成员在这一过程中所获得的技术创新能力和自身发展能力的提高，以及相应带来的盟员机构知名度和商誉的提高、行业影响力的提高等等。由于无形利益难以进行准确的量化评估，本书所探讨的利益分配问题主要针对联盟运行所产生的有形利益，并假设有形利益均可以转化为可以量化分配的形式（例如货币形式）。

为了确保产业技术创新战略联盟利益分配的公平性与合理性，利益的分配应遵循以下基本原则：

（1）按照贡献大小分配。联盟成员的收益应该和它的贡献大小呈正比。考虑联盟成员的贡献时，不仅要考虑那些与资金、物资有关的资源贡献，还要考虑那些与知识、技术有关的资源贡献。为了保证分配结果的公

---

① 陈爱祖、唐雯、康继红：《产业技术创新战略联盟利益分配模型研究》，《科技管理研究》2013 年第 12 期。

正合理，将联盟成员的资源投入贡献进行合理评估十分必要。

（2）按照风险大小分配。在利益分配时应该充分考虑各成员承担的风险，承担较大风险的联盟成员在收益方面应该得到适当补偿，只有这样才能调动联盟成员承担风险任务的积极性。

（3）个体理性与集体理性兼顾。集体理性以联盟利益最大化为考虑问题的出发点，而个体理性则主要考虑在合作过程中盟员机构是否能够获得期望中的比单独研发更高的收益。在制定利益分配方案时，既要从集体理性的角度以联盟利益最大化为原则，否则联盟就会失去发展的动力；同时也要兼顾联盟中个体的需求，尽可能确保联盟成员获得比独自研发更多的超额利润，否则合作就会破裂。

2. 产业技术创新战略联盟利益分配方式概述

目前联盟对于收益的分配方式，从理论研究和联盟实践两方面来看，大致可以分为以下几种类型：

（1）固定支付模式。固定支付模式包括一次性总额支付和分期付款两种形式，一般是由企业提供资金，高校和研究机构提供知识和技术，对项目进行合作研发。项目完成之后，成果所有权以及成果的未来收益全部归企业所独自拥有。这种利益分配方式的优点是操作简便，但缺陷也是很明显的。因为如果项目研发取得成功，企业利用研究成果后续可以获得巨大收益，而高校和研究机构则无法分享成果，这是不够公平的，也不利于调动高校和研究机构参与研究的积极性。而如果项目失败，不能获得市场上的成功，虽然高校和研究机构的利益不受影响，企业却将蒙受损失。分期付款模式尽管可以减少企业一次性支付的压力，但所产生的问题是相似的。这种利益分配方式一般更适合短期的产学研合作行为。

（2）产出分享模式。在项目研发过程中，合作各方根据自己的优势和专长投入相应的资源，例如企业提供一定的启动资金、生产设备、试验场地、生产经验等，高校和研究机构则提供技术方面的力量，然后根据共同研发成果市场销售利润或技术转让收益情况进行利益分成。这种模式是一种利益共享、风险共担、互惠互利、共赢发展的方式，只要分成比例设计公平合理，将有利于推动产学研形成长期稳定的合作关系。

（3）混合支付模式。即固定支付模式和产出分享模式的结合，企业既向高校和研究机构提供一定的技术转让费，也会从总收益中提取一定比例分给对方，不过这种方式操作起来比较复杂。

（4）股利支付模式。这种模式一般适用于联盟成员共建研究实体的情况，联盟成员以按照一定比例共同出资的形式，或者以更多样化的投入形式（如提供设备、场地、技术等）共同组建研究实体，如技术中心、研究院等，研究实体运作所产生的收益则按照各方股本的投入支付股利。

3. 基于修正的 Shapley 值的联盟利益分配策略研究

产业技术创新战略联盟的合作各方通过签订具有法律效力的契约来规范和约束自身行为，形成目标一致、利益共享、风险共担的联合体。因此，联盟的利益分配，应该是合作主体在充分协商的基础上所制定的、兼顾联盟整体利益和联盟成员个体利益的方案，属于较为典型的合作博弈问题。

合作博弈中的联盟形成后，如何在联盟内部分配他们的收益则是比联盟形成更为重要的内容。一般地，合作博弈中的分配可以表示为：在合作博弈中，如果对 $n$ 个参与人而言，存在一个向量 $x = (x_1, x_2, \cdots, x_k)$ 满足：（1）$\sum x_k = v(S)$；（2）$x_k \geqslant v(k)$。其中 $v(S)$ 表示 $k$ 个参与人的总和收益，$v(k)$ 表示单个参与人（即不与任何参与人结盟时）的收益。

在上面的联盟分配定义中，条件（1）说明各参与人分配的收益总和正好是所有参与人的最大总和收益；条件（2）说明从联盟中各参与人分配到的收益不小于单个参与人不与任何人结盟时所得到的收益，即是说分配必须使每个参与人的收益都比不参与合作而单干好，这样参与人才有加入联盟的积极性。

一种稳定的合作应同时具备内部稳定性和外部稳定性。求合作博弈的解（即联盟利益的分配方案）的过程，实质上是寻找一种合作均衡，一种兼顾效率和公平的方案。完全的平均主义尽管会带来暂时的内部稳定，但不利于联盟的外部稳定。因为这会影响联盟内部各成员积极性的发挥，导致联盟整体绩效的下降。如果联盟的运行不能够带来 $1+1>2$ 的效果，或者有效果但并不明显，联盟也就失去了存在的必要，这就是外部不稳定。

Shapley 值是各种合作博弈的解中最为重要、也是应用较为普遍的一种形式。其表达式如下：

$$\varphi_k[v] = \sum_{S(k \in S)} \frac{(|S|-1)!(n-|S|)!}{n!}[v(S) - v(S \setminus \{k\})]$$

式中，$\varphi_k[v]$ 代表联盟成员 $k$ 能够分摊到的利益。可以看出，$\varphi_k[v]$ 是联盟成员 $k$ 对联盟边际贡献 $v(S) - (S \setminus \{k\})$（即联盟 $S$ 的收益与该联盟剔除成员 $k$ 之后的收益之差）的加权平均，权系数 $(|S| - 1)!(n-|S|)!/n!$ 代表了在 $n$ 个参与人的任意排列中，$k$ 仅属于联盟 $S$ 的概率。Shapley 值体现了这样一种利益分配思想：即任何联盟成员（例如 $k$）在总收益中所能分得的部分，应该与 $k$ 对于联盟贡献相一致。这种贡献的衡量方式是，假定 $k$ 依次与联盟中任意其他成员组成联盟，$k$ 对所有可能联盟的边际贡献的加权平均值就是它所应得的收益，其中权系数为包含 $k$ 的联盟所出现的概率。

Shapley 值的最大特点是体现了一种平等性，任何联盟成员在考虑其边际贡献之前，重要程度是一样的。这一特点从 Shapley 值的"匿名性"公理中也能够体现出来，联盟成员无论他是谁，都只按照其对联盟的贡献大小来进行分配，这种方式是能够被联盟参与各方普遍接受的一种分配方式，因而 Shapley 值在很多领域都得到了广泛的应用。

但同时也应该看到 Shapley 值的局限性，即它只能体现那些能直接带来利润的因素，而忽略了不能直接转化为利润的因素。例如，甲、乙二人组成合伙企业，如果合作成功，可以获得一笔利润，如果不成功，则各自的收益均为零。根据这样的先决条件，企业组建成功之后，两人的边际贡献相同，按照 Shapley 值的分配方法，产生的利润应该平均分配给二人。但实际上甲对于合伙企业的资金投入要远高于乙，显然，这样的分配结果是有悖常理的。这种局限性的根源在于 Shapley 值假定各参与人的地位是平等的，[①] 而实际上在一个联盟中，成员之间由于投入资源多寡的不同、行业影响力不同等原因，地位的不平等是客观存在的。

针对 Shapley 值的局限性，国外学者已经提出了一些改进方法。Owen（1977）提出了考虑配置的联盟特性的 Owen 值，即由多个决定了事前合作结构的参与人集合分割存在时的变形；[②] Young（1994）提出了分解原则，即成本函数可以分解为不同的组成部分，每个部分先按照使用多少承

---

① 徐秋爽、胡石清、程细玉：《Shapley 值特点及其局限的讨论》，《数学的认识与实践》2013 年第 43 期。

② Owen G. Value of Games with a Priori Unions. Proceedings of Essay in Mathematical Economics and Game Theory. Berlin: Springer Verlag, 1977: 76 – 78.

担多少的原则在每个部分的使用者之间平均分配然后再将所有的值相加。① Nowak and Radzik（1995）提出了新公理化加权 Shapley 值，将 Shapley 值看作是特殊的加权值形式等。②

在国内学者的相关研究中，徐秋爽（2013）等人认为，需要在参与人之间设定一个权重值以体现参与人对联盟的影响不同，并提出了一种引入参与者权重的 Shapley 值。③ 罗宜美、梁彬（2011）分析了影响技术联盟利益分配的三个因素：投入资源、风险承担和创新能力，并用理想点原理对 Shapley 值进行了修正。④ 戴建华、薛恒新（2004）分析了用 Shapley 值法进行动态联盟利益分配的成功与不足，并提出了一种基于风险因子的修正算法以对不足之处进行改进。⑤ 李靓（2009）等人则提出了一种用风险因子和投资额大小来对 Shapley 值进行修正的模型。⑥

本书在分析和借鉴众多学者研究成果的基础上认为，作为一种基于贡献大小的利益分配方式，Shapley 值所提供的方法可以作为产业技术创新战略联盟收益分配的一个基础方法。但鉴于 Shapley 值更多地是以结果为依据，而在联盟运行中，一些与"过程"有关的因素也需要被考虑进来，这些因素有的虽然不一定能直接转化为利润，但对运行质量与结果也会产生重要影响。因此，可以考虑在夏普利值的基础上，用一个修正因子来对初始分配结果进行调整，使分配结果更为公平合理。接下来需要考虑修正因子如何构造。本书认为，修正因子如果仅用单一的一个因素（如风险承担等）来进行表征是不够全面的，但如果罗列因素过多也会增加操作的复杂性，因此本书选取"物质资源投入"、"技术资源投入"、"管理协调能力"、"风险承担"四个方面因素来构造修正因子，这四个因素均为与联

① Young H. P. Equity. In Theory and Practice. Princeton：Princeton University Press，1994.

② Nowak A S, Radzik T. On Axiomatizations of the Weighted Shapley Values. Games and Economic Behavior, 1995, 8：389 – 405.

③ 徐秋爽、胡石清、程细玉：《Shapley 值特点及其局限的讨论》，《数学的认识与实践》2013 年第 43 期。

④ 罗宜美、梁彬：《基于 Shapley 值法的技术联盟的利益分配的研究》，《价值工程》2011 年第 34 期。

⑤ 戴建华、薛恒新：《基于 Shapley 值法的动态联盟伙伴企业利益分配策略》，《中国管理科学》2004 年第 12 期。

⑥ 李靓、刘征驰、周堂：《基于 Shapley 值修正算法的联盟企业利润分配策略研究》，《技术与创新管理》2009 年第 30 期。

盟成员的"过程贡献"有关，并且对联盟运行质量有较大影响的关键因素。

在上述四个方面中，物质资源投入包括资金的投入和其他可以用货币来计量的物资投入，如设备、场地、原材料等。技术资源投入主要包括专利、知识产权以及人员等与技术相关的资源的投入，技术资源的投入水平与数量对联盟的合作研发能否取得成功有着至关重要的影响。管理协调能力则与联盟成员在合作研发中的主导作用、行业影响力等有关。在一个联盟中，总有一些成员处于支配地位，承担了更多的管理和协调责任，而也有一些成员会更多地处于被支配的地位。承担更多管理和协调责任的联盟成员理应在最终受益分配中得到一定补偿。联盟中不同成员承担的风险大小也是不同的，如技术泄露的风险、投资风险、人员流失风险等，承担更多风险的成员在利益分配时也需要有所考虑。

基于修正的 Shapley 值的联盟利益分配算法可按照以下步骤进行：

（1）针对联盟中某一个实际运作成功、并取得可分配收益的项目，首先根据边际贡献计算联盟成员的 Shapley 值 $\varphi_k[v]$，作为收益分配的初始值。

（2）在联盟内部成立一个评估小组（或聘请外部专家来担任），对每一个联盟成员在物质资源投入、技术资源投入、管理协调能力、风险承担四个方面因素的情况进行评估。由于某些无形资源的投入很难量化，同时也为了操作简便，此处的评估均不必给出具体数额，仅根据联盟成员的实际情况给出不同成员贡献大小的排序即可以。例如，评估小组如果认为在联盟成员 $k$ 技术资源方面投入最大，则该成员此项因素的排序为 1，投入次之的联盟成员排序为 2，以此类推。

（3）将联盟成员在四个因素上的不同排序，按照下面的规则转换为 AHP（层次分析法）两两比较的判断矩阵。规则如下：当排序号为 a 的联盟与排序号为 b 的联盟相比较时，若 a < b，则得分为（b - a + 1）；若 a > b，则得分为 1/（a - b + 1）；若 a = b，则得 1 分。

（4）利用判断矩阵按照 AHP 的算法（算法略）可以得到每一个修正因素下面各联盟成员的相对重要程度，我们可以将其命名为"过程贡献度"，用 $c_{ik}$ 表示，且有 $\sum_{k=1}^{n} c_{ik} = 1$。其中 $i = 1, 2, 3, 4$，代表四个修正因素的序号，$k = 1, 2, \cdots, n$，代表联盟成员的序号，$n$ 为联盟成员的总数。

（5）请评估小组或专家对物质资源投入、技术资源投入、管理协调能力、风险承担四个因素按照相对重要程度进行排序，再将排序结果按照同样规制转换为 AHP 判断矩阵，并计算出每一个修正因素的权系数，用 $\sum_{i=1}^{4}\beta_i=1$ 表示，显然有 $i=1$，其中 $i=1$，2，3，4，依次对应四个修正因素的序号。

（6）对于联盟成员 $k$ 而言，总过程贡献度 $w_k$ 为四个修正因素贡献度的加权平均，即：

$$w_k = \sum_{i=1}^{4}\beta_i c_{ik}$$

（7）由于联盟有 $n$ 个成员，则每个联盟成员对联盟总过程贡献度的平均值为：

$$\bar{w} = \frac{\sum_{k=1}^{n}w_k}{n} = \frac{1}{n}$$

联盟成员 $k$ 的实际"总过程贡献度"与均值之差为：

$$\Delta w_k = w_k - \bar{w} = w_k - \frac{1}{n}$$

且有 $\sum_{k=1}^{n}\Delta w_k = 0$。$\Delta w_k$ 即为修正因子，取值可为正，也可为负。

（8）最终联盟成员 $k$ 的利益分配结果为：

$$\varphi'_k[v] = \varphi_k[v] + \Delta w_k \times v(N)$$

显然有：

$$\sum_{k=1}^{n}\varphi'_k[v] = \sum_{k=1}^{n}\varphi_k[v] + \Delta w_k \times v(N)$$

式中，$v(N)$ 为联盟该项目的总收益。

该分配方法综合考虑了"结果"与"过程"两个方面的因素，在 Shapley 值的基础上，如果联盟成员在物质资源投入、技术资源投入、管理协调能力、风险承担四个方面的总贡献大于联盟平均值，则可以得到正的补偿；如果总贡献小于平均值，则补偿值为负数。获得正的补偿的联盟成员，其补偿额度来源于过程贡献度低于平均水平的联盟成员。

以下用一个算例来具体说明这种方法。

设联盟 $N$ 有 A、B、C 三个成员，对于某个技术开发项目，如果各成员独自研发，项目成功则分别获利为：A 为 10 万元，B 为 8 万元，C 为 5

万元。若 A、B 联盟，则可获利 25 万元；若 B、C 联盟，则可获利 20 万元；若 A、C 联盟，则可获利 23 万元；若 A、B、C 组成大联盟，则获利可达 45 万元。

联盟成员 A 按照 Shapley 值算法计算初始分配额的过程如表 5 - 5 所示：

表 5 - 5　　　　　　　　联盟成员 A 可分配收益计算表　　　　　　　单位：万元

|  | {A} | {A，B} | {A，C} | {A，B，C} |
|---|---|---|---|---|
| $v\ (S)$ | 10 | 25 | 23 | 45 |
| $v\ (S\backslash\ \{A\})$ | 0 | 8 | 5 | 20 |
| $v\ (S)\ -v\ (S\backslash\ \{A\})$ | 10 | 17 | 18 | 25 |
| $(\mid S\mid -1)!\ (n-\mid S\mid)!\ /n!$ | 1/3 | 1/6 | 1/6 | 1/3 |
| $\dfrac{(\mid S\mid -1)!\ (n-\mid S\mid)!}{n!}$ $[v\ (S)\ -v\ (S\backslash\ \{A\})]$ | 10/3 | 17/6 | 18/6 | 25/3 |

将表 5 - 5 最后一行数值相加即得到联盟成员 A 收益的初始分配额：

$$\varphi_A = 10/3 + 17/6 + 18/6 + 25/3 = 17.5(万元)$$

同样可以得到联盟成员 B 和 C 的收益初始分配额：

$$\varphi_B = 15(万元),\varphi_C = 12.5(万元)$$

接下来计算联盟成员的修正因子。

表 5 - 6 为评估小组对项目运作过程中三个联盟成员在四个修正因素上贡献度的排序。

表 5 - 6　　　　　　　　联盟成员修正因素贡献度排序表

|  | 物质资源投入 | 技术资源投入 | 管理协调能力 | 风险承担 |
|---|---|---|---|---|
| 联盟成员 A | 1 | 2 | 1 | 3 |
| 联盟成员 B | 2 | 3 | 2 | 1 |
| 联盟成员 C | 3 | 1 | 3 | 2 |

按照既定的转换规则，将表 5 - 6 中排序转换为 AHP 判断矩阵如图 5 - 4 所示：

|   | A | B | C |
|---|---|---|---|
| A | 1 | 2 | 3 |
| B | 1/2 | 1 | 2 |
| C | 1/3 | 1/2 | 1 |

a. 物质资源投入判断矩阵

|   | A | B | C |
|---|---|---|---|
| A | 1 | 2 | 1/2 |
| B | 1/2 | 1 | 1/3 |
| C | 2 | 3 | 1 |

b. 技术资源投入判断矩阵

|   | A | B | C |
|---|---|---|---|
| A | 1 | 2 | 3 |
| B | 1/2 | 1 | 2 |
| C | 1/3 | 1/2 | 1 |

c. 管理协调能力判断矩阵

|   | A | B | C |
|---|---|---|---|
| A | 1 | 1/3 | 1/2 |
| B | 3 | 1 | 2 |
| C | 2 | 1/2 | 1 |

d. 技术资源投入判断矩阵

图 5 – 4　判断矩阵

按照 AHP 的算法计算每一个修正因素下面各联盟成员的"过程贡献度",可以得到:

物质资源投入:$c_{1A} = 0.54$,$c_{1B} = 0.30$,$c_{1C} = 0.16$

技术资源投入:$c_{2A} = 0.30$,$c_{2B} = 0.16$,$c_{2C} = 0.54$

管理协调能力:$c_{3A} = 0.54$,$c_{3B} = 0.30$,$c_{3C} = 0.16$

风险承担:$c_{4A} = 0.16$,$c_{4B} = 0.54$,$c_{4C} = 0.30$

用层次分析法来计算相对重要程度,一般还需要对判断矩阵做一致性检验,以避免出现判断标准不一致的情况,只有一致性指标满足要求的权重结果才能被认可。由于本例是将重要程度排序转换为评价对象两两比较的判断矩阵,不会出现判断不一致的情况,即一致性指标 $CI = CR = 0 < 0.1$,满足一致性检验要求(不直接判断,通过公式计算也能得到同样结果,此处略)。

接下来是对物质资源投入、技术资源投入、管理协调能力、风险承担四个修正因素相对重要程度的确定,此处为计算简便,设定四个因素的重要程度相同,即:

$$\beta_1 = \beta_2 = \beta_3 = \beta_4 = 0.25$$

这样,即可得到各联盟成员的修正因子:

$$\Delta w_A = w_A = \frac{1}{n} = \sum_{i=1}^{4} c_{iA}\beta_i = \frac{1}{n} = 0.54 \times 0.25 + 0.30 \times 0.25 + 0.54 \times$$

$$0.25 + 0.16 \times 0.25 - \frac{1}{3} = 0.0516$$

$$\Delta w_B = w_B = \frac{1}{n} = \sum_{i=1}^{4} c_{iB}\beta_i = \frac{1}{n} = 0.30 \times 0.25 + 0.16 \times 0.25 + 0.30 \times$$

$$0.25 + 0.54 \times 0.25 - \frac{1}{3} = 0.0083$$

$$\Delta w_C = w_C = \frac{1}{n} = \sum_{i=1}^{4} c_{iC}\beta_i = \frac{1}{n} = 0.16 \times 0.25 + 0.54 \times 0.25 + 0.16 \times$$

$$0.25 + 0.30 \times 0.25 - \frac{1}{3} = 0.0433$$

那么，联盟成员 A、B、C 最终收益分配额为：

$$\varphi'_A[v] = \varphi_A[v] + \Delta w_A \times v[N] = 17.5 + 0.0516 \times 45 = 19.82(万元)$$

$$\varphi'_B[v] = \varphi_B[v] + \Delta w_B \times v[N] = 15 - 0.0083 \times 45 = 14.63(万元)$$

$$\varphi'_C[v] = \varphi_C[v] + \Delta w_C \times v[N] = 12.5 - 0.0433 \times 45 = 10.55(万元)$$

表 5 - 7 所示为修正前后联盟成员收益分配结果比较，可以看到，与初始分配值相比，经过修正后的收益分配值均有了一定变化。联盟成员 A 由于在物质资源投入、技术资源投入、管理协调能力、风险承担四个方面总体贡献较大，因此在初始值的基础上得到了一些补偿；而联盟成员 B 和 C 由于在上述几个方面总体贡献相对较小，分别被扣除了一部分收益补偿给 A。

**表 5 - 7**　　　　　　　　**修正前后联盟成员收益分配结果比较**　　　　　单位：万元

| | A | B | C | 合计 |
|---|---|---|---|---|
| 收益初始分配值 $\varphi_k[v]$（Shapley 值） | 17.5 | 15 | 12.5 | 45 |
| 修正后的收益分配值 $\varphi'_k[v]$ | 19.82 | 14.63 | 10.55 | 45 |

## 二　联盟风险的监控策略

### 1. 联盟风险的监控流程

虽然经过风险分析，识别了联盟运行可能存在的风险因素；经过风险评估，了解了联盟风险的等级，并制定了风险应对计划措施，但完整的联盟风险管理过程，还需要对已识别出来的风险因素进行实时监控。因为在联盟运行过程中，风险因素是动态变化的，可能衰退也可能增大，还有可能有未识别到的新的风险出现。因此需要考察各种风险应对措施所产生的实际效果，

确定风险降低的程度，监视残留风险的变化情况，以及是否需要调整风险应
对方案、启动相应的预警机制，同时如何应对新出现的风险等等。

产业技术创新战略联盟风险监控流程如图 5-5 所示，简要说明如下：

首先制定联盟风险监控方案，方案中应包括风险监控指标、风险阈
值、监控时机和监控责任人等关键内容。然后根据监控方案的要求进行信
息采集，并将采集到的信息与正常状况进行比对，做差异分析。接下来根
据差异分析的结果判断是否需要对某些监控指标进行风险预警，如果需
要，则预警并采取风险应对措施。同时分析是否有新的未知风险出现，如
果有，则需要制定针对新风险的应对措施，并持续监视各监控指标变化情
况。最后根据本次监控所反映出来的情况以及内外部环境的新变化，对原
有监控方案在监控指标、时机等方面进行调整，进入下一周期的持续
监控。

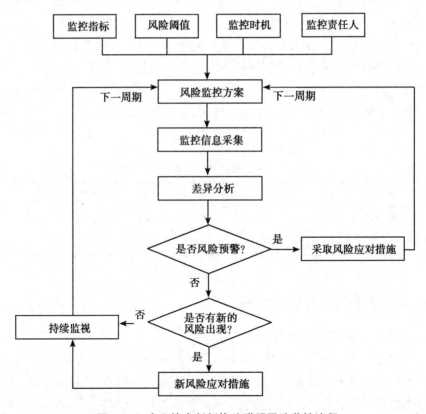

图 5-5　产业技术创新战略联盟风险监控流程

2. 联盟风险监控的工具

常用的风险监控工具有多种，如审核检查法、风险再评估、偏差分析法、风险核对表、监视单、风险图表示法等。对于产业技术创新战略联盟而言，需要选择适合的风险监控工具，既能够全面、清晰地反映联盟当前的风险状况，同时也便于操作。本书介绍两种较为简便的风险监控工具：风险核对表和风险图表。

（1）联盟风险核对表设计

风险核对表是反映系统当前风险状况的载体，通过风险核对表，联盟的决策者能够对联盟整体风险状况有一个清晰的了解，为制定风险控制对策提供依据。

风险核对表可以分为两种类型，一种是风险核对总表，反映联盟总体风险状况；一种是风险核对明细表，反映具体风险因素的详细信息。风险核对表的提交时间是每一个风险监控周期的期末，以反映当前阶段的风险状况。

产业技术创新战略联盟风险核对总表设计样表如表 5－8 所示。

表 5－8　　　　　　　　　产业技术创新战略联盟风险核对总表

| 核查项目<br>风险类别 | 初始风险<br>等级 | 当前风险<br>等级 | 未来变化<br>趋势预测 | 核查责任人 | 核查日期 |
|---|---|---|---|---|---|
| 管理风险 | | | | | |
| 合作风险 | | | | | |
| 技术风险 | | | | | |
| 政治与社会风险 | | | | | |
| 资金风险 | | | | | |
| 市场风险 | | | | | |
| 总体评价 | | | | | |

表 5－8 中列出了产业技术创新战略联盟的六大类风险，"初始风险等级"是上一周期每一类风险评估的结果，"当前风险等级"则是本次监控周期内风险评估的结果。表格中既可以填写风险量化评估得到的具体风险值，也可以填写"较高"、"中等"、"较低"等风险等级。通过当前风险等级与初始风险等级的比较，可以反映联盟各类别风险的发展变化情况。"未来变化趋势预测"是根据目前风险变化态势以及采取应对措施的情况，预测未来风险等级的升降，在表格中可以根据预测结果填写"增

大"、"减轻"、"变化不显著"等。对于风险等级明显增大的风险类别，应该引起联盟管理机构的高度关注。在表格的最后两列需要记录核查责任人和核查时间，便于今后数据资料的核对。

联盟风险核对明细表设计样表如表 5 - 9 所示。

表 5 - 9 应列出联盟所有具体的风险因素，并逐一进行核对。"初始风险等级"和"残留风险等级"填写方法与表 5 - 8 类似，在"风险处理"栏目中，需要简要说明风险应对措施的执行情况。"是否预警"栏目是将每一个风险因素的残留风险评估结果与预先设定的阈值进行比对后，做出是否要预警的判断。"残留风险处理"则是简要说明对于残留风险的处理措施。如果发现新的未识别风险，将其列在表格的最下面，并制定相应的风险处理对策。通过风险核对明细表的填写，可以对联盟具体风险因素的现状、应对措施效果、风险的发展变化情况等有清晰的把握，便于联盟管理机构制定相应对策。

**表 5 - 9**             **产业技术创新战略联盟风险核对明细表**

| 核查项目<br><br>风险因素 | 初始风险<br>等级 | 风险<br>处理 | 残留风险<br>等级 | 是否<br>预警 | 残留风险<br>处理 | 核查<br>责任人 | 核查<br>日期 |
|---|---|---|---|---|---|---|---|
| 合作伙伴选择失误 | | | | | | | |
| 联盟缺乏长远<br>战略规划 | | | | | | | |
| 联盟组织架构<br>设计不合理 | | | | | | | |
| 盟约规范性与<br>控制力不足 | | | | | | | |
| 市场机遇识别不准 | | | | | | | |
| 联盟任务配置<br>不合理 | | | | | | | |
| …… | | | | | | | |
| 新出现风险 | | | | | | | |

（2）风险图表设计

风险图表是根据风险评估结果，从项目所有风险中挑选出几个最严重的列入监视范围，通过定期的监视结果来考查规避风险的策略和措施的正确性。[①] 为此，需要每隔一段固定时间画一张风险图表，列出当期优先考

---

① 钟懿辉：《对企业海外经营风险监控的思考》，《国际商贸》2012 年第 10 期。

虑的风险，并标注顺序号和风险的持续时间。风险图的优势是可以对风险度较高的风险因素进行重点监控，集中力量应对发生概率较高、且后果较为严重的风险因素。

产业技术创新战略联盟风险图表设计如表 5 – 10 所示。

表 5 – 10　　　　　　产业技术创新战略联盟风险图表

| 风险因素 | 当期优先序号 | 上期优先序号 | 风险变化趋势 | 应对措施 |
| --- | --- | --- | --- | --- |
| 关键技术人才流失 | 2 | 1 | 减轻 | 略 |
| 技术泄露 | 3 | 2 | 减轻 | 略 |
| 联盟利益分配不合理 | 5 | 3 | 减轻 | 略 |
| 竞争对手实力增强 | 1 | 4 | 增大 | 略 |
| 联盟成果的溢出效应 | 4 | 5 | 增大 | 略 |
| …… | | | | |

## 三　联盟风险管理支撑体系

### 1. 增强风险意识

风险意识既包括对风险现象的理解与态度，也包括对风险现象的认识与把握。产业技术创新战略联盟是新型合作技术创新组织，由多个不同类型的机构共同组建而成。联盟在运行过程中，在谋求多个组织的协同效应的同时，所面临的风险也远比单个组织更为复杂多变。如果联盟组织者和参与者风险意识淡薄，不能认识到联盟风险的存在并及时防范，会不可避免地给联盟带来损失，甚至导致联盟的失败和解体。

增强风险意识最有效的途径，是让每一位联盟的参与者都清楚地认识到风险管理是每个人工作的一部分。联盟的管理者首先要具备风险意识，清醒地识别联盟所面临的各种潜在风险，积极主导联盟风险管理机构和风险管理机制的建立，同时开展对联盟参与者风险防范意识的教育和培训。参与联盟运行的每一位成员也要有风险意识，积极主动地帮助联盟识别风险，严肃认真地思考自己所负责的行动会产生哪些风险及其后果，并采取相应防范措施。

同时还要正确认识风险与机遇的关系。增强风险意识，并不意味着由于畏惧风险的出现，就要放弃好的发展机会，固步自封，停滞不前。风险与机遇往往是并存的、不可分割的，机遇越大，伴随的风险可能也越大，这是风险的本质。当发展机遇到来时，只要能够准确识别风险，并积极采取应对措施，就能够有效地规避风险，把握好联盟的发展机遇，获得更快成长。

2. 建立专门的联盟风险管理机构

产业技术创新战略联盟由多个不同类型机构组成，风险管理活动涉及面广，协调工作量大，且具有一定难度，因此有必要设立专门的联盟风险管理机构——联盟风险管理委员会，全面负责联盟的风险管理活动。专门的风险管理机构的建立是联盟风险管理工作能够得到落实的保障。风险管理委员会在联盟组织结构图中的位置如图5－6所示。

联盟风险管理委员会的成员由风险管理专家和来自联盟各主要成员单位的代表组成，在联盟理事会的直接领导下开展工作。联盟风险管理委员会是联盟风险管理的主体，它的主要职责包括：（1）负责联盟风险管理制度与机制的设计；（2）在充分调研的基础上，准确识别联盟当前所面临的潜在风险；（3）收集风险信息，对联盟风险进行评估；（4）制定联盟风险应对方案，明确风险应对责任人，并监督风险应对措施的实施；（5）评估联盟风险应对措施实施效果，根据内外部环境的变化修正风险管理方案；（6）设计风险监控方案，落实风险监控责任人；（7）建立联盟风险管理信息库，并定期维护与更新。

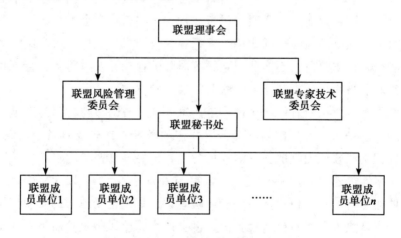

图5－6　联盟组织结构图

3. 健全联盟风险管理制度与机制

管理机制是管理要素在有机组合中发挥作用的过程和方式，是决定管理功效的核心问题。健全联盟风险管理机制，首先要完善联盟风险管理制度，要明确风险管理的目标、风险管理的组织制度和运作制度，制定各项风险管理的原则，包括风险应对原则、风险预警原则、风险应急处理原则等。在此基础上建立健全联盟风险管理机制，包括：

（1）联盟风险决策机制

明确联盟风险识别、风险评估、风险应对和风险监控等各项工作的决策主体与决策程序，建立包括专家系统、技术支持系统、信息系统等在内的决策支持系统，优化方案评估与论证的方法与过程，确保决策方案的科学与民主。

（2）联盟风险信息传递与沟通机制

定期进行风险信息的报告，是建立畅通的风险信息传递与沟通机制、强化联盟内部风险意识的关键举措。联盟理事会、秘书处以及各成员单位应密切关注本系统管辖内的各类风险信息，并及时、准确地向风险管理委员会报送；风险管理委员会负责风险信息的收集、整理、分析、评估以及风险控制情况的监控，将相关信息定期向联盟理事会报告，并通过联盟理事会将信息传递至相关成员单位；联盟理事会根据风险信息的紧急程度必要时可召集会议协商处理。

（3）联盟风险管理激励机制

建立风险管理的考评和奖惩办法，对于在风险识别和防范中作出较大贡献的机构和个人要予以物质和精神方面的奖励，而对于由于忽视风险或风险防范措施执行不力给联盟带来损失的机构和个人，要有一定的惩戒措施。通过风险管理激励机制的建立和落实，激发联盟成员参与风险管理的积极性，保障风险管理过程的实现。

4. 营造良好的外部环境

联盟风险管理活动的有效实施，除了依靠内部的组织、机制和人员为保障外，还要有相应的外部环境支持，主要有政策环境、法律环境和信用体系等。

（1）政策环境

我国现阶段的产业技术创新战略联盟，主要是在政府的引导下组建。这就决定了政府行为和所制定的政策对联盟的稳定持续发展起着十分重要的作用。有利于降低联盟运行风险的政策环境包括：利用政府特有的行政权力创造好的联盟发展环境，通过政府信誉保证联盟制度体系的建设，提高联盟成员单位的互信程度，从而提高谈判和签约效率；通过制定产业技术创新战略联盟相关政策、法规，完善联盟的契约机制，制约联盟参与者的道德风险行为，为契约的执行提供有力保障，以第三方身份维护联盟的稳定；在财政投入、税收、土地租赁等优惠政策上，给予联盟持续稳定的扶持，为部分高投入、高风险但对产业发展有关键影响的研发项目提供全过程的资金保障，降低联盟的研发成本，避免资金链断裂的风险。

（2）法律环境

给予产业技术创新战略联盟恰当的法律地位，以便规范联盟的组建、运行和解体全过程；提高联盟成员单位的法律意识，用以《合同法》为主体的现有法律体系（可能还涉及《专利法》、《商标法》、《反不正当竞争法》等）作为签订联盟契约时的法律依据，借助法律的威慑作用以及强制执行力来规范和保障联盟的各项活动，从而有效防范联盟风险；积极推行合同文本示范制度，最大限度地预防合同中的漏洞和错误，减少无效合同或不完善合同给联盟成员单位带来的不应有的损失；面对产业技术创新战略联盟发展中不断出现的新问题，借鉴国际先进经验，进一步完善相关法律体系，以适应联盟发展的新要求。

（3）信用体系

产业技术创新战略联盟的合作关系是建立在联盟成员间相互信任的基础上的，这种信任不能仅以直觉和情感为基础，而是要建立在完善规范的社会信用体系的基础上。社会信用体系的建立可以充分调动市场自身的力量净化环境，降低发展成本，降低发展风险，弘扬诚信文化。完善的信用体系包括信用征集、信用评估、信用档案建设、信用信息披露、信用查询、信用奖惩制度等。[①] 依托信用体系，联盟在组建过程中可以通过查询相关信用信息选择具有良好信用记录的机构作为合作伙伴，以降低在合作过程中出现道德和诚信风险的概率。对于合作中有失信行为的联盟成员，除了将该行为记录在其信用档案中并公开披露外，还可以依据相关法规进行必要的惩处，加大了失信行为的机会成本，从而可以有效防止不诚信行为的发生。

---

① 李昊、郭雪琴：《论我国企业信用体系的构建》，《湖南经济管理干部学院学报》2005 年第 1 期。

## 第四节 本章小结

本章主要内容为产业技术创新战略联盟风险管理核心过程的第三个环节——风险应对。首先明确了联盟风险应对目标，制定了产业技术创新战略联盟风险应对策略总表，对联盟的每一个潜在风险因素，给出了指导性应对策略，并阐述了联盟风险应对策略的选择流程。设计了联盟"风险值—防控成本"四分图分析法，以风险评估值和防控成本预估为依据，对落入四分图不同区域的风险因素，采取不同的应对方式，为联盟风险应对策略的制定提供了一种分析思路。由于利益分配问题是影响联盟运行的重要风险因素，本章以合作博弈理论为依据，特别针对该问题进行了研究，提出了基于修正的 Shapley 值的联盟利益分配模型，认为联盟成员的收益分配应该在 Shapley 值的基础上，综合考虑物质资源投入、技术资源投入、管理协调能力、风险承担四个方面的修正因素，得到最终的利益分配结果。由于风险监控是完整的风险管理过程不可或缺的环节，本章还对联盟风险监控的内容、流程和主要工具进行了阐述。在本章最后，构建了以增强风险意识、建立风险管理机构、健全风险管理机制以及营造良好外部环境为主要内容的联盟风险管理支撑体系。

# 第六章

# 结论与展望

## 第一节 研究结论

产业技术创新战略联盟是一种新型合作技术创新组织，是国家和区域技术创新工程的重要载体。对产业技术创新战略联盟风险问题开展研究，对于指导联盟运行实践有着十分重要的理论和现实意义。本书在已有研究的基础上，对联盟形成动因及潜在风险、联盟运行稳定性机理进行了全面梳理，并从技术创新、产学研合作、战略联盟三个维度对联盟风险来源进行了分析，在此基础上建立了联盟风险来源概念模型，并以风险识别、风险评估、风险应对三个核心环节为基本框架，通过定性与定量分析相结合、理论分析与实证研究相结合的研究方法，系统研究了联盟的风险管理问题，得出如下研究结论。

（1）建立产业技术创新战略联盟的目的，是充分发挥企业、大学和研究机构各方的互补性优势，有效整合技术创新资源，促进产业技术的集成创新，形成长期、稳定、制度化的产学研利益共同体，提高产业核心竞争力。然而由于联盟由多个创新主体组成，使其在目标、资源配置、协调等方面存在较大的复杂性和不确定性。产业技术创新战略联盟的风险，就蕴藏在其本质特征中，并具有客观性、复杂性、整体性、时间敏感性、可以测度和防控等特征。通过对联盟形成动因及其潜在风险、运行稳定性机理以及对技术创新风险、产学研合作风险以及战略联盟风险三个维度的分析，可以建立产业技术创新战略联盟风险来源的概念模型，作为联盟风险因素体系框架建立的理论基础。

（2）产业技术创新战略联盟的风险管理是一个系统工程，需要建立以风险识别、风险评估和风险应对为基本框架的管理体系。其中风险识别是联盟风险管理的首要环节；风险评估是采用定性和定量分析技术，对风险因素发生的概率、后果严重程度、可控程度进行全方位评估；风险应对是根据风险评估结果，制定相应措施，以最低成本、最大限度地降低联盟风险的一系列过程。三个核心环节彼此紧密联系、交互影响、循环往复，以持续降低已有风险给联盟带来的损失，并及时防控新的风险因素。

（3）风险因素的识别是产业技术创新战略联盟风险管理的首要工作，只有首先将可能引发联盟风险事件发生的所有因素尽可能全面地罗列出来，才能对联盟面临的风险有一个较为清晰的把握。本书在联盟风险来源概念模型的基础上，应用风险识别技术与方法，对联盟风险因素体系框架进行了构建与优化，建立了以联盟风险为目标层，以内生风险和外生风险为准则层，以管理风险、合作风险、政治与社会风险、资金风险、技术风险和市场风险为类别层，以33个风险因素为因素层的风险因素体系结构，为联盟风险的识别提供了一种分析思路。

（4）风险评估是为联盟风险应对提供依据和参考的，因此采用什么样的评估思路和评估方法，使得评估结果有利于风险应对措施的制定，有许多值得探讨的空间。本书构建了以风险发生概率、后果严重程度、可控程度以及防控成本四个方面为评估内容的产业技术创新战略联盟风险评估模型，并设计了绝对风险评估和相对风险评估相结合的联盟风险评估思路，绝对风险主要考虑联盟风险发生的概率和后果影响程度，而相对风险则将风险因素的可控性也考虑进去。通过比对两个方面的评估结果，可以对联盟当前的风险状态以及可能的防控效果有全面的认识，对于可控性较大的风险因素，可以重点采取防控措施。在评估方法上，采用了基于模糊综合评估和熵权法的联盟风险量化评估数学模型，操作简便，可以得到多层次的风险评估结果，为风险应对提供更多参考。

（5）联盟风险应对措施的制定必须采用科学的流程和合理的应对策略，并借助有效的分析工具，抓住关键风险因素，实施有效防控。同时，还要重视风险的监控环节，定期考察各种风险应对行动所产生的实际效果，及时发现新出现的风险并采取应对措施，使风险管理的实施形成一个完整的闭环系统。为使联盟风险管理工作能够落实，还要建立以增强风险意识、建立风险管理机构、健全风险管理机制以及营造良好外部环境为主要内容的联盟风险管理支撑体系。

（6）联盟利益分配机制是否合理是可能导致联盟发生风险的重要因素，合理的利益分配方式应该既考虑合作的"结果"，也要考虑合作的

"过程"。Shapley 值作为一种基于贡献大小的利益分配方式，所提供的方法可以作为产业技术创新战略联盟收益分配的一个基础方法。不过本书认为，可以在 Shapley 值的基础上，引入一种综合考虑联盟成员物质资源投入、技术资源投入、管理协调能力、风险承担四个方面因素的修正因子来对初始分配结果进行调整，使分配结果更为公平合理。

# 第二节　本书的主要创新点

本书研究的创新性主要有以下几点：

（1）通过分析联盟形成的动因及潜在风险、联盟运行稳定性机理以及联盟风险来源的三维框架，建立产业技术创新战略联盟风险来源的概念模型，并以此为基础构建了联盟风险因素体系框架。

为构建联盟风险来源的概念模型，本书首先分析了联盟的形成动因及其潜在风险；随后应用共生理论分析了联盟的运行稳定性机理，阐述了伙伴选择、运行模式选择、外部环境营造等影响联盟运行稳定性的因素；接着从技术创新风险、产学研合作风险、战略联盟风险三个维度深入剖析了联盟风险的可能来源。以上述三个方面的理论分析为基础，以层层递进的方式，逐步明确了联盟风险的来源，建立了以管理风险、战略风险、合作风险、技术风险、政治与社会风险、财务风险、市场风险、知识产权风险以及绩效风险为主要内容的联盟风险来源概念模型。随后，应用文献分析法和 Delphi 法对联盟风险来源概念模型进行扩展，构建了以目标层、准则层、类别层、因素层为层次结构的联盟风险因素体系框架，其中联盟风险为目标层，内生风险和外生风险为准则层，隶属于内生风险的管理风险、合作风险、技术风险和隶属于外生风险的政治与社会风险、资金风险、市场风险为类别层，下面又扩展为 33 个具体风险因素。并经过问卷检验，验证了风险因素设置的必要性。

（2）构建了从风险发生概率、后果严重程度、可控程度以及防控成本四个方面对联盟风险进行综合评估的评估模型。

以往对于风险的评估，主要考虑风险发生概率和后果严重程度两个方面。本书则在考虑这二者的基础上，还将风险因素的可控程度和防控成本也纳入评估范围。仅考虑风险发生的概率和后果影响程度两个方面的评估结果为绝对风险值，反映的是联盟当前的风险状态；在此基础上引入风险因素可控程度的评估结果为相对风险值，反映的是联盟风险的可能防控效果。通过比对两个方面的评估结果，可以对联盟所面临的风险有更为全面的认识。对风险因素防控成本的评估，则可以作为联盟风险防控策略制定的参考。从这四个方面对联盟风险进行综合评估，可以对联盟风险的有关信息有更全面的掌握，为联盟风险管理策略的实施提供更可靠的依据。

（3）设计了用于产业技术创新战略联盟风险应对的"风险值—防控成本"四分图分析法，并对落入四个不同区域的风险因素分别制定了风险应对策略。

风险防控成本的大小是制定风险应对策略时必须考虑的因素。本书以风险调查和评估数据为依据，设计了四象限分析图。该图横坐标为风险因素的绝对风险值，纵坐标为风险因素的防控成本系数，纵、横坐标的分割线分别为 33 个风险因素的防控成本系数和绝对风险值的平均值，由此将坐标平面划分为了四个区域。对于落入四分图不同区域的风险因素，分别制定了"重点防控"、"积极消除"、"监测、减轻和消除"以及"转移、减轻和分担"等不同的应对策略，为联盟风险应对策略的选择提供了一种简便有效的分析工具。

（4）构建了基于修正的 Shapley 值的产业技术创新战略联盟利益分配模型。

本书以 Shapley 值作为产业技术创新战略联盟利益分配的基础方法，同时引入了综合考虑联盟成员物质资源投入、技术资源投入、管理协调能力和风险承担四个因素的修正因子，来对初始分配结果进行修正，建立了既考虑"结果"也考虑"过程"的联盟利益分配模型，使得分配结果更加公平合理。本书还设计了基于 AHP 和加权平均法的修正因子构造算法，并给出了算例分析。

## 第三节 研究展望

本书的研究尽管取得了一些创新性成果，得到了一些有价值的研究结论，但由于个人能力和各方面条件的限制，仍存在诸多遗憾与不足。目前对产业技术创新战略联盟风险管理问题的研究尚处于起步阶段，值得探索的空间还很广阔，对于后续研究的设想如下。

（1）目前对于联盟风险评估主要从风险因素发生概率、后果严重程度和可控程度、防控成本四个方面进行，本书虽对基于这四个维度的风险评估方法进行了一些探讨，但如何更好地整合利用四个维度的评估结果，以更全面、更准确地反映联盟的风险水平，仍然有值得进一步研究之处。

（2）联盟的发展要经历初创期、成长期、成熟期以及重构期等不同生命周期阶段，风险因素在各阶段的分布也不尽相同。对于联盟生命周期不同阶段风险的分布以及风险防控策略的针对性研究仍有很大空间。

（3）我国的产业技术创新战略联盟涵盖众多行业，不同行业的联盟在技术实现方式、合作路径等方面有着不同特征。此外，随着产业技术创新战略联盟的进一步发展，未来可能会根据合作方式的不同逐步演化为不同类型的联盟。对于不同行业、不同类型的联盟如何建立不同的风险管理模式，是值得今后进一步关注的课题。

# 2010 年科学技术部产业技术创新战略联盟试点单位

| 编号 | 联盟名称 | 主要成员 | 目标与任务 |
|---|---|---|---|
| | | 第一批（2010 年 1 月发布） | |
| 1 | 钢铁可循环流程技术创新战略联盟 | 中国钢研科技集团信息中心、首钢总公司、宝钢集团有限公司、北京科技大学、东北大学、中国钢研科技集团公司的公司和大学 | 以钢铁可循环流程关键技术为攻关重点，整合成员企业的技术资源，同时为创新联盟成员企业提供全面最新最全球的技术信息及相关数据库资源检索服务。 |
| 2 | 新一代煤（能源）化工产业技术创新战略联盟 | 中国化学工程集团公司、清华大学、天津大学、兖矿集团有限公司等 10 家著名高校和企业 | 聚集"煤的清洁高效开发利用，液化及多联产"优先主题，开展"以煤气化为龙头，以一碳化学为基础，合成各种燃料油和化工产品并向其他行业提供清洁、高热值煤气的煤炭净利用技术"的开发与应用。 |
| 3 | 煤炭开发利用技术创新战略联盟 | 神华集团公司、中国航天科技集团公司、上海交通大学等 7 家大学和煤炭科学研究总院等 4 家骨干科研机构 | 对煤炭采掘关键装备本土化、煤直接液化关键技术和火电厂燃用神华煤等煤炭的清洁、安全、高效、利用和转化重大难题和关键技术进行联合攻关 |
| 4 | 农业装备产业技术创新战略联盟 | 中国农业机械化科学研究院、中国一拖集团有限公司等 8 家农业骨干企业、4 所大学、3 家科研院所共 15 家机构 | 联盟从事的领域与主要任务是培育农业装备重大产品创制的产业集群主体。 |
| 5 | TD-SCDMA 产业技术创新战略联盟 | 北京时分移动通信产业协会、华立集团有限公司、华为技术有限公司、北京邮电大学等 90 家成员单位。 | TD-SCDMA 产业联盟成立于 2002 年，经过十年的发展壮大，联盟已成为支撑和推动整个 TD 产业发展的关键载体和重要平台。 |

续表

| 编号 | 联盟名称 | 主要成员 | 目标与任务 |
|---|---|---|---|
| 6 | 数控机床高速精密化技术创新战略联盟 | 沈阳机床（集团）有限责任公司、重庆机床（集团）有限责任公司、清华大学院校等13家企业院校 | 形成数控机床高速精密化共性技术的研发平台和持续开发能力，制定相关行业技术标准和规范，同时建立联盟式的知识产权。 |
| 7 | 汽车轻量化技术创新战略联盟 | 中国汽车工程学会、中国第一汽车集团公司、东风汽车公司、吉林大学、湖南大学等共计16个成员单位 | 以7项汽车轻量化共性关键技术列为联盟攻关重点。 |
| 8 | 抗生素产业技术创新战略联盟 | 石家庄制药集团有限公司、华北制药集团、哈药集团等4家骨干企业、中国医科院药研所、天津大学等所大学和研究机构 | 联盟的目标是针对菌种、发酵、分离、酶法半合成等关键性技术以期实现产业规模最大、生产成本最低、产品质量最好、技术水平最高。 |
| 9 | 维生素产业技术创新战略联盟 | 华北制药集团有限公司、8家青干企业、上海交大等7所大学以及中国医学科学院病原生物研究所等3个研究所 | 联盟主要致力于：在菌种改造、发酵工艺优化、分离纯化过程集成以及终端产品的剂型等几个方面，解决其中的关键科学问题和工程技术问题。 |
| 10 | 半导体照明产业技术创新战略联盟 | 北京半导体照明科技促进中心、10家骨干企业、北京三安光电有限公司等3家大学和研究机构、国家光源质量监督检验中心等2家国家检测、研发平台 | 突破151lm/W的核心器件技术，形成核心专利；攻克系统集成技术，开发功能性照明产品；成为有自主知识产权的龙头品牌企业，进入世界前三强；建立核心企业参股的国家实验室与研究院，引领国际测试与标准制定。 |
| 11 | 长风开放标准平台软件联盟 | 北京软件与信息服务业促进中心、中国科学院计算技术研究所、北京航空航天大学等94家机构 | 围绕标准（Standards-S）、应用（Application-A）、品牌（Brand-B）、渠道（Channel-C）开展工作，以标准为纽带，打造国产软件第一品牌。 |
| 12 | 高效节能铝电解技术创新战略联盟 | 河南中孚实业股份有限公司、河南神火集团有限公司、伊川电力集团总公司、东北大学产业集团、中国科学院长春应化研究所等15个机构 | 共同致力于解决节能减排关键技术的创新开发和产业化问题，创新开发能够支撑我国电解铝工业实现节能减排急需的集成创新和系统优化技术，同时重视能够引领国际电解铝工业发展的原始创新技术的开发。 |
| 13 | 大豆加工产业技术创新战略联盟 | 国家大豆工程技术研究中心、黑龙江省龙滨油脂集团、哈尔滨油脂有限公司、中国食品发酵工业研究所等17家大豆加工业、大学和研究机构 | 研究开发大豆油脂加工中预处理节能、减损关键技术与装备，开展豆乳生养、益生菌速释性加工技术、豆乳粉、大豆蛋白加工新技术和装备，控香关键技术、益生酸豆奶及酸豆奶饮料加工关键技术，大豆食品安全控制技术的研发。 |

续表

| 编号 | 联盟名称 | 主要成员 | 目标与任务 |
|---|---|---|---|
| 14 | WAPI 产业技术创新战略联盟 | 中国计算机行业协会无线网络和网络安全接入技术专业委员会、北大方正集团有限公司、中国移动通信集团公司、中国电信集团公司、国家无线电监测中心、中国电力科学研究院等 86 家企业和研究机构 | 以国际领先和共性的无线网络安全接入技术（WAPI）优势为基础，全面带动宽带无线 IP 网络快速健康发展 |
| 15 | 闪联产业技术创新战略联盟 | 闪联信息技术工程中心有限公司，以联想、TCL 海信、康佳、长虹 5 家企业 2003 年发起成立的闪联标准工作组为雏形，目前已发展到拥有 134 家成员的技术创新战略联盟 | 实现"3C 设备＋网络运营＋内容/服务"的全新网络架构。 |
| 16 | 光纤接入（FTTx）产业技术创新战略联盟 | 武汉邮电科学研究院，40 余家国内知名通信企业 | 围绕光纤接入产业链各关键环节基础理论、共性技术研究以及标准制定开展合作。 |
| 17 | 有色金属钨及硬质合金技术创新战略联盟 | 湖南有色控股集团有限公司、株洲硬质合金集团公司、自贡硬质合金有限责任公司中南大学、北京矿冶研究总院、长沙矿冶山研究院等 14 家机构 | 以"钨钼铌多金属资源高效开发关键技术及设备研究"和"钨产业链关键技术及产业化"为牵引项目，提高钨及硬质合金行业竞争力和自主创新能力。 |
| 18 | 化纤产业技术创新战略联盟 | 中国纺织科学研究院、中国化学纤维工业协会、东华大学、上海市纺织科学研究院等 41 家企业、大学和研究机构 | 构建从原料开发、纺纱、织造与染整、面料开发的创新与集成，突破技术创新链，通过节能降耗、减排等技术的创新与集成。重连续聚合直接纺丝装置生产差别化高品质量目前大容量发出以高品质、多功能、低能耗为特征的新一代涤纶产业化技术。 |
| 19 | 存储产业技术创新战略联盟 | 浪潮集团有限公司、华为技术有限公司、华中科技大学等 25 家企业、大学和研究机构 | 突破高端存储系统的核心关键技术，研制具有国际领先水平的 PB 级高可用、高性能海量网络存储系统。 |
| 20 | 开源及基础软件通用技术创新战略联盟（优盟） | 中标软件有限公司、中标软件协会软件分会、浪潮（北京）电子信息产业有限公司、华迪计算机集团有限公司、中国人民解放军国防科学技术大学、中国科学院软件研究所、清华大学、北京大学等 25 家机构 | 成立标准工作组，开展标准编制，以开源社区的建设模式打造面向工作组和其他联盟成员的领域社区。 |

续表

| 编号 | 联盟名称 | 主要成员 | 目标与任务 |
|---|---|---|---|
| 21 | 多晶硅产业技术创新战略联盟 | 四川新光硅业科技有限责任公司，江苏中能硅业发展有限公司，重庆大全新能源有限公司等11家机构 | 以多晶硅制备技术国家工程实验室为平台，进一步加强共性技术研究，进一步实现低成本、高质量和清洁生产。 |
| 22 | 农药产业技术创新战略联盟 | 中化工科学技术研究有限公司，沈阳化工研究院总院，浙江新安化工集团股份有限公司等50家机构 | 组织开展农药创制品种、生物活性测定与评价、安全性评价技术，专用助剂，农药品种和关键中间体清洁生产工艺，高效"三废"处理核心技术等关键共性技术及相关产品的联合开发 |
| 23 | 染料产业技术创新战略联盟 | 中国中化股份有限公司，大连理工大学，南京工业大学，浙江国土股份有限公司，珠海纳思达电子科技有限公司等10家机构 | 开发染料中间体清洁生产新技术，环保型高端染料新品种，节能减排印染新技术，形成专利技术并推广应用。发挥行业技术创新的引领作用，实现染料生产及印染过程的节水、节能，降低"三废"，带动行业发展，"三废"70%以上的目标。 |
| 24 | 新一代纺织设备产业技术创新战略联盟 | 中国纺织机械器材工业协会，中国恒天集团，上海太平洋集团，中国纺织机械股份有限公司等纺织企业，华东大学，天津工业大学，中国纺织科学研究院等24家机构 | 碳纤维及碳纤维制品装备的研发，纺纱关键功能件共性技术的研发。 |
| 25 | 太阳能光热产业技术创新战略联盟 | 中国科学院电工研究所，北京工业大学，北京彩龙钢结构技术开发有限公司，北京市太阳能研究所有限公司，北京天瑞星光热技术有限公司等21家机构 | 着重解决各种太阳能热发电技术中的效率、成本、稳定性、可靠性问题；解决对各种技术方案的设计能力，安装、调试及运行能力；编制出太阳能光热发电站建设所涉及到的对各种产品质量性能约束的生产技术标准，对系统设计、安装、调试、运行的技术规范。 |
| 26 | 商用汽车与工程机械动力系统新能源产业技术创新战略联盟 | 潍柴动力股份有限公司等5家创业投资型新能源公司，同济大学等6所大学和研究机构，潍柴动力股份有限公司等9家企业 | 发展节能环保商用汽车与工程机械动力系统 |
| 27 | 茶产业技术创新战略联盟 | 中国农业科学院茶叶研究所，浙江大学，浙江更香有机茶业开发有限公司，浙江省诸暨绿剑茶业有限公司等9所涉茶高校、14所研究机构，等总计43家企业 | 围绕茶产业的重大关键或共性技术问题开展技术合作，培育茶产业重大技术及产品创新的产业集群主体。 |

续表

| 编号 | 联盟名称 | 主要成员 | 目标与任务 |
|---|---|---|---|
| 28 | 杂交水稻产业技术创新战略联盟 | 国家杂交水稻工程技术研究中心天津分中心、袁隆平农业高科技股份有限公司、天津天隆农业科技有限公司、湖南农业大学、中国农业大学、湖南杂交水稻研究中心等 12 家核心层机构以及其他 70 家合作层机构 | 加强种子产业创新战略顶层设计，推动籼粳稻研究平衡发展，确立杂交水稻国际产业化发展的战略布局，构建水稻商业化育种体系。 |
| 29 | 木竹产业技术创新战略联盟 | 中国林业科学研究院木材工业研究所、中国林业科学研究院、国际竹藤网络中心、东北林业大学、财纳福诺木业（中国）有限公司、浙江富得利木业有限公司、浙江梦天木业有限公司等行业龙头企业 34 家，高等院校 6 家，科研院所 4 家，共 44 家单位 | 联盟围绕"原料加工→材料（锯材、人造板）制造→终端产品制造（地板、木门、木家具等）→物流配送与安装服务"产业链，从原料到材料到产品到服务，组织实施完成了国家高技术研究发展计划（863 计划）组织技术创新活动。组织实施国家高技术研究发展计划（863 计划）重点项目"木竹产业技术研究"项目，目前正在实施"十二五"国家科技支撑计划"林木深加工关键技术研究与示范"项目 |
| 30 | 柑橘加工产业技术创新战略联盟 | 湖南省农业科学院、汇源果汁、丰岛控股、熙可食品等干企业以及中国农大、浙江大学、中国农科院等在内的 20 多家柑橘领域著名大专院校、科研院所 | 持续解决柑橘加工产业重大共性、关键、前沿性技术问题，以"引导产业发展、推动技术创新"为宗旨，开放性的柑橘加工、流通和种植的完整产业技术共享平台，形成一个覆盖我国柑橘加工与装备创制的完整产业技术共享平台。 |
| 31 | 油菜加工产业技术创新战略联盟 | 中国农业科学院油料作物研究所、湖北奥星粮油工业有限公司、安徽庆发油脂集团有限公司、青海江河源农牧科技发展有限公司等 10 家企业、5 所高校和 5 家科研单位 | 整合油菜加工产业技术优势和创新资源，以突破油菜加工产业发展战略性、共性和关键技术瓶颈，构建适合我国油菜加工的技术共性技术研发新体系。 |
| 32 | 缓控释肥产业技术创新战略联盟 | 山东金正大生态工程股份有限公司、6 家企业、所高校、10 个科研机构等 20 家单位 | 扩大缓控释肥在我国农业领域应用与推广，以开放性的形式建成具有国际领先水平的缓控释肥行业共性技术研发平台。 |
| 33 | 畜禽良种产业技术创新战略联盟 | 中国农业大学等 | 围绕提高畜禽良种育种技术水平和良种扩繁效率，开展大规模分子检测及标记、动物胚胎工程规模化生产与高效研究克隆、转基因育种等关键技术研发。 |

续表

| 编号 | 联盟名称 | 主要成员 | 目标与任务 |
|---|---|---|---|
| 34 | 饲料产业技术创新战略联盟 | 北京中农博乐科技开发有限公司、中国农业大学国家饲料工程技术研究中心、新希望六和股份有限公司、江西正邦科技股份有限公司、中国牧工商(集团)总公司、北京大北农科技集团股份有限公司、北京伟嘉集团、北京资源亚太饲料科技有限公司、江西双胞胎集团等机构 | 围绕行业4大关键共性技术：饲料资源开发与高效利用关键技术研发与集成示范、安全高效饲料添加剂研发与产业化示范、生态环保饲料生产关键技术研发与集成示范、安全优质饲料生产关键技术突破、提高饲料产品的质量安全水平，降低粮食消耗，缓解养殖业造成的环境污染，为我国饲料科技和产业全面升级提供支撑 |
| 35 | 肉类加工产业技术创新战略联盟 | 中国肉类食品综合研究中心、雨润、双汇、喜旺、皓月等21家骨干企业、中国农业大学、南京农业大学等9所高校、中国肉类食品综合研究中心、中国标准化研究院、江苏省农业科学院等3家科研院所 | 围绕产业技术创新链，积极探索企业生产需求，组织召开专家委员会，总结行业发展急需解决的重大关键技术问题，整合优势资源开展技术攻关，组织专家开展联盟标准制定工作，打造基于国家标准的联盟标准。 |
| 36 | 乳业产业技术创新战略联盟 | 黑龙江省乳品工业技术开发中心、黑龙江飞鹤乳业股份有限公司、广东雅士利集团股份有限公司、内蒙古伊利集团、江南大学等27家乳制品生产重点企业、13家大学和6家乳业技术研究院所共46家单位 | 重点开展乳品加工关键共性技术和重大产品的联合研究与开发，乳品加工产品标准研究与制（修）订，乳业发展战略研究等 |
| 第二批（2010年6月发布） | | | |
| 1 | 长三角科学仪器产业技术创新战略联盟 | 浙江清华长三角研究院、中国计量学院、中国仪器仪表学会分会等11家行业内龙头企业、8家高等院校、6家科研院校和2家行业学会 | 高效推进科学仪器的关键技术和开发用于生物医药、生物能源、环境生物治理过程的科学仪器与系统集成项目。 |
| 2 | 集成电路封测产业链技术创新战略联盟 | 江苏长电科技股份有限公司、南通富士通微电子股份有限公司、中科院微电子所、清华大学等25家骨干单位作为发起单位，目前成员单位已有55家。 | 旨在通过掌握制约我国封测产业发展的装备、成套工艺及材料核心技术，开发有自主知识产权的高端产品。 |
| 3 | 遥感数据处理与分析应用产业技术创新战略联盟 | 北京国遥万维信息技术有限公司、中测新图（北京）遥感技术有限责任公司、21世纪空间技术应用股份有限公司、北京大学、武汉大学、中国科学院遥感应用研究所、中国林业科学研究院资源信息研究所遥感应用研究所等28家机构 | 升我国遥感数据智能化、自动化、定量化处理与分析应用的技术规范与标准、构建和产业服务能力，制定遥感数据处理与应用测试与服务认证、加强自主软件平台和试验验证平台，建立规模自主软件平台和网格式的遥感数据与产品服务中心，优化整合产业创新链。 |

续表

| 编号 | 联盟名称 | 主要成员 | 目标与任务 |
|---|---|---|---|
| 4 | 小卫星遥感系统产业技术创新战略联盟 | 北京宇视蓝图信息技术有限公司、南京大学、哈尔滨工业大学、航天恒星科技有限公司、中科院遥感研究所、上海微小卫星工程中心等22家机构 | 组织小卫星遥感系统核心技术创新攻关，优化我国小卫星遥感系统产业链，推动小卫星遥感系统产业整体升级。 |
| 5 | 航空遥感数据获取与技术创新战略服务联盟 | 北京星天地信息科技有限公司、西安煤航信息产业有限公司、四维航空遥感有限公司、中国航空遥感服务公司、中国电子科技集团公司第三十八研究所、中国科学院长春光学精密机械与物理研究所、北京航空航天大学、武汉大学等27家机构 | 建立集航空遥感器与地面数据处理系统在内的新型、高效航空遥感设备研发基地；提升高精度测绘定位与稳定平台、飞行控制管理等机载支撑设备的自主创新能力；构建覆盖全国分布式的航空遥感数据获取体系，形成可覆盖全国的高空间分辨率遥感数据获取能力；创建大型航空遥感数据处理、产品加工与信息服务中心，形成航空遥感数据与信息服务的综合体系。 |
| 6 | 电子贸易产业技术创新战略联盟 | 中国国际电子商务中心、广州市粤网商通资讯科技有限公司、北京易盟天地信息技术有限公司、电子科技大学、南京财经大学等47家机构 | 拟订电子商务发展政策建议和制定实施和标准制定，组织重大专项，主体规范和交易平台；研究共性关键技术，行业和区域应用示范；发展电子贸易产业配套服务环境，开展电子商务国际交流合作。 |
| 7 | 导航定位芯片与终端产业技术创新战略联盟 | 中国电子科技集团公司第五十四研究所、清华大学、武汉大学等5所高校、北京合众思壮公司、北京斗星通导航有限公司等16家导航领域著名企业、中国电子科技集团公司第五十四研究所、中国测绘科学研究院等6家科研机构 | 研究导航产业战略规划，统筹策划行业标准；自主研发制造应用于多模接收的芯片组和主板、突破导航芯片等产业共性技术，开发自主导航芯片以及导航通信一体化芯片等产业共性技术，提高导航应用软件水平，发展集成导航功能的多功能智能便携式和车载式终端。 |
| 8 | 地理信息系统产业技术创新战略联盟 | 武汉中地数码科技有限公司、广东瑞图万方科技股份有限公司、广州奥格智能科技有限公司、北京中遥地网信息技术有限公司、北京东方泰坦科技股份有限公司、中国电子科技集团公司第十五研究所、中国地质大学（武汉）、北京大学等19家机构 | 构建我国地理信息产业技术创新体系，研究具有原始创新、集成创新和引进消化吸收再创新的拥有自主知识产权的核心技术，以空间地理信息系统产业为基础，以行业与公众应用为主体的地理信息系统产业链，努力实现关键领域的整体突破。 |
| 9 | 高值特种生物资源产业技术创新战略联盟 | 中国人民解放军总后勤军需装备研究所、雅戈尔集团股份有限公司、北京大学、哈尔滨工业大学、北京化工大学、东北林业大学、中国科学院微生物研究所、中国纺织集团公司等60家机构 | 以高值特种生物纤维植物——汉麻为研发对象，实现高值特种生物资源创新成果的快速产业化。 |

续表

| 编号 | 联盟名称 | 主要成员 | 目标与任务 |
|---|---|---|---|
| 10 | 有色金属工业环境保护产业技术创新战略联盟 | 湖南有色金属控股集团有限公司、湖南有色金属研究院、中南大学、昆明理工大学、广西有色金属集团有限公司、深圳市中金岭南有色金属股份有限公司等14家机构 | 近期目标是联盟旨在实现有色金属资源的清洁开发、推进有色金属工业"三废"的处理及资源化利用水平，到2020年大中型企业能耗达到世界先进水平，主要有色金属单位产品能耗达到国际先进水平。 |
| 11 | 金属矿产资源综合与循环利用产业技术创新战略联盟 | 北京矿冶研究总院、江铜集团、东北大学、昆明理工大学、长沙矿冶研究院等机构 | 有效激活产业链各创新环节，做到科学谋划，有计划地凝练和储备一批对产业较大提升有较大的项目，争取国家政策支持，解决制约产业发展的共性关键技术问题的研发，带动其他企业，促进金属矿资源综合与循环利用产业的整体技术进步。 |
| 12 | 传染病诊断试剂产业技术创新战略联盟 | 厦门大学等 | 致力于传染病诊断试剂研究、生产、质量保障和推广应用中的共性关键技术的共同探讨和长期合作。 |
| 13 | 医疗器械产业技术创新战略联盟 | 中国医疗器械行业协会、深圳迈瑞、山东新华、航空医学研究所、清华大学、中国康复辅具协会、中国社卫生协会等机构 | 重点解决医疗器械领域技术资源分散、信息收集途径不畅、系统规划困难等问题，建立医疗器械领域信息汇集和战略研究的长效机制，加快医疗器械领域关键技术、核心部件和产品创新。 |
| 14 | 尾矿综合利用产业技术创新战略联盟 | 中国资源综合利用协会、中国铝业公司、西南科技大学等51家机构 | 以尾矿综合利用共性关键技术创新和产业化应用为核心。 |
| 15 | 煤层气产业技术创新战略联盟 | 中联煤层气有限责任公司、山西晋城无烟煤矿业集团有限公司、中国石油大学（北京）、煤炭科学研究总院等18家机构 | 减少煤矿瓦斯灾害，高效开发利用煤层气资源，有效改善环境。 |
| 16 | 冶金矿产资源高效开发利用产业技术创新战略联盟 | 中钢集团马鞍山矿山研究院有限公司、鞍山矿业公司、首钢矿业公司、武钢矿业公司、马钢矿业公司等15家国内冶金矿业龙头企业，以及东北大学、北京科技大学、中南大学3家高等院校 | 主要围绕采矿关键技术研究、选矿关键技术和成套装备研究、矿产固体废弃物利用、安全处置和生态修复技术等方面展开合作研究工作 |
| 17 | 城市生物质燃气产业技术创新战略联盟 | 清华大学、杭州能源环境工程有限公司等19家机构 | 推动生物质燃气产业链形成，培育骨干队伍，推动生物质燃气产业的发展壮大。 |

续表

| 编号 | 联盟名称 | 主要成员 | 目标与任务 |
|---|---|---|---|
| 18 | 再生能源产业技术创新战略联盟 | 中国资源综合利用协会、山东金升有色集团有限公司、北京大学、昆明贵金属研究所等 69 家机构 | 集中攻克和推广一批废旧金属、废旧机电产品等废旧资源利用、再制造产业化技术、装备与工艺,形成一批再生资源行业技术标准。 |
| 19 | 流感疫苗技术创新战略联盟 | 中国医药集团总公司、中国生物技术集团公司等共22家机构 | 共同致力于流感疫苗研究和生产中的共性、关键技术问题。 |
| 20 | 食品安全检测试剂和装备产业技术创新战略联盟 | 无锡中德伯尔生物技术有限公司、北京陆桥技术有限责任公司、南昌大学等 32 家机构 | 建立食品安全检测试剂和装备行业产学研结合的技术创新体系,推动提高我国食品安全检测试剂和装备产业整体水平,引领食品安全检测试剂和装备产业的持续发展。 |

# 附录 B

# 2012 年度国家产业技术创新战略联盟试点名单

| 序号 | 联盟名称 |
|---|---|
| 1 | 抗体药物产业技术创新战略联盟 |
| 2 | 高效精密磨具产业技术创新战略联盟 |
| 3 | 淮河流域再生水利用与风险控制产业技术创新战略联盟 |
| 4 | 四方国件中间件产业技术创新战略联盟 |
| 5 | 抗肿瘤药物产业技术创新战略联盟 |
| 6 | 高档重型机床产业技术创新战略联盟 |
| 7 | 滚动轴承产业技术创新战略联盟 |
| 8 | 数控成型冲压装备产业技术创新战略联盟 |
| 9 | 数字音视频编解码（AVS）产业技术创新战略联盟 |
| 10 | 激光加工产业技术创新战略联盟 |
| 11 | 光刻设备产业技术创新战略联盟 |
| 12 | 电动汽车产业技术创新战略联盟 |
| 13 | 火力发电产业技术创新战略联盟 |
| 14 | 智能交通产业技术创新战略联盟 |
| 15 | 光纤材料产业技术创新战略联盟 |
| 16 | 生物医用材料产业技术创新战略联盟 |
| 17 | 非晶节能材料产业技术创新战略联盟 |
| 18 | 激光显示产业技术创新战略联盟 |
| 19 | 集成电路设计产业技术创新战略联盟 |
| 20 | 智能数字家电产业技术创新战略联盟 |
| 21 | 煤炭地下气化产业技术创新战略联盟 |

续表

| 序号 | 联盟名称 |
| --- | --- |
| 22 | 生物质能源产业技术创新战略联盟 |
| 23 | 玉米产业技术创新战略联盟 |
| 24 | 食用植物油产业技术创新战略联盟 |
| 25 | 有机（类）肥料产业技术创新战略联盟 |
| 26 | 食品装备产业技术创新战略联盟 |
| 27 | 冷链食品物流产业技术创新战略联盟 |
| 28 | 农作物种业产业技术创新战略联盟 |
| 29 | 南海区海水种苗产业技术创新战略联盟 |
| 30 | 果蔬加工产业技术创新战略联盟 |
| 31 | 通用名药物品种产业技术创新战略联盟 |
| 32 | 新型健身器材产业技术创新战略联盟 |
| 33 | 住宅科技产业技术创新战略联盟 |
| 34 | 干细胞与再生医学产业技术创新战略联盟 |
| 35 | 烟气脱硝产业技术创新战略联盟 |
| 36 | 肿瘤微创治疗产业技术创新战略联盟 |
| 37 | 有色金属短流程节能冶金产业技术创新战略联盟 |
| 38 | 节能降耗水处理装备产业技术创新战略联盟 |
| 39 | 国产科学仪器设备应用示范产业技术创新战略联盟 |

# 附录 C

# 2013 年度国家产业技术创新
# 战略联盟试点名单

| 序号 | 联盟名称 |
| --- | --- |
| 1 | 节能减排标准化产业技术创新战略联盟 |
| 2 | 安全自主软硬件产业技术创新战略联盟 |
| 3 | 高档数控系统及其应用产业技术创新战略联盟 |
| 4 | 航天制造装备产业技术创新战略联盟 |
| 5 | 膜生物反应器（MBR）产业技术创新战略联盟 |
| 6 | 水环境监测装备产业技术创新战略联盟 |
| 7 | 科研用试剂产业技术创新战略联盟 |
| 8 | 数字视频产业技术创新战略联盟 |
| 9 | 先进稀土材料产业技术创新战略联盟 |
| 10 | 工业设计产业技术创新战略联盟 |
| 11 | 微纳加工与制造产业技术创新战略联盟 |
| 12 | 高速列车产业技术创新战略联盟 |
| 13 | 物流中心自动化装备及系统产业技术创新战略联盟 |
| 14 | 磁电与低温超导磁体应用产业技术创新战略联盟 |
| 15 | 极端环境重大承压设备设计制造与维护技术创新战略联盟 |
| 16 | 射频识别（RFID）产业技术创新战略联盟 |
| 17 | 电动汽车电驱动系统全产业链技术创新战略联盟 |
| 18 | 石墨产业技术创新战略联盟 |
| 19 | 下一代广播电视网产业技术创新战略联盟 |

续表

| 序号 | 联盟名称 |
|---|---|
| 20 | 粉末冶金产业技术创新战略联盟 |
| 21 | 碳纤维及其复合材料产业技术创新战略联盟 |
| 22 | 智能电网终端用户设备产业技术创新战略联盟 |
| 23 | 燃料电池汽车产业技术创新战略联盟 |
| 24 | 轮胎产业技术创新战略联盟 |
| 25 | 贵金属材料产业技术创新战略联盟 |
| 26 | 机器人产业技术创新战略联盟 |
| 27 | 特种分离膜产业技术创新战略联盟 |
| 28 | 空间信息智能服务产业技术创新战略联盟 |
| 29 | 快堆产业技术创新战略联盟 |
| 30 | 设施蔬菜产业技术创新战略联盟 |
| 31 | 马铃薯产业技术创新战略联盟 |
| 32 | 林业有害生物防治产业技术创新战略联盟 |
| 33 | 农业生物技术产业技术创新战略联盟 |
| 34 | 牧草产业技术创新战略联盟 |
| 35 | 生物农药与生物防治产业技术创新战略联盟 |
| 36 | 兽用化学药品产业技术创新战略联盟 |
| 37 | 稻米精深加工产业技术创新战略联盟 |
| 38 | 海参产业技术创新战略联盟 |
| 39 | 食用菌产业技术创新战略联盟 |
| 40 | 冷水性鱼类产业技术创新战略联盟 |
| 41 | 花卉产业技术创新战略联盟 |
| 42 | 高粱产业技术创新战略联盟 |
| 43 | 生猪产业技术创新战略联盟 |
| 44 | 马产业技术创新战略联盟 |
| 45 | 盐湖资源综合利用产业技术创新战略联盟 |
| 46 | 装配式钢结构民用建筑产业技术创新战略联盟 |
| 47 | 应急救援装备产业技术创新战略联盟 |
| 48 | 卤水精细化工产业技术创新战略联盟 |
| 49 | 海洋监测设备产业技术创新战略联盟 |
| 50 | 污泥处理处置产业技术创新战略联盟 |
| 51 | 工业酶产业技术创新战略联盟 |

续表

| 序号 | 联盟名称 |
|------|---------|
| 52 | 深部地质矿产勘查产业技术创新战略联盟 |
| 53 | 钒钛资源综合利用产业技术创新战略联盟 |
| 54 | 建筑信息模型（BIM）产业技术创新战略联盟 |
| 55 | 公共体育设施产业技术创新战略联盟 |

# 附录 D

# 2013 年度国家产业技术创新
# 战略重点培育联盟名单

| 序号 | 联盟名称 |
|---|---|
| 1 | 日用及建筑陶瓷产业技术创新战略联盟 |
| 2 | 无人机遥感产业技术创新战略联盟 |
| 3 | 印刷电子产业技术创新战略联盟 |
| 4 | 钛产业技术创新战略联盟 |
| 5 | 电梯产业技术创新战略联盟 |
| 6 | 重载机车车辆产业技术创新战略联盟 |
| 7 | 不锈钢长材产业技术创新战略联盟 |
| 8 | 绿色制造产业技术创新战略联盟 |
| 9 | 汽车电子产业技术创新战略联盟 |
| 10 | 通用航空发动机产业技术创新战略联盟 |
| 11 | 兰炭产业技术创新战略联盟 |
| 12 | 轻工机械产业技术创新战略联盟 |
| 13 | 地热能高效利用产业技术创新战略联盟 |
| 14 | 数字与新媒体出版产业技术创新战略联盟 |
| 15 | 城市轨道客车产业技术创新战略联盟 |
| 16 | 果蔬及制品流通与安全控制产业技术创新战略联盟 |
| 17 | 速生材产业技术创新战略联盟 |
| 18 | 生物基材料产业技术创新战略联盟 |
| 19 | 稳定性肥料产业技术创新战略联盟 |
| 20 | 优质中国泡菜现代化产业技术创新战略联盟 |
| 21 | 椰子产业技术创新战略联盟 |

| 序号 | 联盟名称 |
|------|----------|
| 22 | 热带花卉产业技术创新战略联盟 |
| 23 | 蛋鸡产业技术创新战略联盟 |
| 24 | 林木种苗与花卉产业技术创新战略联盟 |
| 25 | 桉树产业技术创新战略联盟 |
| 26 | 甘薯加工产业技术创新战略联盟 |
| 27 | 葡萄产业技术创新战略联盟 |
| 28 | 罗非鱼产业技术创新战略联盟 |
| 29 | 枸杞产业技术创新战略联盟 |
| 30 | 中蒙药产业技术创新战略联盟 |
| 31 | 建筑垃圾资源化产业技术创新战略联盟 |
| 32 | 中药产业技术创新战略联盟 |
| 33 | 海洋防腐蚀产业技术创新战略联盟 |
| 34 | 特色药物（维药）产业技术创新战略联盟 |
| 35 | 南药黎药产业技术创新战略联盟 |
| 36 | 电解锰清洁生产产业技术创新战略联盟 |
| 37 | 人参产业技术创新战略联盟 |
| 38 | 污染场地修复产业技术创新战略联盟 |
| 39 | 动物生物制品产业技术创新战略联盟 |
| 40 | 三七产业技术创新战略联盟 |
| 41 | 黄芪产业技术创新战略联盟 |

## 附录 E

# 产业技术创新战略联盟风险
# 专家意见调查表（第一轮）

尊敬的专家：

您好！以下邀请您参与的是一项学术性课题的调查工作，课题组根据文献查阅与分析、实地调研等途径已初步建立了产业技术创新战略联盟的风险评估体系框架，由风险类别和风险因素两级构成。为了能够更为准确地识别出导致联盟发生风险的因素，构建较为完善的联盟风险评估体系框架，课题组特邀请您对风险类别及风险因素的重要性和您的熟悉程度给出意见，您的观点对本研究将提供非常重要的帮助。本调查采用不记名方式，我们同时承诺，在任何时候都不会公开参与调查的人员信息，调查所获得的数据资料仅供学术研究所用。

非常感谢您在百忙之中对于本次调查的支持！

此致

敬礼！

《产业技术创新战略联盟风险管理研究》课题组

**一、您的基本信息（请在相应选项前的□中打"√"）**

1. 您所在机构的类型：□企业　　　□高校　　　□科研院所
　　　　　　　　　　　□政府机构

2. 您的职称：□高级　　　　　□中级　　　　　□其他

3. 您的年龄：□35 岁以下　　□35—50 岁　　□50 岁以上

4. 您的性别：□男性　　　　　□女性

**二、指标调查表**

以下两个表格分别为风险类别和风险因素重要程度及熟悉程度调查

表，均分为 5 个等级，请您根据自己的判断，在相应的空格中打"√"。如果您对指标有一些不同意见和建议，请写在表格下方。

表1　　　　　　　产业技术创新战略联盟风险类别调查表

| 类别名称 | 重要程度 | | | | | 熟悉程度 | | | | |
|---|---|---|---|---|---|---|---|---|---|---|
| | 非常重要 | 比较重要 | 一般 | 不太重要 | 很不重要 | 非常熟悉 | 比较熟悉 | 一般 | 不太熟悉 | 很不熟悉 |
| 管理风险 | | | | | | | | | | |
| 战略风险 | | | | | | | | | | |
| 合作风险 | | | | | | | | | | |
| 技术风险 | | | | | | | | | | |
| 政治与社会风险 | | | | | | | | | | |
| 财务风险 | | | | | | | | | | |
| 市场风险 | | | | | | | | | | |
| 知识产权风险 | | | | | | | | | | |

您对风险类别划分的其他建议是：

表2　　　　　　　产业技术创新战略联盟风险因素调查表

| 风险类别 | 风险因素 | 重要程度 | | | | | 熟悉程度 | | | | |
|---|---|---|---|---|---|---|---|---|---|---|---|
| | | 非常重要 | 比较重要 | 一般 | 不太重要 | 很不重要 | 非常熟悉 | 比较熟悉 | 一般 | 不太熟悉 | 很不熟悉 |
| 管理风险 | 合作伙伴选择失误 | | | | | | | | | | |
| | 联盟组织架构设计不合理 | | | | | | | | | | |
| | 盟约规范性与控制力不足 | | | | | | | | | | |
| | 市场机遇识别不准 | | | | | | | | | | |
| | 联盟任务配置不合理 | | | | | | | | | | |
| | 联盟利益分配不合理 | | | | | | | | | | |
| | 联盟协调能力不足 | | | | | | | | | | |
| | 联盟追加投资能力不足 | | | | | | | | | | |
| | 关键技术人才流失 | | | | | | | | | | |

续表

| 风险类别 | 风险因素 | 重要程度 | | | | | 熟悉程度 | | | | |
|---|---|---|---|---|---|---|---|---|---|---|---|
| | | 非常重要 | 比较重要 | 一般 | 不太重要 | 很不重要 | 非常熟悉 | 比较熟悉 | 一般 | 不太熟悉 | 很不熟悉 |
| 战略风险 | 联盟成员战略目标不一致 | | | | | | | | | | |
| | 联盟缺乏长远战略规划 | | | | | | | | | | |
| 合作风险 | 个体差异导致的文化冲突 | | | | | | | | | | |
| | 联盟成员资源互补性不足 | | | | | | | | | | |
| | 联盟成员投机主义行为 | | | | | | | | | | |
| | 联盟成员间缺乏信任 | | | | | | | | | | |
| | 联盟内知识共享不足 | | | | | | | | | | |
| | 信息传递与沟通不足 | | | | | | | | | | |
| 技术风险 | 技术不成熟 | | | | | | | | | | |
| | 技术先进性不足 | | | | | | | | | | |
| | 技术难度与复杂性较大 | | | | | | | | | | |
| 政治与社会风险 | 相关扶持政策的变化 | | | | | | | | | | |
| | 政府监管存在问题 | | | | | | | | | | |
| | 社会动荡与不稳定 | | | | | | | | | | |
| | 自然灾害 | | | | | | | | | | |
| 财务风险 | 财政投入减弱 | | | | | | | | | | |
| | 爆发全球或地区性金融危机 | | | | | | | | | | |
| | 经济下滑 | | | | | | | | | | |
| | 利率、汇率、股市波动等造成的融资困难 | | | | | | | | | | |
| 市场风险 | 技术引进的冲击 | | | | | | | | | | |
| | 市场需求波动 | | | | | | | | | | |
| | 竞争对手实力增强 | | | | | | | | | | |
| | 联盟成果的溢出效应 | | | | | | | | | | |

续表

| 风险类别 | 风险因素 | 重要程度 | | | | | 熟悉程度 | | | | |
|---|---|---|---|---|---|---|---|---|---|---|---|
| | | 非常重要 | 比较重要 | 一般 | 不太重要 | 很不重要 | 非常熟悉 | 比较熟悉 | 一般 | 不太熟悉 | 很不熟悉 |
| 知识产权风险 | 知识破损 | | | | | | | | | | |
| | 知识泄露 | | | | | | | | | | |
| | 知识被模仿 | | | | | | | | | | |

您对风险因素的其他建议是：

# 附录 F

## 产业技术创新战略联盟风险专家意见调查表（第二轮）

尊敬的专家：

　　您好！根据对第一轮调查结果的统计分析，课题组对风险体系框架进行了调整，第一轮调查的统计分析结果附在问卷之后。以下进行的是联盟风险的第二轮调查，再次邀请您对调整后的风险类别和风险因素的重要性和熟悉程度给出您的意见，您的观点对本研究将提供非常重要的帮助。本调查采用不记名方式，我们同时承诺，在任何时候都不会公开参与调查的人员信息，调查所获得的数据资料仅供学术研究所用。

　　非常感谢您在百忙之中对于本次调查的支持！

此致

敬礼！

《产业技术创新战略联盟风险管理研究》课题组

### 一、您的基本信息（请在相应选项前的□中打"√"）

1. 您所在机构的类型：□企业　　　□高校　　　□科研院所
　　　　　　　　　　　□政府机构

2. 您的职称：　　□高级　　　　□中级　　　　□其他

3. 您的年龄：　　□35 岁以下　　□35—50 岁　　□50 岁以上

4. 您的性别：　　□男性　　　　□女性

### 二、指标调查表

以下两个表格分别为风险类别和风险因素重要程度及熟悉程度调查表，均分为 5 个等级，请您根据自己的判断，在相应的空格中打"√"。如果您对指标有一些不同意见和建议，请写在表格下方。

表1                              产业技术创新战略联盟风险类别调查表

| 指标名称 | 重要程度 | | | | | 熟悉程度 | | | | |
|---|---|---|---|---|---|---|---|---|---|---|
| | 非常重要 | 比较重要 | 一般 | 不太重要 | 很不重要 | 非常熟悉 | 比较熟悉 | 一般 | 不太熟悉 | 很不熟悉 |
| 管理风险 | | | | | | | | | | |
| 合作风险 | | | | | | | | | | |
| 技术风险 | | | | | | | | | | |
| 政治与社会风险 | | | | | | | | | | |
| 资金风险 | | | | | | | | | | |
| 市场风险 | | | | | | | | | | |

您对风险类别划分的其他建议是：

表2                              产业技术创新战略联盟风险因素调查表

| 风险类别 | 风险因素 | 重要程度 | | | | | 熟悉程度 | | | | |
|---|---|---|---|---|---|---|---|---|---|---|---|
| | | 非常重要 | 比较重要 | 一般 | 不太重要 | 很不重要 | 非常熟悉 | 比较熟悉 | 一般 | 不太熟悉 | 很不熟悉 |
| 管理风险 | 合作伙伴选择失误 | | | | | | | | | | |
| | 联盟缺乏长远战略规划 | | | | | | | | | | |
| | 联盟组织架构设计不合理 | | | | | | | | | | |
| | 盟约规范性与控制力不足 | | | | | | | | | | |
| | 市场机遇识别不准 | | | | | | | | | | |
| | 联盟任务配置不合理 | | | | | | | | | | |
| | 联盟利益分配不合理 | | | | | | | | | | |
| | 联盟协调能力不足 | | | | | | | | | | |
| | 联盟追加投资能力不足 | | | | | | | | | | |
| | 技术泄露 | | | | | | | | | | |
| | 关键技术人才流失 | | | | | | | | | | |

续表

| 风险类别 | 风险因素 | 重要程度 | | | | | 熟悉程度 | | | | |
|---|---|---|---|---|---|---|---|---|---|---|---|
| | | 非常重要 | 比较重要 | 一般 | 不太重要 | 很不重要 | 非常熟悉 | 比较熟悉 | 一般 | 不太熟悉 | 很不熟悉 |
| 合作风险 | 联盟成员目标不一致 | | | | | | | | | | |
| | 个体差异导致的文化冲突 | | | | | | | | | | |
| | 联盟成员资源互补性不足 | | | | | | | | | | |
| | 联盟成员投机主义行为 | | | | | | | | | | |
| | 联盟成员间缺乏信任 | | | | | | | | | | |
| | 联盟内知识共享不足 | | | | | | | | | | |
| | 信息传递与沟通不足 | | | | | | | | | | |
| 技术风险 | 技术不成熟 | | | | | | | | | | |
| | 技术先进性不足 | | | | | | | | | | |
| | 技术难度与复杂性较大 | | | | | | | | | | |
| 政治与社会风险 | 相关扶持政策的变化 | | | | | | | | | | |
| | 政府监管存在问题 | | | | | | | | | | |
| | 社会动荡与不稳定 | | | | | | | | | | |
| | 自然灾害 | | | | | | | | | | |
| 资金风险 | 财政投入减弱 | | | | | | | | | | |
| | 爆发全球或地区性金融危机 | | | | | | | | | | |
| | 经济下滑 | | | | | | | | | | |
| | 利率、汇率、股市波动等造成的融资困难 | | | | | | | | | | |
| 市场风险 | 技术引进的冲击 | | | | | | | | | | |
| | 市场需求波动 | | | | | | | | | | |
| | 竞争对手实力增强 | | | | | | | | | | |
| | 联盟成果的溢出效应 | | | | | | | | | | |

您对风险因素的其他建议是：

## 附录 G

# 产业技术创新战略联盟风险调查表
# （专家用表）

尊敬的专家：

您好！以下邀请您参与的是一项学术性课题的调查工作，调查目的是了解产业技术创新战略联盟这种合作技术创新模式所面临的风险，您的观点对本研究将提供非常重要的帮助。本调查采用不记名方式，我们同时承诺，在任何时候都不会公开参与调查的机构和个人的信息，调查所获得的数据资料仅供学术研究所用。

非常感谢您在百忙之中对于本次调查的支持！

此致

敬礼！

《产业技术创新战略联盟风险管理研究》课题组

**一、您的基本信息（请在相应选项前的□中打"√"）**

1. 您所在机构的类型

□企业　　　　　□高校　　　　　□科研院所

2. 您的职称

□高级　　　　　□中级　　　　　□其他

3. 您的职位在机构内所处层级

□高层　　　　　□中层　　　　　□基层

4. 您的年龄

□35 岁以下　　□35—50 岁　　□50 岁以上

5. 您的性别

□男性　　　　　□女性

## 二、产业技术创新战略联盟风险调查

本调查选取了有可能导致联盟发生风险的 33 个风险因素，试图通过对这 33 个风险因素的发生概率、后果严重程度、风险发生后的可控程度以及防控成本等四个方面的评估，全面了解联盟所面临的风险状况。请您根据自己的经验和判断，对每一个风险因素这四个方面的等级做出评估和选择，并在附件 1 表格中相应的方格内打"√"。

附件 1　产业技术创新战略联盟风险状况调查表
附件 2　风险因素释义

附件1

## 产业技术创新战略联盟风险调查表

| 目标层 | 准则层 | 类别层 | 因素层 | 发生概率等级 一 很可能发生 | 二 可能发生 | 三 发生可能性较小 | 四 几乎没有可能发生 | 后果严重程度等级 一 很严重后果 | 二 较为严重后果 | 三 较轻微后果 | 四 可忽略后果 | 可控程度等级 一 完全不可控 | 二 控制可能性较小 | 三 控制可能性较大 | 四 完全可控 | 防控成本等级 一 防控成本很高 | 二 防控成本较高 | 三 防控成本较低 | 四 防控成本很低 |
|---|---|---|---|---|---|---|---|---|---|---|---|---|---|---|---|---|---|---|---|
| 产业技术创新战略联盟风险（A） | 内生风险（$B_1$） | 管理风险（$C_1$） | 合作伙伴选择失误（$D_{01}$） | | | | | | | | | | | | | | | | |
| | | | 联盟缺乏长远战略规划（$D_{02}$） | | | | | | | | | | | | | | | | |
| | | | 联盟组织架构设计不合理（$D_{03}$） | | | | | | | | | | | | | | | | |
| | | | 盟约规范性与控制力不足（$D_{04}$） | | | | | | | | | | | | | | | | |
| | | | 市场机遇识别不准（$D_{05}$） | | | | | | | | | | | | | | | | |
| | | | 联盟任务配置不合理（$D_{06}$） | | | | | | | | | | | | | | | | |
| | | | 联盟利益分配不合理（$D_{07}$） | | | | | | | | | | | | | | | | |
| | | | 联盟协调能力不足（$D_{08}$） | | | | | | | | | | | | | | | | |
| | | | 联盟追加投资能力不足（$D_{09}$） | | | | | | | | | | | | | | | | |
| | | | 技术泄露（$D_{10}$） | | | | | | | | | | | | | | | | |
| | | | 关键技术人才流失（$D_{11}$） | | | | | | | | | | | | | | | | |

续表

| 目标层 | 准则层 | 类别层 | 因素层 | 发生概率等级 一·很可能发生 | 二·可能发生 | 三·发生可能性较小 | 四·几乎没有可能发生 | 后果严重程度等级 一·很严重后果 | 二·较为严重后果 | 三·较轻微后果 | 四·可忽略后果 | 可控程度等级 一·完全不可控 | 二·控制可能性较小 | 三·控制可能性较大 | 四·完全可控 | 防控成本等级 一·防控成本很高 | 二·防控成本较高 | 三·防控成本较低 | 四·防控成本很低 |
|---|---|---|---|---|---|---|---|---|---|---|---|---|---|---|---|---|---|---|---|
| 产业技术创新战略联盟风险（A） | 内生风险（B₁） | 合作风险（C₂） | 联盟成员目标不一致（$D_{12}$） | | | | | | | | | | | | | | | | |
| | | | 个体差异导致的文化冲突（$D_{13}$） | | | | | | | | | | | | | | | | |
| | | | 联盟成员资源互补性不足（$D_{14}$） | | | | | | | | | | | | | | | | |
| | | | 联盟成员投机主义行为（$D_{15}$） | | | | | | | | | | | | | | | | |
| | | | 联盟成员间缺乏信任（$D_{16}$） | | | | | | | | | | | | | | | | |
| | | | 联盟内知识共享不足（$D_{17}$） | | | | | | | | | | | | | | | | |
| | | | 信息传递与沟通不足（$D_{18}$） | | | | | | | | | | | | | | | | |
| | | 技术风险（C₃） | 技术不成熟（$D_{19}$） | | | | | | | | | | | | | | | | |
| | | | 技术先进性不足（$D_{20}$） | | | | | | | | | | | | | | | | |
| | | | 技术难度与复杂性较大（$D_{21}$） | | | | | | | | | | | | | | | | |

续表

| 目标层 | 准则层 | 类别层 | 因素层 | 发生概率等级 | | | | 后果严重程度等级 | | | | 可控程度等级 | | | | 防控成本等级 | | | |
|---|---|---|---|---|---|---|---|---|---|---|---|---|---|---|---|---|---|---|---|
| | | | | 一 很可能发生 | 二 可能发生 | 三 发生可能性较小 | 四 几乎没有可能发生 | 一 很严重后果 | 二 较为严重后果 | 三 较轻微后果 | 四 可忽略后果 | 一 完全不可控 | 二 控制可能性较小 | 三 控制可能性较大 | 四 完全可控 | 一 防控成本很高 | 二 防控成本较高 | 三 防控成本较低 | 四 防控成本很低 |
| 产业技术创新战略联盟风险（A） | 外生风险（B₂） | 政治与社会风险（C₄） | 相关扶持政策的变化（D₂₂） | | | | | | | | | | | | | | | | |
| | | | 政府监管存在问题（D₂₃） | | | | | | | | | | | | | | | | |
| | | | 社会动荡与不稳定（D₂₄） | | | | | | | | | | | | | | | | |
| | | | 自然灾害（D₂₅） | | | | | | | | | | | | | | | | |
| | | 资金风险（C₅） | 财政投入减弱（D₂₆） | | | | | | | | | | | | | | | | |
| | | | 爆发全球或地区性金融危机（D₂₇） | | | | | | | | | | | | | | | | |
| | | | 经济下滑（D₂₈） | | | | | | | | | | | | | | | | |
| | | | 利率、汇率、股市波动等造成的融资困难（D₂₉） | | | | | | | | | | | | | | | | |
| | | 市场风险（C₆） | 技术引进的冲击（D₃₀） | | | | | | | | | | | | | | | | |
| | | | 市场需求波动（D₃₁） | | | | | | | | | | | | | | | | |
| | | | 竞争对手实力增强（D₃₂） | | | | | | | | | | | | | | | | |
| | | | 联盟成果的溢出效应（D₃₃） | | | | | | | | | | | | | | | | |

**附件 2**　　　　　　　　　　　　**风险因素释义**

合作伙伴选择失误（$D_{01}$）：如果联盟在组建时没有对潜在合作伙伴的技术水平、核心能力、文化背景、加盟动机等进行认真考察、识别与评价，选择了不能够提供或者不愿意提供所需资源及能力的合作伙伴，就有可能导致联盟失败。

联盟缺乏长远战略规划（$D_{02}$）：产业技术创新战略联盟组建的目的是建立企业、高校和研究机构之间的一种长期合作技术创新关系。如果联盟对于自身未来发展缺乏长远的整体性战略规划，就会导致发展目标不清晰，运行过程易受到外来因素干扰而偏离方向，注重短期效应而忽视长远发展，从而使联盟达不到预期绩效甚至失败解体。

联盟组织架构设计不合理（$D_{03}$）：联盟的组织结构设计应确保对联盟的有效管理，在刚性和灵活性方面应达到一定均衡，以提高对环境变化的适应能力，否则将会给联盟运行带来风险。

盟约规范性与控制力不足（$D_{04}$）：联盟主要通过契约对合作伙伴的行为进行规范和约束。如果在契约中对合作内容、形式、任务与衔接关系等设计不合理，或者对合作伙伴的责权利界定不明确，以及对未来可能发生的风险预见不足等，都会弱化盟约的执行力，造成对联盟运行控制能力不足。

市场机遇识别不准（$D_{05}$）：准确的市场信息是联盟选择技术与产品开发方法及模式，安排技术创新活动时间进度，以及进行资源配置的依据，也决定了联盟能否准确抓住市场机遇。如果由于联盟市场信息收集和分析能力不足，导致市场机遇识别不准，就会使得联盟的研发活动面临巨大的市场风险。

联盟任务配置不合理（$D_{06}$）：对于以联盟名义获得的政府资助项目，如果在子课题划分、研究经费分配方式、经费分配数量、研究人员安排等方面不合理，就会导致联盟成员的矛盾与冲突，降低合作研发意愿与积极性，影响合作绩效目标的实现。

联盟利益分配不合理（$D_{07}$）：加入联盟的企业和机构，都期望通过合作创新获得比单独研发更大的收益。如果联盟成员实际所获得的利益低于自身预期，或者认为所获得的利益与自己所投入的资源、承担的责任与风险不相匹配，就会怀疑联盟的有效性，导致合作意愿降低，甚至选择退出联盟。

联盟协调能力不足（$D_{08}$）：由于联盟成员个体差异较大、利益和行动取向不尽相同，以及地理位置的分散性等因素，使联盟的协调工作面临诸多复杂性。如果联盟管理机构不具备强大的协调能力，会导致联盟效率低下，工作混乱，使联盟运行绩效受到影响。

联盟追加投资能力不足（$D_{09}$）：联盟内外部环境的变化可能会使合作技术创新活动成本提升，如贷款利率上调、研发过程出现技术困难、计划调整、人员变动等，这些因素都有可能导致研发成本高于预期。如果联盟追加投资能力较弱，就会导致资金紧张，使得研发活动可能无法按期完成或者失败。

技术泄露（$D_{10}$）：在合作创新过程中，联盟成员都贡献了自己的核心技术参与合作，如果由于对联盟成员的核心技术或知识产权保护不力，导致技术外泄，就会使联盟成员以及整个联盟都蒙受损失。

关键技术人才流失（$D_{11}$）：在合作过程中，联盟成员的技术骨干和关键技术人才会更加容易被合作伙伴以及联盟之外的竞争对手发现。对方可能以更高的薪资、更高的职位或者其他优惠条件将联盟中的关键技术人才挖走。人才的流失，不仅会导致联盟研发能力的迅速下降，而且可能会使一些技术诀窍随之流失。

联盟成员目标不一致（$D_{12}$）：在合作过程中如果联盟成员追求的目标不一致，而不同的目标之间又存在矛盾与冲突时，就会给联盟运行带来风险。例如有的企业加入联盟的真正目的是借助联盟的技术优势去完成其他项目，而不是以联盟成功给他们带来的共同利益为目标，这些成员在合作过程中就会将技术创新向有利于自身的方向导引，从而使其他企业蒙受损失，联盟也达不到预期的目标。

个体差异导致的文化冲突（$D_{13}$）：联盟成员具有不同的文化背景，在经营理念、行为模式等方面客观上存在一定差异，如果在合作过程中由于彼此之间文化差异巨大，难以获得对方的认同或理解，就会造成摩擦与冲突。当这种文化冲突无法协调时，有些成员甚至会选择退出联盟，使联盟分解。

联盟成员资源互补性不足（$D_{14}$）：充分利用联盟伙伴成员在创新理念、技术优势、核心能力等方面资源的互补性，实现资源整合，提高技术创新活动效率，是组建联盟的根本原因之一。如果联盟成员资源互补性不强，就会失去合作的意义，并最终影响联盟的绩效。

联盟成员投机主义行为（$D_{15}$）：道德风险贯穿联盟整个生命周期。例如联盟成员为加入联盟提供虚假信息，在合作过程中不履行承诺，隐瞒技术，投资缩水，窃取合作伙伴技术机密，为追求自身利益损害其他伙伴利益以及联盟整体利益等。

联盟成员间缺乏信任（$D_{16}$）：成员之间彼此信任、精诚合作是联盟成功必不可少的条件之一。但由于联盟成员之间存在既合作又竞争关系，使得相互不信任、防备心理发生的概率增加，尤其是当一方出现投机行为时，将导致其他成员的猜测和报复，彼此不信任感愈加严重，联盟成员关系变得脆弱。

知识共享不足（$D_{17}$）：在合作创新过程中，知识能否实现有效共享取决于两个因素：一是知识发送方的能力与意愿，二是知识接收方的能力与动机。如果知识发送方基于自我保护考虑不愿或是不完全投入知识交流过程，或者知识接受者对于与新知识和技术的接受能力弱、接受动机不足，都会使得知识转移过程出现障碍，影响知识共享效果。

信息传递与沟通不足（$D_{18}$）：顺畅的沟通与充分的信息共享是联盟高效运行的必要保障。如果沟通渠道不通畅或者沟通积极性不足，会导致有关市场、技术、协作、任务安排等重要信息不能在联盟内部进行快速有效传递，从而延误研发活动进程，甚至造成重大损失。

技术不成熟（$D_{19}$）：联盟研发活动选择和采用的技术成熟度越高，就越容易取得成功；反之，技术成熟度越低，开发成功的风险也就越大。

技术先进性不足（$D_{20}$）：确保技术在行业内的先进性是联盟技术创新活动起步和持续发展的重要条件，如果在研发活动中采用的技术先进性不足，不仅可能导致技术创新活动的中止，而且即使有新技术和新产品开发出来，也有可能缺乏市场竞争力。

技术难度与复杂性较大（$D_{21}$）：由于技术的复杂性及难度导致研发失败，是技术创新活动固有的风险，联盟的合作技术创新活动也会面临这种不确定性。

相关扶持政策的变化（$D_{22}$）：企业、高校和科研机构是联盟主体，政府作为非联盟主体的参与者，也对联盟发展起着重要影响。其中激励和扶持政策制定是联盟构建与运行过程中政府的核心行为之一，包括奖惩激励制度，以及税收、土地、资源供给等优惠政策的制定等。如果这些扶持政策发生变化，联盟发展前景将面临许多不确定性。

政府监管存在问题（$D_{23}$）：地方政府承担着对联盟实施监管的职责，主要方式包括行政监管和利用科研计划项目发包者身份直接对联盟实施监管。如果政府监管过死，使联盟发展失去应有的自由度，或者由于实施监管的行政机构之间缺乏统一协调和管理，使得监管流于形式，缺乏针对性，都会对联盟发展产生不利影响。

社会动荡与不稳定（$D_{24}$）：可能出现的罢工、暴动、战争等引起社会混乱的因素，会给联盟带来损失，或者一些联盟成员在社会动荡的环境下出于自保考虑，可能会主动选择退出联盟，使得联盟解体。

自然灾害（$D_{25}$）：地震、火灾、洪涝、风暴、严重环境污染等不可抗力因素的出现，都有导致联盟损失乃至完全终止的可能性。

财政投入减弱（$D_{26}$）：政府机构往往会通过向联盟提供由地方财政支持的科技计划项目来支持联盟的技术创新活动，财政资金是联盟生存和发展的资本基础。如果由于种种原因，财政投入对于联盟的支持力度减弱，会给联盟发展带来资金风险，甚至导致联盟的失败。

爆发全球或地区性金融危机（$D_{27}$）：全球或地区性金融危机的爆发，会阻断联盟融资渠道，致使维持联盟正常运转的资金链断裂。

经济下滑（$D_{28}$）：经济不景气将拉低市场信心，导致消费萎缩，需求下降，从而使生产萎缩，企业盈利能力降低，失业率增加，这些因素都使联盟发展面临风险。

利率、汇率、股市波动等造成的融资困难（$D_{29}$）：利率的不利变动会增加联盟资金借贷的成本，汇率的变动有可能会增加有外汇投资的联盟的债务负担，股市的大幅波动则会给以股票市场作为资金来源渠道的联盟带来融资困难。

技术引进的冲击（$D_{30}$）：由于引进技术更快捷、更经济、更易见效，联盟的自主研发活动也要注意预防国际先进技术引进所带来的冲击。

市场需求波动（$D_{31}$）：一些不可控因素可能引发市场需求迅速转移，使得新产品或新技术的实际需求低于预期，导致新产品或新技术生命周期过短，联盟收益降低。

竞争对手实力增强（$D_{32}$）：如果市场中同类产品或替代品的提供者掌握了更为先进的技术，实力大为增强，会导致市场竞争更为激烈，使得联盟研发成果的获利能力大大减弱。

联盟成果的溢出效应（$D_{33}$）：当联盟共同研发的成果由于被联盟之外的其他企业模仿并从中获利，联盟成果就产生了溢出效应。联盟成果的溢出效应越强，其获利能力受到的影响就越大。如果联盟不能设立自身核心技术的模仿障碍，就会因溢出效应而蒙受损失。

# 产业技术创新战略联盟风险调查表
# （联盟成员用表）

尊敬的专家：

　　您好！以下邀请您参与的是一项学术性课题的调查工作，调查目的是了解产业技术创新战略联盟所面临的潜在风险，请您根据对联盟运行状况的了解和认识进行填写。您的观点对本研究将提供非常重要的帮助。本调查采用不记名方式，我们同时承诺，在任何时候都不会公开参与调查的机构和个人的信息，调查所获得的数据资料仅供学术研究所用。

　　非常感谢您在百忙之中对于本次调查的支持！

此致

敬礼！

《产业技术创新战略联盟风险管理研究》课题组

## 一、您的基本信息（请在相应选项前的□中打"√"）

1. 您所在机构的类型

□企业　　　　　□高校　　　　　□科研院所

2. 您的职称

□高级　　　　　□中级　　　　　□其他

3. 您在机构内所从事的工作性质

□管理工作　　　□技术工作　　　□其他

4. 您的职位在机构内所处层级

□高层　　　　　□中层　　　　　□基层

5. 您在联盟内所从事的工作性质

□管理工作　　　□技术工作　　　□其他

6. 您的年龄

□35 岁以下　　　□35—50 岁　　　□50 岁以上

7. 您的性别

□男性　　　　　□女性

### 二、产业技术创新战略联盟风险调查

本调查选取了有可能导致联盟发生风险的 33 个风险因素，试图通过对这 33 个风险因素的发生概率、后果严重程度、风险发生后的可控程度以及防控成本等四个方面的评估，全面了解联盟所面临的风险状况。请您根据自己的经验和判断，对每一个风险因素这四个方面的等级做出评估和选择，并在附件 1 表格中相应的方格内打 "√"。

附件 1　产业技术创新战略联盟风险调查表

附件 2　风险因素释义（略）

附件 1

**产业技术创新战略联盟风险调查表**

| 目标层 | 准则层 | 类别层 | 因素层 | 发生概率等级 | | | | 后果严重程度等级 | | | | 可控程度等级 | | | | 防控成本等级 | | | |
|---|---|---|---|---|---|---|---|---|---|---|---|---|---|---|---|---|---|---|---|
| | | | | 一 很可能发生 | 二 可能发生 | 三 发生可能性较小 | 四 几乎没有可能发生 | 一 很严重后果 | 二 较为严重后果 | 三 较轻微后果 | 四 可忽略后果 | 一 完全不可控 | 二 控制可能性较小 | 三 控制可能性较大 | 四 完全可控 | 一 防控成本很高 | 二 防控成本较高 | 三 防控成本较低 | 四 防控成本很低 |
| 产业技术创新战略联盟风险（A） | 内生风险（B₁） | 管理风险（C₁） | 合作伙伴选择失误（D₀₁） | | | | | | | | | | | | | | | | |
| | | | 联盟缺乏长远战略规划（D₀₂） | | | | | | | | | | | | | | | | |
| | | | 联盟组织架构设计不合理（D₀₃） | | | | | | | | | | | | | | | | |
| | | | 盟约规范性与控制力不足（D₀₄） | | | | | | | | | | | | | | | | |
| | | | 市场机遇识别不准（D₀₅） | | | | | | | | | | | | | | | | |
| | | | 联盟任务配置不合理（D₀₆） | | | | | | | | | | | | | | | | |
| | | | 联盟利益分配不合理（D₀₇） | | | | | | | | | | | | | | | | |
| | | | 联盟协调能力不足（D₀₈） | | | | | | | | | | | | | | | | |
| | | | 联盟追加投资能力不足（D₀₉） | | | | | | | | | | | | | | | | |
| | | | 技术泄露（D₁₀） | | | | | | | | | | | | | | | | |
| | | | 关键技术人才流失（D₁₁） | | | | | | | | | | | | | | | | |

续表

| 目标层 | 准则层 | 类别层 | 因素层 | 发生概率等级 | | | | 后果严重程度等级 | | | | 可控程度等级 | | | | 防控成本等级 | | | |
|---|---|---|---|---|---|---|---|---|---|---|---|---|---|---|---|---|---|---|---|
| | | | | 一 很可能发生 | 二 可能发生 | 三 发生可能性较小 | 四 几乎没有可能发生 | 一 很严重后果 | 二 较为严重后果 | 三 较轻微后果 | 四 可忽略后果 | 一 完全不可控 | 二 控制可能性较小 | 三 控制可能性较大 | 四 完全可控 | 一 防控成本很高 | 二 防控成本较高 | 三 防控成本较低 | 四 防控成本很低 |
| 产业技术创新战略联盟风险（A） | 内生风险（$B_1$） | 合作风险（$C_2$） | 联盟成员目标不一致（$D_{12}$） | | | | | | | | | | | | | | | | |
| | | | 个体差异导致的文化冲突（$D_{13}$） | | | | | | | | | | | | | | | | |
| | | | 联盟成员资源互补性不足（$D_{14}$） | | | | | | | | | | | | | | | | |
| | | | 联盟成员投机主义行为（$D_{15}$） | | | | | | | | | | | | | | | | |
| | | | 联盟成员间缺乏信任（$D_{16}$） | | | | | | | | | | | | | | | | |
| | | | 联盟内知识共享不足（$D_{17}$） | | | | | | | | | | | | | | | | |
| | | | 信息传递与沟通不足（$D_{18}$） | | | | | | | | | | | | | | | | |
| | | 技术风险（$C_3$） | 技术不成熟（$D_{19}$） | | | | | | | | | | | | | | | | |
| | | | 技术先进性不足（$D_{20}$） | | | | | | | | | | | | | | | | |
| | | | 技术难度与复杂性较大（$D_{21}$） | | | | | | | | | | | | | | | | |

续表

| 目标层 | 准则层 | 类别层 | 因素层 | 发生概率等级 | | | | 后果严重程度等级 | | | | 可控程度等级 | | | | 防控成本等级 | | | |
|---|---|---|---|---|---|---|---|---|---|---|---|---|---|---|---|---|---|---|---|
| | | | | 一 很可能发生 | 二 可能发生 | 三 发生可能性较小 | 四 几乎没有可能发生 | 一 很严重后果 | 二 较为严重后果 | 三 较轻微后果 | 四 可忽略后果 | 一 完全不可控 | 二 控制可能性较小 | 三 控制可能性较大 | 四 完全可控 | 一 防控成本很高 | 二 防控成本较高 | 三 防控成本较低 | 四 防控成本很低 |
| 产业技术创新战略联盟风险（A） | 外生风险（B₂） | 政治与社会风险（C₄） | 相关扶持政策的变化（D₂₂） | | | | | | | | | | | | | | | | |
| | | | 政府监管存在问题（D₂₃） | | | | | | | | | | | | | | | | |
| | | | 社会动荡与不稳定（D₂₄） | | | | | | | | | | | | | | | | |
| | | | 自然灾害（D₂₅） | | | | | | | | | | | | | | | | |
| | | 资金风险（C₅） | 财政投入减弱（D₂₆） | | | | | | | | | | | | | | | | |
| | | | 爆发全球或地区性金融危机（D₂₇） | | | | | | | | | | | | | | | | |
| | | | 经济下滑（D₂₈） | | | | | | | | | | | | | | | | |
| | | | 利率、汇率、股市波动等造成的融资困难（D₂₉） | | | | | | | | | | | | | | | | |
| | | 市场风险（C₆） | 技术引进的冲击（D₃₀） | | | | | | | | | | | | | | | | |
| | | | 市场需求波动（D₃₁） | | | | | | | | | | | | | | | | |
| | | | 竞争对手实力增强（D₃₂） | | | | | | | | | | | | | | | | |
| | | | 联盟成果的溢出效应（D₃₃） | | | | | | | | | | | | | | | | |

# 联盟访谈提纲

1. 联盟的组织架构是怎样的？管理机构的职责是什么？

2. 联盟成立的主要动力是什么？

3. 联盟建立之初的目标：相关的基础或应用研究，还是追求近期的商业利益、以生产特定的产品和服务为目标，是否有明确的产品开发方向等？

4. 联盟主要成员有哪些？联盟伙伴是如何选择的？合作伙伴中有竞争对手吗？是否相对固定？新成员的加入规则？是否允许退出？与大学合作的主要目的是什么？

5. 联盟成立以来合作开展了哪些项目？是以联盟的名义共同申报项目，还是联盟成员自己出资研发？收益如何分配？

6. 试点联盟可以得到哪些国家支持政策？是否有考核验收的期限？

7. 联盟是否建立了研发实体？如何出资和运作？成果收益和出资比例有什么关系？

8. 您认为与其他企业或研究机构合作研发有风险吗？有哪些风险？

9. 您对联盟成立以来运行的整体绩效如何评价？与独立研发相比，优势体现在哪里？

10. 您认为当前联盟运行还存在哪些问题？

11. 您是否了解其他试点联盟的运行情况？

12. 能否提供申请试点联盟提交的材料（产业技术创新战略联盟申请表、协议书）？

# 参考文献

[1] AI – Bahar, J. F. andCrandall, K. C. SystematicRiskManagement Approach for Construction Project. Journal of Construetion Engineering and Management, 1990, (3): 533 – 546.

[2] Arvind Parkhe. Building Trustin Intemational Alliances. Journal of World Business, 1998 (4): 417 – 437.

[3] Azaroff L. V.. Industry – University Collaboration: How to make it Work. Research Management, 1982, 25 (3): 31 – 34.

[4] Bleeke, J. and Ernst, D. (1993). The Way to Win in Cross – Border Alliances, in Bleeke, J. and Ernst, D. (eds), Collaborating to compete, 1993, pp. 17 – 34, Chichester: John Wiley.

[5] Bleeke, J. and Ernst, D. collaborating to compete: using strategic alliances and acquisitions in the global marketplace. New York: John Wiley and sons ltd. , 1998.

[6] Bleeke, Joel and David Ernst. 1991. The way to win cross – border alliances, Havard Business Review, 6: 127 – 135.

[7] Boris Lokshin, John Hagedoorna, Wilko Letterie. The Bumpy Road of Technology Partnerships: Understanding Causes and Consequences of Partnership Mal – functioning. Research Policy, 2011 (40): 297 – 308.

[8] Bostjan Antoncica, Igor Prodan. Alliances, Corporate Technological Entrepreneurship and Firm Performance: Testing a Model on Manufacturing Firms. Technovation, 2008 (28): 257 – 265.

[9] C. Andrew. Inkpen, C. Steven, Curtall. The Coevolution of Trust, Control and Learning in Joint Ventures. Organization Science, 2004, 15 (5): 586 – 599.

［10］ Chesbrough H. . The Era of Open Innovation. MIT Sloan Management Review. 2003, 44 (3): 35 –41.

［11］ Child, J. and Faulkner, D. (1998). Strategies of Cooperation: Managing Alliance, Networks and Joint Ventrues, Oxford: Oxford University Press.

［12］ Dierdonck V. R. , Debackere K. Academic Entrepreneurship at Belgium University. R & D Management, 1988 (4): 77 –91.

［13］ Ditzel, Fassin G. Patent Rights at the University/Industry Interface. Journal of the Society of Research Administrators, 2000 (Summer): 375 – 394.

［14］ Dussauge, P. and Garrette, B. Determinants of success in international strategic alliance: Evidence from the global aerospace industry, Journal of international business studies, 1995, Vol. 26, No. 3, pp. 505 – 530.

［15］ Frank T. Rothaermel. Complementary Assets, Strategic Alliances, and the Incumbent's Advantage: an Empirical Study of Industry and Firm Effects in the Biopharmaceutical Industry. Research Policy, 2001 (30): 1235 – 1251.

［16］ Geisler E. Industry – University Technology Cooperation: A theory of inter – organizational relationships. Technology Analysis & Strategic Management, 1995, 7 (2): 217 – 229.

［17］ Harrigan, K. R. Strategic Alliance and Partner Asymmetries, in Contractor, F. J. and Lorange, P. (eds), Cooperative Strategies in International Business, 1988, pp. 205 – 226, Lexington, MA: Lexington Books.

［18］ Jeho Lee, Seung Ho Park, Young Ryu, Yoon – Suk Baik. A Hidden Cost of Strategic Alliances under Schumpeterian Dynamics. Research Policy, 2010 (39): 229 – 238.

［19］ Jensen, R. A. Thursby, J. G & Thursby, M. C. Disclosure and licensing of university inventions: the best we can do with the partners we get to work with. International Journal of Industrial Organization, 2003, 21 (9): 1271 – 1300.

［20］ Jing Zhang, Charles Baden – Fuller, Vincent Mangematin. Technological Knowledge Base, R&D Organization Structure and Alliance Formation:

Evidence from the Biopharmaceutical Industry. Research Policy, 2007 (36): 515 – 528.

［21］ Joanna Poyago – Theotoky, John Beath, Donald S. Siegel. Universities and Fundamental Research: Reflections on the Growth of University – Industry Partnerships, 2002, 18 (1): 10 – 21.

［22］ John Rice, Peter Galvin. Alliance Patterns During Industry Life Cycle Emergence: the Case of Ericsson and Nokia. Technovation, 2006 (26): 384 – 395.

［23］ Mankin, E. and Reich, R. (1986). Joint Ventures with Japan Give Away our Futrue. Harvard Business Revies, Vol. 64, No. 2, pp. 78 – 86, March – April.

［24］ Motohashi Kavayuki. University – industry collaborations in Japan: The role of new technology – based firms in transforming the National Innovation System. Research Policy, 2005 (34): 583 – 594.

［25］ Nowak A S, Radzik T. On Axiomatizations of the Weighted Shapley Values. Games and Economic Behavior, 1995, 8: 389 – 405.

［26］ Owen G. Value of Games with a Priori Unions. Proceedings of Essay in Mathematical Economics and Game Theory. Berlin: Springer Verlag, 1977: 76 – 78.

［27］ Siegel D. S. , Waldman D. A. and L E. A. Commercial Knowledge Transfers from Universities to Firms, Improving the Effectiveness of University – Industry Collaboration. Journal of High Technology Management Research, 2003, 14 (1): 111 – 134.

［28］ T. K. Das, Bing – Sheng Teng. Instability of strategic alliances: an internal tension perspective. Organization Science, 2000, 11 (1): 77 – 101.

［29］ Young H. P. Equity. In Theory and Practice. Princeton: Princeton University Press, 1994.

［30］ 北京数控装备创新联盟：《国内外联盟发展及典型案例分析》，《首都科技》2009 年第 7 期。

［31］ 蔡继荣：《战略联盟的稳定性：基于生产组织模式选择决策的研究》，重庆大学出版社 2011 年版，第 42—45 页。

［32］ 陈爱祖、唐雯、康继红：《产业技术创新战略联盟利益分配模

型研究》,《科技管理研究》2013 年第 12 期。

［33］陈宝明、邓婉君、汤富强、于良：《我国产业技术创新战略联盟发展成效、问题与政策建议——基于两批试点联盟的评估分析》,《中国科技产业》2013 年第 12 期。

［34］陈佳：《产业技术创新战略联盟治理模式影响因素探析》,《科技管理研究》2011 年第 11 期。

［35］程胜：《基于 Logistic 模型产业集群演化稳定性研究》,《西北农林科技大学学报》(社会科学版) 2007 年第 3 期。

［36］戴彬、屈锡华、李宏伟：《基于综合集成方法的产业技术创新战略联盟风险识别研究》,《科技进步与对策》2011 年第 11 期。

［37］戴建华、薛恒新：《基于 Shapley 值法的动态联盟伙伴企业利益分配策略》,《中国管理科学》2004 年第 12 期。

［38］邸晓燕、张赤东：《产业技术创新战略联盟的性质、分类与政府支持》,《科技进步与对策》2011 年第 5 期。

［39］刁志友、张展、江毅：《我国产业技术创新战略联盟实践和风险管理研究》,《财经界》2012 年第 9 期。

［40］丁堃：《产学研合作的动力机制分析》,《科学管理研究》2000 年第 6 期。

［41］冯锋、肖相泽、张雷勇：《产学研合作共生现象分类与网络构建研究——基于质参量兼容的扩展 Logistic 模型》,《科学学与科学技术管理》2013 年第 2 期。

［42］冯学华：《产学研合作的问题与对策》,《研究与发展管理》1996 年第 1 期。

［43］付苗、张雷勇、冯锋：《产业技术创新战略联盟组织模式研究——以 TD 产业技术创新战略联盟为例》,《科学学与科学技术管理》2013 年第 1 期。

［44］傅家骥、姜彦福、雷家骕：《技术创新——中国企业发展之路》,企业管理出版社 1992 年版,第 15—16 页。

［45］顾孟迪、雷鹏：《风险管理》,清华大学出版社 2005 年版,第 52—57 页。

［46］胡争光、南剑飞：《产业技术创新战略联盟：研发战略联盟的产业拓展》,《改革与战略》2011 年第 10 期。

［47］胡争光、南剑飞：《产业技术创新战略联盟战略问题研究》，《科技进步与对策》2011 年第 1 期。

［48］姜青舫、陈方正：《风险度量原理》，同济大学出版社 2000 年版。

［49］蒋芬：《"联合开发、优势互补、利益共享、风险共担"：产业技术创新战略联盟是产学研结合的趋势》，《华东科技》2009 年第 12 期。

［50］李昊、郭雪琴：《论我国企业信用体系的构建》，《湖南经济管理干部学院学报》2005 年第 1 期。

［51］李红玲、钟书华：《我国企业技术联盟的现状及发展趋势》，《中国科技论坛》2001 年第 2 期。

［52］李靓、刘征驰、周堂：《基于 Shapley 值修正算法的联盟企业利润分配策略研究》，《技术与创新管理》2009 年第 30 期。

［53］李新男：《创新"产学研结合"组织模式，构建产业技术创新战略联盟》，《中国软科学》2007 年第 5 期。

［54］李学勇：《在新形势下深入推进产学研合作，着力提升企业技术创新能力》，《中国科技产业》2009 年第 11 期。

［55］李玉娜、林莉、葛继平：《产业技术创新战略联盟组织形态的法学探讨》，《科技进步与对策》2011 年第 12 期。

［56］连建辉、孙焕民、钟惠波：《金融企业集群：经济性质、效率边界与竞争优势》，《金融研究》2005 年第 6 期。

［57］刘林舟、武博、孙文霞：《产业技术创新战略联盟稳定性发展模型研究》，《科技进步与对策》2012 年第 5 期。

［58］鲁若愚、郭东海：《企业大学合作创新组织的定位及行为分析》，《技术经济》2012 年第 3 期。

［59］吕海萍、龚建立、王飞绒、卫非：《产学研相结合的动力——障碍机制实证分析》，《研究与发展管理》2004 年第 2 期。

［60］罗宜美、梁彬：《基于 Shapley 值法的技术联盟的利益分配的研究》，《价值工程》2011 年第 34 期。

［61］马萍、姜海峰：《供应链企业间战略联盟生命周期演化研究》，《沈阳工程学院学报》（社会科学版）2010 年第 3 期。

［62］牛振喜、肖鼎新、魏海燕、郭宁生：《基于协同理论的产业技术创新战略联盟体系构建研究》，《科技进步与对策》2012 年第 11 期。

［63］［法］皮埃尔·杜尚哲、［法］贝尔纳·加雷特、李东红：《战略联盟》，中国人民大学出版社 2006 年版。

［64］秦玮、徐飞：《产学研联盟中企业动机与绩效——基于生态位理论》，上海交通大学出版社 2013 年版。

［65］沈运红：《中小企业网络组织生态运行演化机制研究》，经济科学出版社 2013 年版。

［66］宋东林、孙继跃：《产业技术创新战略联盟运行绩效评价体系研究》，《科技与经济》2012 年第 2 期。

［67］苏靖：《产业技术创新战略联盟构建和发展的机制分析》，《中国软科学》2011 年第 11 期。

［68］谈晓勇：《现代综合评价方法与案例精选》，http：//wenku. baidu. com / view/ e3522b fe024 2a8956bece483. html，2005 - 09.

［69］唐雯、陈爱祖：《顾客满意度测评中的问卷检验》，《数量统计与管理》2005 年第 1 期。

［70］唐雯、李志祥：《产业技术创新战略联盟的模糊综合评估研究》，《科技管理研究》2014 年第 6 期。

［71］田丽韫、钟书华：《欧盟的企业技术联盟》，《软科学》2001 年第 1 期。

［72］汪娟：《论虚拟企业与战略联盟的异同》，《科技与产业》2005 年第 15 期。

［73］王哲、吴慈生：《产业集群形成的竞争与协作驱动机制分析》，《现代管理科学》2006 年第 11 期。

［74］望俊成、温钊健：《美国产业创新联盟的经验与启示——基于美国微电子与计算机技术公司的案例研究》，《科技管理研究》2012 年第 22 期。

［75］卫之奇：《美国产业技术创新联盟的实践》，《全球科技经济瞭望》2009 年第 2 期。

［76］邬备民、李政：《产业技术创新战略联盟运行机制及策略研究》，《中国高校科技与产业化》2010 年第 7 期。

［77］吴松：《日本支持与引导产业技术创新联盟的做法、经验与启示》，《全球科技经济瞭望》2009 年第 2 期。

［78］伍建民、张京成、李梅：《产业技术联盟与政策导向》，科学出

版社 2011 年版，第 64—65 页。

[79] 谢科范：《技术创新风险管理》，河北科学技术出版社 1999 年版，第 43—44、65—66 页。

[80] 谢科范、赵湜、黄娟娟、郑彤彤：《产业技术创新战略联盟理论与实践》，知识产权出版社 2013 年版，第 6—8、80—82 页。

[81] 谢薇、罗利：《产学研合作的动力机制》，《研究与发展管理》1997 年第 3 期。

[82] 邢乐斌、王旭、代应、陈嘉佳：《基于资源投入的技术创新战略联盟稳定性研究》，《科技进步与决策》2010 年第 7 期。

[83] 邢乐斌、王旭、徐洪斌：《产业技术创新战略联盟利益分配风险补偿研究》，《统计与决策》2010 年第 14 期。

[84] 徐刚、高静、梁淑静：《基于主体差异性的产业技术创新战略联盟本质探析》，《中国经贸导刊》2012 年第 2 期。

[85] 徐秋爽、胡石清、程细玉：《Shapley 值特点及其局限的讨论》，《数学的认识与实践》2013 年第 43 期。

[86] 徐小三、赵顺龙：《知识视角的技术联盟的形成动因研究》，《中国科技论坛》2010 年第 12 期。

[87] 游文明、周胜、冷得彤：《产学研合作动力机制优化研究》，《科学学与科学技术管理》2004 年第 10 期。

[88] 袁纯清：《共生理论——兼论小型经济》，经济科学出版社 1998 年版，第 9 页。

[89] 袁纯清：《金融共生理论与城市商业银行改革》，商务印书馆 2002 年版。

[90] [美] 伊夫·多兹、加里·哈默尔：《联盟优势》，郭旭力、鲜红霞译，机械工业出版社 2004 年版，第 8—9、11—12 页。

[91] [美] 约翰·S. 布鲁贝克：《高等教育哲学》，王承绪、郑断伟、张维平译，浙江教育出版社 1987 年版，第 95 页。

[92] 翟云开、董芹芹：《基于合作创新的知识转移过程中的风险分析》，《武汉理工大学学报》2007 年第 3 期。

[93] 张青山、曹智安：《企业动态联盟风险的防范与预控研究》，《管理科学》2004 年第 6 期。

[94] 张青山、游金：《企业动态联盟风险转移机制研究》，《管理评

论》2005 年第 17 期。

［95］张晓、盛建新、林洪：《我国产业技术创新战略联盟的组建机制》，《科技进步与对策》2009 年第 10 期。

［96］张忠德、陈婷：《产业技术创新战略联盟稳定性的博弈分析》，《企业经济》2014 年第 11 期。

［97］赵恒峰、邱菀华、王新哲：《风险因子的模糊综合评判法》，《系统工程理论与实践》1997 年第 7 期。

［98］赵志泉：《产业技术创新联盟的运行机制研究》，《创新科技》2009 年第 4 期。

［99］中华人民共和国科学技术部：《关于推动产业技术创新战略联盟构建与发展的实施办法（试行）》，2009 年 12 月。

［100］钟懿辉：《对企业海外经营风险监控的思考》，《国际商贸》2012 年第 10 期。

［101］周青、王乃有、马香媛：《产业技术创新战略联盟冲突类型与影响因素的关联分析》，《科学学研究》2014 年第 3 期。

［102］朱顺泉：《基于熵值法与理想点法的上市公司财务状况分析的实证研究》，《统计与信息论坛》2004 年第 2 期。

［103］曹小华：《基于博弈论的汽车技术战略联盟利益分配研究》，硕士学位论文，湖南大学，2010 年。

［104］常爱华：《产学研合作机理的哲学新释——我国产学研合作政策研究》，硕士学位论文，天津大学，2007 年。

［105］陈方圆：《产学研战略联盟风险抵御机制研究》，硕士学位论文，内蒙古大学，2011 年。

［106］康继红：《石家庄市医药产业技术创新战略联盟运行机制研究》，硕士学位论文，河北科技大学，2010 年。

［107］兰荣娟：《动态联盟风险识别、评估及防控研究》，博士学位论文，北京交通大学，2009 年。

［108］兰荣娟：《动态联盟风险识别、评估及防控研究》，博士学位论文，北京交通大学，2009 年。

［109］李晓峰：《企业技术创新风险测度与决策及其预控研究》，博士学位论文，四川大学，2005 年。

［110］龙昀光：《基于共生理论的企业技术联盟发展研究》，硕士学

位论文，兰州理工大学，2009 年。

[111] 鲁若愚：《企业大学合作创新的机理研究》，博士学位论文，清华大学，2002 年。

[112] 罗慧辉：《技术创新风险评价方法与模型研究》，硕士学位论文，西南石油大学，2005 年。

[113] 辛爱芳：《我国产学研合作模式与政策设计研究》，硕士学位论文，南京工业大学，2004 年。

[114] 薛琴：《基于信息不对称的产学研合作创新联盟的风险研究》，硕士学位论文，中国科学技术大学，2010 年。

[115] 姚威：《产学研合作创新的知识创造过程研究》，博士学位论文，浙江大学，2009 年。

[116] 张坤：《基于博弈论的企业战略联盟不稳定性研究》，硕士学位论文，山西大学，2010 年。

[117] 张泳：《国家创新体系背景下的产学研一体化理论探讨与实证研究》，硕士学位论文，中国海洋大学，2006 年。

# 后　记

　　长期以来，笔者一直致力于科技创新管理方面的研究，一直关注技术创新的效率和创新资源的整合问题，主持和承担过多项与此相关的省、市级研究课题。当前，协同创新已经成为当今世界科技创新活动的新趋势，通过协同突破学科、系统、行业的壁垒，打破部门、区域、体制的限制，促进创新要素向企业集聚，实现科技资源共享与优势互补，推动科技体制改革深化。要建立协同创新机制，实现创新资源和要素的汇聚与深度合作，需要打造有效载体。随着产业技术创新战略联盟这一创新载体的兴起，有关联盟的研究逐渐成为学术界关注的热点。笔者在攻读博士学位期间，以此作为论文选题的方向，通过广泛而深入的调查和研究，对产业技术创新战略联盟的特征、运行规律、所面临的风险以及风险管理进行了全面而系统的探讨。而本书正是在我博士学位论文的基础上修改完成的。

　　在书稿即将付梓之际，首先要感谢的是我的导师北京理工大学李志祥教授。在博士论文完成的每一个阶段，无不凝聚着老师的心血。在论文选题和写作过程中，李老师独到的学术视野和开阔的思路给我很大启迪，引领我一步步找到自己的研究方向和写作思路；在论文修改完善过程中，李老师不仅用他深厚的学术功底从总体结构和理论分析上点拨指导，还字斟句酌地和我一起进行文字上的推敲，令我受益匪浅，感动不已。

　　感谢同门师兄宋清教授、刘铁忠博士和师姐陈妍博士，毫无保留地向我分享他们的学术经验，对论文写作提出了许多宝贵建议，在整个论文写作过程中给我提供了莫大的帮助。

　　感谢北京理工大学孔昭君教授、张纪海副教授、颜志军教授，在论文选题和写作设计中给予我的宝贵建议和指导。

　　感谢河北科技大学陈爱祖教授、冯惠勇教授、王晓凤博士，河北地质大学李婷博士，嘉兴学院王卫彬副教授在问卷设计和调查中给予我的大力支持和帮助。

感谢维生素联盟、抗生素联盟、长三角科学仪器联盟、高性能产业用纺织材料联盟在数据调研和收集过程中的大力支持。

最后，要由衷感谢我的家人对我一如既往的支持和鼓励。

此外，在研究过程中，本书参考了国内外大量文献资料，借鉴了众多学者的研究成果，在此表示衷心的感谢。引用之处已尽可能在参考文献中列出，如有遗漏，敬请原谅。

本书所探讨的产业技术创新战略联盟风险管理的思路和具体方法，希望能够成为相关领域研究的一次有益探索。由于笔者水平有限，难免有不足之处，还望有关专家和读者不吝赐教。

作　者

2015 年 9 月